DUMONT

REISE-TASCHENBÜCHER

Bordeaux und Atlantikküste

In der vorderen Umschlagklappe: Übersichtskarte Atlantikküste

In der hinteren Umschlagklappe: Die Weinbaugebiete des Bordelais

Bordeaux und Atlantikküste
Jörg Zipprick / Muriel Icard
DUMONT

Umschlagvorderseite: Weinlese bei St-Emilion
Umschlagklappe, vorne: Die Düne von Pilat
Umschlagklappe, hinten: Der Hafen von St-Jean-de-Luz
Umschlagrückseite: An der Côte Basque bei Biarritz/Gujan-Mestras am Bassin d'Arcachon
S. 2/3: Blick von der Düne von Pilat

Über die Autoren: Muriel Icard unterrichtet am Lycée Montaigne in Bordeaux und stammt aus einer alteingesessenen Winzerfamilie.
Jörg Zipprick, bei Köln und in Paris lebend, arbeitet als freier Autor und Journalist für verschiedene Gourmet-Journale.

Die Autoren danken den Familien Gaye und Descorps sowie Frau Martine Mairal für ihre wertvolle Hilfe.

Fremde Kulturen kennenlernen und gastfreundlichen Menschen begegnen – wie sehr genießen wir das auf Reisen. Zu Hause bei uns jedoch wird mancher Ausländer von einer kleinen Minderheit beschimpft, bedroht und sogar mißhandelt. Alle, die in fremden Ländern Gastrecht genossen haben, tragen hier besondere Verantwortung. Deshalb: Lassen Sie es nicht zu, daß Ausländer diffamiert und angegriffen werden. Lassen Sie uns gemeinsam für die Würde des Menschen einstehen.

Verlagsleitung und Mitarbeiter des DuMont Buchverlages

4., aktualisierte Auflage 1997

Satz und Druck: Rasch, Bramsche
Buchbinderische Verarbeitung: Bramscher Buchbinder Betriebe

Printed in Germany ISBN 3-7701-3061-8

Inhalt

Land und Leute

Natur, Wirtschaft, Umwelt

Geschichte und Gesellschaft, Kunst und Kultur

Reiserouten

Bordeaux

Das Weinbaugebiet

Durch den Wald der Landes nach Dax

Die Côte d'Argent und das Bassin d'Arcachon

Bayonne und das baskische Hinterland

Die baskische Küste

Ausflug nach San Sebastián (Donostia) 234

Tips und Adressen

Land und Leute

Bordeaux: »… unter dem schönsten Himmelsstriche, bewohnt vom lebendigsten Volk der Erde«

Johanna Schopenhauer

Natur Wirtschaft Umwelt

Vom Schwemmland der Gironde über den Wald der Landes bis zu den Pyrenäen

Die Spitzenweine des Bordelais – Legenden in der Flasche

Vogelreservate im Bassin d'Arcachon

Nationalpark der Pyrenäen

Weinberge im Bordelais

Geographie und Klima

Von den Weinbergen um Bordeaux über die Kiefernwälder der Landes und die Strände der Côte d'Argent bis zu den Spitzen der Pyrenäen – im Südwesten Frankreichs sind mehr Gegensätzlichkeiten als Gemeinsamkeiten versammelt. Vom *grand Sud-Ouest,* dem großen Südwesten, spricht man eh nur in Paris. Die französische Verwaltung hat die Region seit Revolutionstagen in drei Départements gegliedert: Gironde (33), mit Bordeaux, seinem Weinbaugebiet und der Küste bis zur Mitte des Lac de Cazaux, Landes (40), mit dem ›Rest‹ der Côte d'Argent, dem Hinterland bis nach Aire-sur-l'Adour und Labastide d'Armagnac, sowie Pyrénées-Atlantiques (64), mit der baskischen Küste bis zur spanischen Grenze und den Pyrenäen.

Von der Natur zum Weinanbau geschaffen scheint das Umland von Bordeaux. Die Dordogne versorgt die nördlich der Stadt liegenden Weingemeinden mit dem lebensnotwendigen Wasser, und die Stadt selbst liegt mit den Weinbaugebieten Graves und Sauternes besonders verkehrsgünstig an der Garonne. Die Bodenqualität des Bordelais ist je nach Region sehr unterschiedlich: Es gibt sehr wasserdurchlässige und wärmespeichernde Kiesböden wie im Médoc, Kalkböden wie in St-Emilion, Sandböden, auf denen eher leichte und feine Weine wachsen, und Tonkalkböden wie im Entre-Deux-Mers. Die meisten Winzer sind sich darin einig, daß gerade recht ärmlicher Boden die besten Weine hervorbringt. Die Reben müssen ihre Wurzeln tief strecken, damit sie ausreichend Nahrung bekommen. Und viele meinen, daß das Leid der Reben zum besseren Wein führt.

Der Kiefernwald der Landes war bis zu Zeiten Napoleons III. ein dünn besiedelter Landstrich mit reinem Sandboden. Wanderdünen bedrohten die wenigen Dörfer in ihrer Existenz. Wichtigste Verkehrsader zur See war der Adour, ein Fluß, der immer wieder als ›launischer Vagabund‹ beschrieben wurde. Vor dem 9. Jh. lag der Zufluß zum Meer bei Capbreton, später verlagerte sich der Fluß nach Norden, die Mündung lag in Vieux-Boucau (damals Port d'Albret). Im 12. Jh. kehrte der Adour nach Capbreton zurück, um im 14. Jh. wieder bei Port d'Albret ins Meer zu fließen. Erst 1569 ließ Karl IX. den Adour im heutigen Lauf kanalisieren. Vom ›alten Adour‹ blieben einige Seen, darunter der Lac d'Hossegor.

Weiter im Süden, an der baskischen Küste, setzen sich die Dünen und Kiefern der Côte d'Argent bis kurz vor Biarritz fort. Dahinter dringen die Ausläufer der Pyrenäen bis zum Meer vor, die Küstenlinie wird von oft bizarr geformten Felsen bestimmt. Die küstennahen Ausläufer der Pyrenäen geben ein wesentlich lieblicheres Landschafts-

Der Wald der Landes

Lande bedeutet auf französisch sumpfiges, ödes Gebiet mit magerem Pflanzenbewuchs. Der Dichter Théophile Gautier kam 1840 durch die Region ›Landes‹ und bezeichnete sie als »wahre Sahara Frankreichs, mit weißem Sand bestäubt«. Dünen bewegten sich mit einer Geschwindigkeit von 15 bis 20 m pro Jahr von der Küste ins Land hinein, begruben ganze Dörfer, ließen Flüsse versanden und zu Sumpfgebieten werden. Heute erstreckt sich hier mit 950 000 ha Kiefern Europas größter Wald. Die offizielle Geschichtsschreibung ordnet dieses Mirakel dem Wirken von Jules Chambrelent, Nicolas Brémontier und Kaiser Napoleon III. zu. Der erste war Ingenieur und legte die Sümpfe trocken; der zweite, Brémontier, konstruierte einen Schutzdamm. An seiner hölzernen Palisade in Meeresnähe bildete sich bald eine künstliche Düne, die mit *gourbet,* einem widerspenstigen Kraut mit netzartigen Wurzeln, befestigt wurde. Nach der Absicherung der Küste wandte man sich dem Hinterland zu: Ginster, Stechginster und Kiefern wurden auf den mit Zweigen provisorisch gegen den Sandflug geschützten Dünen eingesät. Der Kaiser schließlich verpflichtete die Kommunen mit seinem Gesetz vom 19. Juni 1857 zum Säen und Bewässern der Kiefern. Nur die Einwohner der Landes mögen die Mär von ihren offiziellen Wohltätern nicht mehr hören. Seit dem Mittelalter verfolgten die Einheimischen den Plan, die Dünen zu befestigen: Rund 300 000 Kiefern standen bereits, ehe Napoleon & Co ans Werk gingen.

Diese Kiefern oder Goldbäume, wie sie auch genannt wurden, waren lange der natürliche Reichtum der Region: Arbeiter zapften das Harz ab und erhielten fast sein Gewicht in Gold. Mit der Zeit verlor das ›Blut des Atys‹ (in der Mythologie der Name eines in eine Kiefer verwandelten Schäfers) jedoch beträchtlich an Wert, so daß es heute nur noch wenige Harzarbeiter gibt. Schäfer, in ein Schafsfell oder ein großes Cape gehüllt, bewegten sich auf *tchanques* – Stelzen – durch das sumpfige Gelände. Von ihrer Höhe aus konnten sie auch gut die Umgebung überblicken und waren so vor dem Nahen eines Wolfes rechtzeitig gewarnt. Untereinander sprachen die Schäfer »schwarz«, im uralten gascogner Dialekt. Im Ecomusée von Marquèze (s. S. 145 ff.) gewinnt man einen guten Einblick in diese alten Traditionen.

Ein Funken reicht, um die Landes in eine feurige Hölle zu verwandeln. Der große Brand von 1949 forderte 83 Opfer, und der tiefschwarze Rauch zog bis nach Bordeaux.

bild als die kahlen und schroffen Felsspitzen im Landesinneren. Sandstein- und kristallhaltiger Fels beherrscht die Szenerie beim Gipfel von La Rhune, dem Mont Ursuya bei Cambo und den Bergen um St-Jean-Pied-de-Port.

In der gesamten Region ist das **Klima** mild und gemäßigt. Im Frühjahr profitiert die Vegetation von frühzeitiger Erwärmung. Von plötzlichen Regengüssen, Stürmen und sogar Hagel aber kann jeder Weinbauer ein Klagelied singen. Im Sommer räumt der begüterte Bordelese seine Stadt für Touristen aus aller Welt und zieht sich in sein Ferienhaus am Bassin d'Arcachon zurück. In Biarritz liegen die Durchschnittstemperaturen in den Monaten Juli und August bei etwa 24 °C. Im Herbst wechseln regnerische und sehr heitere Perioden einander ab. Schöne Tage während der Weinlese sind recht häufig. An der Küste kann es zu Stürmen kommen. Die Winter sind sowohl im Landesinneren als auch an der Küste mild. Nur selten sinken die Temperaturen unter 10 °C.

Fauna und Flora

Sehen wird man sie nicht, aber es gibt sie doch: Der Nationalpark der **Pyrenäen** bietet Lebensraum für etwa 20 Braunbären, rund 4000 Gemsen und 200 Murmeltierkolo-

Weinlese im Sauternes

nien. Auer- und Schneehuhn, Bart- und Gänsegeier sowie einige Kaiseradler finden hier eine Zuflucht; rund 1000 verschiedene Käferarten und 300 Arten von Schmetterlingen sind hier zu Hause.

Mit etwas Glück findet man in den Pyrenäen Edelweiß, Berglilie und Enzian. Pflücken ist natürlich strengstens verboten! Gelegentlich begegnet man hier auch den Pottoks, Herden freilebender baskischer Ponys, die früher u. a. in englischen Minen eingesetzt wurden. Der Baumbestand ist typisch für Bergregionen: Bis etwa 800 m gedeihen Eichen, bis 1700 m Tannen und Buchen. Kiefern ›klettern‹ bis zu 2400 m hoch.

Rund 206 000 ha der **Landes** mit ihrem dichten Kiefernbestand wurden 1970 zum Regionalpark erklärt.

Der Parc ornithologique du Teich an der Mündung der Eyre ins **Bassin d'Arcachon** ist ein Refugium seltener Vögel: Krickenten, Wildgänse, Störche, Reiher, Kraniche... Wanderwege und Aussichtspunkte erlauben es, die Tiere in freier Wildbahn zu beobachten.

Wirtschaft

Aquitanien ist durch und durch ländlich geprägt. Über Jahrhunderte sorgte in Bordeaux der Weinbau, an der Küste der Fischfang für sichere Einnahmequellen. Die Industrialisierung hielt erst spät Einzug in die Region, Schwerindustrie konnte sich im Südwesten nie recht etablieren. In und um Bordeaux haben sich Luft- und Raumfahrtforschungszentren, Raffinerien, Chemie- und Zementwerke, Kiesgruben und metallverarbeitende Fabriken niedergelassen. In Lacq liegen Frankreichs größte Erdgasvorkommen; der Étang de Biscarrosse et de Parentis ist das bedeutendste Ölfeld des Landes. Trotzdem leben heute nur rund 35 % der Erwerbstätigen von der Industrie, hat die Region wirtschaftliche Schwierigkeiten: Frankreich ist ein zentralistischer Staat, die wichtigsten Entscheidungsträger und Unternehmen sitzen in der Hauptstadt. Ausländische Investoren zeigen wenig Neigung, sich in der Provinz niederzulassen, wenn sie einen Sitz in der Kapitale haben können.

An der Küste betreibt man wie in früheren Zeiten Austernzucht und Fischfang. Der Tourismus ist hier jedoch zur wichtigsten Einnahmequelle geworden.

Haupterwerbsquelle des Hinterlandes bleibt die Landwirtschaft. Bekannt ist die Region für Lamm aus Pauillac und Rinder aus Bazas, Schinken aus Bayonne und natürlich für die vor allem bei uns umstrittene Stopfleber. Wirtschaftlich wesentlich wichtiger ist der Anbau von Mais, der fast 40 % der hiesigen Äcker bedeckt. Die Bauern haben ähnliche Probleme wie überall in Europa: Lediglich 5 % von ihnen sind wirklich wohlhabend; in vielen Familienbetrieben muß mindestens eine Person einer Angestelltentätigkeit nachgehen, um den Hof ›im Notfall‹ über Wasser zu halten.

Wein

Von sechs Erwerbstätigen des Département Gironde lebt einer direkt oder indirekt vom Wein. 13 000 Winzer, 400 Handelsfirmen (wobei auf die 40 größten 80 % des Umsatzes entfällt) und rund 150 Weinmakler wetteifern um die Gunst der Verbraucher. 107 000 ha Rebfläche werden bearbeitet, davon 101 000 mit kontrollierter Herkunftsbezeichnung (A.O.C.). Rund 660 Mio. Flaschen werden pro Jahr abgefüllt (75 % Rotwein, 25 % Weißwein) und bringen einen Umsatz von etwa 12 Mrd. Francs. Über die Hälfte ihrer ›*haute viticulture*‹ trinken die Franzosen gleich selber, der Rest wird exportiert. Die wichtigsten Importländer sind Belgien, Deutschland, Großbritannien, die Niederlande und Dänemark.

Rebensaft aus Bordeaux macht die Hälfte der französischen Ausfuhren an Wein und 17 % der Exporte der Region Aquitanien (Industrie und Landwirtschaft zusammengenommen) aus.

Traditionell werden die Rotweine des Bordelais aus verschiedenen Traubensorten erzeugt. Meist sind es Merlot (auf ganzen 40 000 ha angebaut), Cabernet-Sauvignon oder Cabernet-Franc

Auf dem Pferdemarkt von Espelette

Wie wird der Bordeaux gemacht?

Im Bordelais baut man Rot-, Weiß- und Roséweine an. Trotzdem denkt man beim Wort Bordeaux zuerst an die Roten. Bei der klassischen Rotweinbereitung werden die Trauben nach der Lese zunächst entrappt, d. h. von Stielen, Kämmen etc. befreit. Die verbleibende Mischung aus Fruchtfleisch, Kernen und Schalen wandert in einen Gärbehälter. Dort verbleibt sie bei guter Luftzufuhr und einer Temperatur um die 30 °C und gärt vor sich hin: Die Hefekulturen entwickeln sich, der Zucker verwandelt sich in Alkohol und setzt Kohlensäure frei. Dies ist die alkoholische Gärung, die etwa fünf bis acht Tage dauert. Ein rechter Hexenkessel, in den man besser nicht die Nase stecken sollte! Der Wein gewinnt seine Farbe und seine Gerbstoffe aus dem festen Teil der Mischung, den die Winzer *chapeau* (Hut) nennen, weil er unter dem Druck der Kohlensäure nach oben steigt. Lagerfähige Weine müssen besonders reich an Tannin (Gerbstoffen) sein, sie benötigen daher eine lange Maischegärung von etwa zwei bis drei Wochen. Dann folgt der Abstich des Gärbehälters: Der sog. ›Vorlauf‹, also der reine Saft, wird von dem ›Marc‹, dem Trester mit den festen Bestandteilen, getrennt.

> Letzterer wird durch Kelterung zum Preßwein. Vorlauf und Preßwein kommen noch einige Wochen bei 18° bis 20 °C in getrennte Gärbehälter. Hier setzt die ›malolaktische Gärung‹ ein, die die Apfelsäure im Wein in Milchsäure umwandelt. Der Wein verliert dadurch etwas Säure, wird weniger herb und ›runder‹. Die reine Vinifikation ist damit beendet, es beginnt der sog. Ausbau. Der Wein wird von seiner Kohlensäure und trüben Stoffen befreit. Eine recht alte Technik ist das ›Schönen mit Eiweiß‹, das den Wein klärt und übermäßige Farbstoffe beseitigt. Die Bordeleser Tradition verlangt, daß der Wein in Eichenholzfässern ausgebaut wird. Später geht der Kellermeister ans Werk. Seine Arbeit ist es, den passenden Verschnitt verschiedener Rebsorten und das richtige Verhältnis von Vorlauf und Preßwein herauszufinden. Im Idealfall ist das Resultat ein beispielhafter Jahrgang, den die Kenner mit geschlossenen Augen beim ersten Schluck herausschmecken…

mit geringen Anteilen von Petit Verdot oder Malbec. Die klassischen Traubensorten für Weißweine sind Sémillon und Sauvignon, angebaut wird außerdem Muscadelle und, vor allem im Entre-Deux-Mers-Gebiet, etwas Merlot Blanc. Jedes Château (im Bordelais nicht unbedingt Schloß, sondern Weingut) baut also verschiedene Rebsorten in unterschiedlichen Mengen an. Die Trauben der einzelnen Rebsorten werden getrennt gekeltert und später zum ›Endprodukt‹ verschnitten.

Klima, Boden und nicht zuletzt die jahrhundertelange Erfahrung im Weinbau sind die Erfolgsgeheimnisse der Bordeaux-Weine. Sonnige Sommer, warme Herbste, seltene Winterfröste und regenreiche Frühlinge lassen die Trauben bestens gedeihen, auch wenn Frühjahrsfröste gelegentlich die Lese bedrohen.

Die wichtigsten Weinbaugebiete sind Médoc, Graves und Pessac-Léognan, Sauternes, Pomerol und St-Emilion. Zwischen Garonne und Dordogne liegen die Premières Côtes de Bordeaux, Cadillac, Loupiac, Ste-Croix-du-Mont, Côtes-de-Bordeaux-St-Macaire, Entre-Deux-Mers und Bordeaux-Haut-Bénauge, Graves-de-Vayres und Ste-Foy-Bordeaux. Im Schatten von Pomerol und St-Emilion liegen verstreut die Appellationen Lussac, Montagne, Puisseguin und St-Georges (von denen jede über ein ›St-Emilion‹ als ›Nachnamen‹ verfügt), Fronsac und Canon-Fronsac, Lalande-de-Pomerol, Côtes-de-Castillon und Côtes-de-Francs. Die Côtes-de-Bourg, Côtes de Blaye und Premières-Côtes-de-Blaye findet man, wie der Name schon sagt, rund um die Zitadelle von Blaye.

Die Klassifizierung von 1855

Anläßlich der Pariser Weltausstellung von 1855 forderte Napoleon III. die Weinbauregionen auf, eine Klassifizierung ihrer Weine zu erstellen. In der Gironde übernahm die schon 1705 gegründete Industrie- und Handelskammer Bordeaux diese Aufgabe. Die Kammer beauftragte ihrerseits den Verband der Weinmakler an der Börse von Bordeaux mit der Klassifizierung der Rot- und Weißweine. Nicht unabhängige Experten, sondern die Betroffenen selbst durften also den Wert ›ihrer‹ Weine schätzen. Berücksichtigt wurden nur die Rotweine des Médoc, die süßen Weißweine von Sauternes und Barsac sowie ein Graves. Grundlage für die Klassifizierung waren der Bekanntheitsgrad der Lagen und die erzielten Verkaufspreise. Geändert wurde die Klassifizierung nur einmal, 1973, als Château Mouton-Rothschild in die Reihe der Premiers Crus aufrückte.

Erst in unserem Jahrhundert wurden Klassifizierungen für andere Weinbauregionen vorgenommen: Auf Antrag des Winzerverbandes nahm das Französische Institut für kontrollierte Herkunftsbezeichnungen Institut National des Appellations d'Origine (INAO) in den Jahren 1953 und 1959 eine Klassifizierung der Graves-Lagen vor. 16 Lagen dürfen seitdem die Auszeichnung ›Cru Classé‹ (ohne weitere Rangordnung) tragen.

1955 stufte die INAO die Lagen des St-Emilion ein. Diese Klassifizierung wird etwa alle zehn Jahre überprüft. Nach der dritten Klassifizierung von 1983 gibt es dort elf ›Premiers Grands Crus Classés‹ und 63 ›Grands Crus Classés‹. Auch die Crus Bourgeois wurden 1972 in die Kategorien ›Crus exceptionnels‹, ›Crus Grands Bourgeois‹ und ›Crus Bourgeois‹ eingeteilt. Die gegenwärtige EU-Regelung verbietet jedoch, andere Zusätze als ›Cru Bourgeois‹ auf den Etiketten zu verwenden.

Seit 1855 hat sich viel verändert: Die Reblaus zerstörte die Weinberge, Weingüter wechselten die Besitzer, auch die Anbauflächen sind nicht mehr dieselben. Für die reale Qualität eines Weines bietet die Klassifizierung von 1855 heute nur geringe Anhaltspunkte. Château Palmer beispielsweise, offiziell ein Troisième Cru, steht fast unstreitig auf einer Stufe mit den besten Weinen der Region, den Premiers Crus. Die Klassifizierung von 1855 hat also mehr musealen Charakter. Und wie in einem richtigen Museum würde kein Franzose es wagen, sie anzurühren.

Klassifizierung von 1855, revidiert 1973:

Premiers Crus

Château Lafite-Rothschild (Pauillac)
Château Latour (Pauillac)
Château Margaux (Margaux)
Château Mouton-Rothschild (Pauillac)*
Château Haut-Brion (Graves)**

Seconds Crus

Château Brane-Cantenac (Margaux)
Château Cos-d'Estournel (St-Estèphe)
Château Ducru-Beaucaillou (St-Julien)
Château Durfort-Vivens (Margaux)
Château Gruaud-Larose (St-Julien)
Château Lascombes (Margaux)
Château Léoville-Las-Cases (St-Julien)
Château Léoville-Poyferré (St-Julien)
Château Léoville-Barton (St-Julien)
Château Montrose (St-Estèphe)
Château Pichon-Longueville-Baron (Pauillac)
Château Pichon-Longueville-Comtesse-de-Lalande (Pauillac)
Château Rausan-Ségla (Margaux)
Château Rauzan-Gassies (Margaux)

Troisièmes

Château Boyd-Cantenac (Margaux)
Château Cantenac-Brown (Margaux)
Château Calon-Ségur (St-Estèphe)
Château Desmirail (Margaux)
Château Ferrière (Margaux)
Château Giscours (Margaux)
Château d'Issan (Margaux)
Château Kirwan (Margaux)

* Dieser Wein war früher ›Second Cru‹ und wurde 1973 als ›Premier Cru‹ eingestuft.

** Dieser Wein gehört als einziger in der Klassifizierung nicht zum Médoc oder Haut-Médoc.

Château Lagrange (St-Julien)
Château La Lagune (Haut-Médoc)
Château Langoa (St-Julien)
Château Malescot-Saint-Exupéry (Margaux)
Château Marquis d'Alesme-Becker (Margaux)
Château Palmer (Margaux)

Quatrièmes Crus

Château Beychevelle (St-Julien)
Château Branaire-Ducru (St-Julien)
Château Duhart-Milon-Rothschild (Pauillac)
Château Lafon-Rochet (St-Estèphe)
Château Marquis-de-Terme (Margaux)
Château Pouget (Margaux)
Château Prieuré-Lichine (Margaux)
Château Saint-Pierre (St-Julien)
Château La Tour-Carnet (Haut-Médoc)

Cinquièmes Crus

Château Batailley (Pauillac)
Château Haut-Batailley (Pauillac)
Château Belgrave (Haut-Médoc)
Château Camensac (Haut-Médoc)
Château Cantemerle (Haut-Médoc)
Château Clerc-Milon (Pauillac)
Château Cos-Labory (St-Estèphe)
Château Croizet-Bages (Pauillac)
Château Dauzac (Margaux)
Château Grand-Puy-Ducasse (Pauillac)
Château Grand-Puy-Lacoste (Pauillac)
Château Haut-Bages-Libéral (Pauillac)
Château Lynch-Bages (Pauillac)
Château Lynch-Moussas (Pauillac)
Château Mouton-Baronne-Philippe (Pauillac)
Château Pédesclaux (Pauillac)
Château Pontet-Canet (Pauillac)
Château du Tertre (Margaux)

Die Klassifizierung der Sauternes-Crus von 1855

Stärker noch als die Klassifizierung der Médoc-Weine wird diese Rangordnung der Gewächse des Sauternes heute als veraltet angesehen. Ausnahme ist natürlich Château d'Yquem, das immer noch den ersten Rang bekleidet.

Premier Cru Supérieur
Château d'Yquem

Premiers Crus
Château Climens
Château Coutet
Château Guiraud
Château Lafaurie-Peyraguey
Clos Haut-Peyraguey
Château Rayne-Vigneau
Château Rabaud-Promis
Château Sigalas-Rabaud
Château Rieussec
Château Suduiraut
Château La Tour-Blanche

Seconds Crus
Château d'Arche
Château Broustet
Château Nairac
Château Caillou
Château Doisy-Daëne
Château Doisy-Dubroca
Château Doisy-Védrines
Château Filhot
Château Lamothe (Despujols)
Château Lamothe (Guignard)
Château de Malle
Château Myrat
Château Romer
Château Romer-Du-Hayot
Château Suau

Umwelt

Unsere französischen Nachbarn sind für ihren eher saloppen Umgang mit der Umwelt bekannt. Trotz des geschützten Parc Régional des Landes de Gascogne, des Nationalparks der Pyrenäen und des Vogelreservats von Le Teich macht Aquitanien da keine Ausnahme: Nördlich von Blaye liegt beispielsweise ein Atomkraftwerk, das von einigen französischen Reiseführern wegen seiner Leistung von 23 Mrd. Kilowattstunden als Sehenswürdigkeit gepriesen wird. Entlang der Côte d'Argent und im Hinterland gibt es zahlreiche militärische Test- und Versuchsgelände, wie etwa das Champ de Tir bei Arcachon, die in einigen Landkarten nur als weiße Flecken auftauchen. Im Umkreis des Ölhafens Le Verdon leben die Weinbauern ständig in Angst vor einer Ölpest. Die Umwandlung der Dörfer an der Côte d'Argent zu teilweise voll betonierten Feriensiedlungen ist schon eine fast alltägliche Sünde.

Selbst der Weinbau wird nicht verschont: Größte Gefahr bilden die im Médoc und Graves allgegenwärtigen Kiesgruben. Die Winzer, die – bis auf wenige Ausnahmen – ihre Reben übrigens tüchtig spritzen, befürchten, daß der Grundwasserspiegel absinkt und ihr Land damit auf Dauer geschädigt werden könnte.

Der Kiefernwald der Landes entstand durch Menschenhand

Geschichte und Gesellschaft Kunst und Kultur

Geschichte – Mal englisch, mal französisch

Vornehme Bordeleser und feierfreudige Basken

Von Kathedralen, Bastiden und Weinschlössern

Der Südwesten kulinarisch betrachtet

Eleganz der Belle Epoque in Biarritz

Daten zur Geschichte

3. Jh. v. Chr. Die Bituriger, ein keltischer Stamm aus dem Norden Frankreichs, gründen eine Siedlung im Gebiet des heutigen Bordeaux. Es entsteht ein wichtiger Hafen für den Zinnhandel.

56 v. Chr. Crassus, ein Feldherr Cäsars, unterwirft die Bituriger bei Sos. Cäsar besucht Aquitanien, um sich ein Bild von der Eroberung zu machen.

1. Jh. Die Römer in Burdigala (Bordeaux), die zuvor unter hohen Kosten Wein aus Italien importiert hatten, beginnen selbst Wein anzubauen. Die ersten Kulturreben stammten wahrscheinlich aus Griechenland oder Spanien. Sie trugen den Namen Biturica.

413 Die Westgoten nehmen Aquitanien ein. Im Gebiet des heutigen Südwestfrankreich und Spanien gründen sie das sog. Tolosanische Reich.

507 Franken und verbündete Burgunder vertreiben die Westgoten aus Aquitanien. Im 7. Jh. bildet sich ein nahezu selbständiges Herzogtum Aquitanien aus.

Ende des 6. Jh. Die in den Pyrenäen beheimateten Vasconen, Vorfahren der Basken, siedeln sich im Gebiet der Gascogne zwischen Garonne und Pyrenäen an.

778 Karl der Große macht Aquitanien, das zwischenzeitlich von den Sarazenen besetzt gewesen war, zu einer Provinz des fränkischen Reichs. Das Land wird von Grafen regiert, Lehnshierarchien werden aufgebaut. Einzig die Basken wehren sich gegen die fremde Macht. Auf seinem Feldzug gegen die aus Spanien einfallenden Araber wird die Nachhut von Karls Heer unter Herzog Roland in den Pyrenäen bei Roncevalles von den Basken geschlagen.

848 Mit ihren schnellen Langbooten gelangen die Normannen über Gironde und Garonne tief ins Land und plündern Städte und Klöster. Bordeaux wird mehrfach Opfer ihrer Raubzüge.

Um 950 beginnen die Pilgerzüge nach Santiago de Compostela. Eine der in Spanien zusammenlaufenden Pilgerrouten zum Grab des Apostels Jakobus führt von St-Denis bei Paris über Bordeaux und St-Jean-Pied-de-Port. Entlang der Straße werden zahlreiche Kirchen, Klöster und Hospize erbaut.

1058 Union der Herzogtümer Aquitanien und Gascogne.

11./12. Jh. Unter Wilhelm IX. und seinem Sohn Wilhelm X. entwickelt sich Aquitanien zum neben der Provence reichsten und kultiviertesten Land Europas. Als neue kulturelle ›Errungenschaft‹ verbreitet sich die Troubadour-Lyrik von hier aus über ganz Europa.

1137 Eleonore (Aliénor) von Aquitanien, die Tochter Wilhelms X., heiratet den französischen Thronerben, Ludwig VII. (s. S. 34 f.).

1152 Nach der von ihr betriebenen Scheidung von Ludwig VII. heiratet Eleonore von Aquitanien Heinrich II. Plantagenêt.

Die Jakobspilger

Seit Mitte des 10. Jh. zog das Grab des Apostels Jakobus des Älteren Scharen von Pilgern aus ganz Europa nach Santiago de Compostela in Nordwestspanien. Zum Höhepunkt des Jakobskultes im 12. Jh. strömte mehr Volk nach Galicien als nach Rom oder Jerusalem.

In Frankreich bildeten sich, ausgehend von Paris, Vézelay, Le Puy, Autun und Arles, mehrere Pilgerwege. Einer führte über Bordeaux und Bayonne, ein anderer über Mont-de-Marsan nach St-Jean-Pied-de-Port am Fuße der Pyrenäen. Von hier aus ging es weiter über den Ibañeta-Paß und Roncevalles.

Die Pilgerreisen waren perfekt organisiert: Ein ganzes Netz von Hospizen und Kirchen war bereit, den Wanderern unter dem Zeichen der Jakobsmuschel Unterkunft zu gewähren. Der »Guide du Pèlerin« des Mönchs Aimery Picaud aus dem Jahr 1140 beschreibt das Pilgerleben folgendermaßen:

»... ein weiterer (Weg) führt über Saint-Martin-de-Tours, Saint-Hilaire-de-Poitiers, Saint-Jean-d'Angély, Saint-Eutrope-de-Saintes und die Stadt Bordeaux (...). Wenn man nach Tours die Straße der Häfen von

Cize nimmt, kommt man ins saintongeaiser Land, von dort erreicht man, nachdem man einen Meeresarm und die Garonne überquert hat, die Gegend von Bordeaux, wo der Wein exzellent ist, der Fisch überreichlich, aber die Sprache rauh. Die Saintongeaiser haben schon eine grobe Sprache, aber die der Bordelaiser ist schlimmer.

Danach braucht es drei ermüdende Tage, um die Landes zu durchqueren. Dies ist ein trostloses Land, wo es an allem fehlt; es gibt weder Brot, noch Wein, noch Fleisch, noch Fisch, noch Wasser, noch Quellen; die Dörfer sind rar in dieser sandigen Ebene, in der jedoch Honig, Hirse und Schweine überreichlich vorhanden sind. Falls du zufälligerweise die Landes im Sommer durchquerst, gib Acht, dein Gesicht vor den großen Fliegen zu schützen, die es besonders dort in Hülle und Fülle gibt und die man Wespen oder Bremsen nennt; und wenn du deine Füße nicht mit Vorsicht beobachtest, wirst du schnell bis zu den Knien im Seesand versinken …

Nachdem dieses Land durchquert ist, findet man die Gascogne, reich an weißem Brot und exzellentem roten Wein; sie ist bedeckt von Wäldern und Wiesen, Flüssen und reinen Quellen. Die Gascogner sind leichtfertig mit dem Wort, geschwätzig, spöttisch, liederlich, trunksüchtig, gefräßig, zerlumpt und arm an Geld; dennoch sind sie trainiert im Kampf und von bemerkenswerter Gastfreundschaft gegenüber den Armen. Um ein Feuer versammelt, haben sie die Angewohnheit, ohne Tisch zu essen und alle aus demselben Becher zu trinken. Sie essen viel, trinken und sind schlecht gekleidet; sie schämen sich nicht, alle zusammen auf einem Lager aus verfaultem Stroh zu schlafen, Diener neben Hausherr und Hausherrin …«

Für die anliegenden Gemeinden waren die Pilger ein gutes Geschäft. So gut, daß sich manchmal Nachbargemeinden darum bemühten, die frommen Wanderer zu einem Umweg zu verleiten. In seltenen Fällen konnte der Streit um die Pilger sogar zu tödlichen Auseinandersetzungen führen.

Bewaffnete Banden von falschen Pilgern machten hingegen den frommen Wanderern das Leben schwer. Mit dem Aufkommen des Protestantismus und den Religionskriegen wurden die Pilgerreisen seltener. Im 18. Jh. brachte schließlich die Bürokratie die Pilgerbewegung zum Grab des heiligen Jakobus in Santiago de Compostela nahezu vollends zum Erliegen: Die wenigen Pilger in dieser Zeit benötigten unter anderem auch ein vom Bischof beglaubigtes Empfehlungsschreiben ihres Pfarrers.

1154 Heinrich Plantagenêt wird durch Erbfolge König von England. Ganz Westfrankreich von der Normandie bis zu den Pyrenäen gehört dank des von Eleonore in die Ehe eingebrachten Erbes nun zu England bzw. zum Angevinischen Großreich.

12. Jh. Der Bordeleser Weinhandel nimmt durch den Anschluß an England einen starken Aufschwung. Die mächtige englische Flotte und die leichte Zugänglichkeit des Hafens über die Gironde begünstigen den Versand von Wein auf dem Seeweg.

1337 Beginn des Hundertjährigen Krieges zwischen England und Frankreich. Da Karl IV. ohne Kinder verstorben war, erheben sowohl der englische König Eduard III. als auch Philipp von Valois Anspruch auf den Thron Frankreichs. Die Ansprüche Eduards werden dabei von Flandern unterstützt. Umgekehrt sprechen sich einige gascogner Barone für Philipp VI. aus, während die Bevölkerung von Bordeaux und andere gascogner Adlige den englischen König unterstützen. Eduard III. beschließt, Philipp VI. nicht mehr als König anzuerkennen, und erklärt ihm den Krieg.

1356 Eduard von Woodstock, nach seiner Rüstung der Schwarze Prinz genannt, Sohn Eduards III. und Herzog von Aquitanien, besiegt die Franzosen bei Poitiers.

1360 Friede von Brétigny: Eduard III. erhält volle Souveränität über die Regionen Guyenne (eine englische Verballhornung des französischen ›Aquitaine‹), Gascogne, Poitou, Aunis, Limousin, Agenais und Rouergue; im Gegenzug verzichtet er auf die französische Krone. Frankreichs König verpflichtet sich außerdem zur Zahlung eines Lösegelds in Höhe von drei Mio. Ecus.

1362 Während der Friedenszeit wird Aquitanien zum Fürstentum umgewandelt und dem Schwarzen Prinzen anvertraut. Eduard von Woodstock macht Bordeaux zu seiner Hauptstadt und baut eine funktionierende Verwaltung auf.

1368 Karl V. bricht den Frieden von Brétigny. Dank einer neuen Strategie können die Franzosen große Gebiete zurückerobern, so daß 1380 nur noch fünf französische Städte unter englischer Herrschaft stehen: Calais, Cherbourg, Brest, Bordeaux und Bayonne.

1396 Die kriegführenden Parteien vereinbaren einen Waffenstillstand für die kommenden 28 Jahre.

1415 Heinrich V. erhebt erneut Ansprüche auf den französischen Thron, kündigt den Waffenstillstand und schlägt in der Schlacht von Azincourt die Franzosen. Im selben Jahr verbündet sich Burgund mit den Engländern, ganz Frankreich droht unter englische Herrschaft zu fallen, englische Truppen besetzen sogar die Umgebung von Paris.

1429 Dem lothringischen Bauernmädchen Jeanne d'Arc gelingt es, ›in göttlichem Auftrag‹, das Nationalgefühl der Franzosen wachzurufen. An der Spitze des französischen Heers befreit sie Orléans und Troyes und führt Karl VII. zur Krönung nach Reims. Im Jahr darauf wird sie bei Compiègne von Burgundern gefangengenommen und an die Engländer ausgeliefert, die sie dem geistlichen Gericht überantworten. 1431 wird sie in Rouen als Ketzerin verbrannt.

1441 Gründung der Universität.

1453 In Castillon findet die letzte Schlacht des Hundertjährigen Krieges statt. Die englischen Truppen unter Talbot werden vollkommen aufgerieben, und der Krieg geht ohne Friedensvertrag zu Ende. Zum Angedenken wird die Stadt in ›Castillon-la-bataille‹ umgetauft. In der nun folgenden friedlichen Periode werden Burgen, Schlösser und Städte wiederaufgebaut.

1562 Aufflammen der Religionskriege. Die Protestanten (Hugenotten) kämpfen unter Führung von Admiral Gaspard de Coligny und einiger Adliger gegen die Katholiken. Der Herzog von Guise, Führer der katholischen Liga, wird 1563 ermordet. Während der nächsten 50 Jahre wird das Land durch einen Bürgerkrieg verwüstet, in dem beide Parteien vor keiner Grausamkeit zurückschrecken.

1572 In der Bartholomäusnacht werden auch in Bordeaux Hunderte von Hugenotten ermordet.

1580 Michel de Montaigne, 1582–85 Bürgermeister von Bordeaux, veröffentlicht seine »Essais«.

Hugenottenführer Gaspard de Coligny

1589 Thronbesteigung Heinrichs IV.

1598 Heinrich IV. erläßt das Edikt von Nantes. Es sichert den Hugenotten Religionsfreiheit zu und beendet die Religionskriege.

1629–1631 Pest und Hungersnot entvölkern Aquitanien.

1660 Hochzeit von Ludwig XIV. und Maria Theresia von Spanien in St-Jean-de-Luz.

1685 Ludwig XIV. hebt das Edikt von Nantes wieder auf. Die Hugenotten werden erneut verfolgt.

18. Jh. Aus dem Bürgerkrieg geht die französische Zentralgewalt erstarkt hervor. Aquitanien spielt politisch keine Rolle mehr, Bordeaux aber ist der wichtigste Handelshafen Frankreichs. Die Macht der Bürger wächst. Zeichen ihres Selbstbewußtseins sind die klassizistischen Prachtbauten, die in Bordeaux entstehen. Louis de Tourny, Intendant des Königs, beeinflußt Stadtbild und Wirtschaftsleben nachhaltig (s. S. 62 f.).

1789 Französische Revolution. Abgeordnete aus der Gironde-Region stellen einen Großteil der gemäßigten Fraktion im Konvent; diese erhält daher den Namen ›Girondisten‹.

1790 Teilung Frankreichs in Verwaltungsbereiche (Départements) durch die konstituierende Versammlung der Französischen Revolution.

1793 Während der Terrorherrschaft der Jakobiner werden 22 Girondisten in Bordeaux hingerichtet.

1814 Englische Truppen dringen unter Führung Wellingtons aus Spanien nach Aquitanien ein. Über St-Jean-de-Luz und Bordeaux marschiert Wellington nach Toulouse, wo er am 10. April die kaiserlichen Truppen schlägt. Am 11. April unterzeichnet Napoleon die Thronentsagungsakte, ihm wird die Insel Elba als Eigentum überlassen.

1855 Klassifizierung der Bordeaux-Weine durch den Verband der Weinmakler auf Anregung Napoleons III. (s. S. 21 ff.).

1871 Während des Deutsch-Französischen Krieges zieht sich die Nationalversammlung nach Bordeaux zurück.

1875 –1880 Die Reblaus (Phylloxera) zerstört die Weinstöcke des Bordelais. Das Anbaugebiet muß vollkommen neu bepflanzt werden. Auf widerstandsfähige amerikanische Reben werden dabei französische Edelreiser aufgepfropft. Ein Teil der ruinierten Winzer wandert ins spanische Rioja-Tal aus.

19. Jh. Die Industrielle Revolution dringt nicht bis Aquitanien vor. Zwar wird die Eisenbahnstrecke Bordeaux–Paris gebaut, aber wegen mangelnder Kohlevorkommen werden keine Industrien in der Region angesiedelt. Ganze Landstriche werden verlassen und veröden; Bordeaux, noch im 18. Jh. Hafen- und Handelsmetropole, wird zur Provinzstadt.

1914 Während der deutschen Belagerung von Paris ziehen sich Präsident Poincaré und die Regierung vorübergehend nach Bordeaux zurück.

1944–1945 Deutsche Truppen besetzen Frankreich; Errichtung des Atlantikwalls.

1951 Entdeckung von Frankreichs größtem Erdgasvorkommen bei Lacq. Die Versuche, die Region zu industrialisieren, sind bis heute nicht sehr erfolgreich. Landwirtschaft und zunehmend der Tourismus sind die wirtschaftlichen Grundlagen der Region.

1967 Schaffung des Nationalparks der Pyrenäen.

1970 Teile der Regionen Landes und Gascogne werden Naturpark.

1995 Ex-Premier Alain Juppé wird Bürgermeister von Bordeaux.

Eleonore von Aquitanien

Die mächtigste Frau des Mittelalters

Ein Romanautor hätte es sich nicht besser ausdenken können: Die Erbin eines großen Reichs wird aus Machtdenken mit einem König verheiratet. Die Ehe verläuft unglücklich, wird geschieden. Nächster Heiratskandidat ist ein Herzog mit ebenfalls ansehnlichem Erbe. Die Ländereien der beiden bilden zusammen ein Riesenreich, das zum Erzrivalen des Landes des Ex-Ehemannes wird: So in etwa begann die englische Herrschaft über Aquitanien.

Die 15jährige Eleonore von Aquitanien (oder Aliénor, wie sie im Lande selbst genannt wird) heiratet am 25. Juli 1137 in Bordeaux den Kronprinzen von Frankreich, den zukünftigen Ludwig VII. Die beiden Eheleute entpuppen sich als denkbar ungleich. Ludwig VII. ist der frömmelnde Herrscher eines klerikal geprägten Frankreich, sensibel, aber ohne großes Charisma. Aliénor ist eine Frau aus dem Süden, intelligent, selbstbewußt und lebenslustig. Die Ehe bleibt kinderlos, für den auf einen Thronerben wartenden Ludwig eine Katastrophe. 1144 bittet der König von Jerusalem um Hilfe für den christlichen Orient. Ludwig VII. ist sofort bereit, sich an die Spitze eines Kreuzzuges zu setzen und entscheidet, seine junge Frau nicht in Frankreich zurückzulassen. Im Orient trifft Aliénor ihren jungen Onkel, Raimund von Poitiers, Prinz von Antiochia, und wird seine Geliebte. Bald wird am ganzen Hof darüber getuschelt, daß sie sich anderswo holt, was ihr ›Mönchskönig‹ ihr nicht bieten kann. Ludwig VII., dem noch immer der Thronerbe fehlt, entschließt sich, die Untreue seiner Frau nicht länger zu dulden. Papst Eugen III. persönlich spielt den Vermittler, als das Ehepaar auf seiner Rückreise aus dem Orient in Rom Station macht. Zunächst bestätigt er den beiden, daß eine Scheidung in ihrem Falle unmöglich sei; dann bringt er sie im gleichen Bett unter, das er auf seine Kosten mit edelsten Stoffen schmücken läßt. Ob es nun an den edlen Stoffen oder an der höchstpäpstlichen Weisung lag – Aliénor kehrt schwanger aus Rom zurück. Zur Enttäuschung von Ludwig VII. bringt sie eine Tochter zur Welt. Wenig später stattet Henri Plantagenêt, Herzog der Normandie, ihr einen Besuch ab. Der junge Heinrich scheut sich nicht, der zehn Jahre älteren Königin den Hof zu machen, und auch Aliénor macht aus ihrer Zuneigung zu Heinrich kein Geheimnis. Sie betreibt die Auflösung ihrer Ehe mit Ludwig.

Eleonores Grabmal in Fontevraud (Loiretal)

Am 21. März 1152 wird die Ehe auf dem Konzil von Beaugency annulliert. Offizieller Grund: Aliénor und Ludwig haben einen gemeinsamen Vorfahren, Robert den Frommen, und sind damit Cousin und Cousine (wenn auch nur zwölften Grades). Nur zwei Monate später, am 18. Mai, heiraten Aliénor und Henri Plantagenêt.

Der Rest der Geschichte ist rasch erzählt: 1154 wird Henri Plantagenêt durch Erbfolge zu König Heinrich II. von England. Sein Reich erstreckt sich von den Pyrenäen bis an die Grenzen Schottlands. Trotz fünf gemeinsamer Söhne und zweier Töchter verläuft auch Aliénors zweite Ehe unglücklich, denn Heinrich II. wandelt sich zum ›königlichen Playboy‹. 1169 vertraut er seinem Sohn Richard Löwenherz das Herzogtum Aquitanien an: eine Entscheidung, die er noch bereuen sollte, denn schon wenig später sieht er sich mit den gemeinsamen Intrigen von Ehefrau und Sohn konfrontiert. Aliénor regt Richard sogar zur Annäherung an Ludwig VII. an. Der Plan, das Herzogtum ohne Heinrich zu regieren, schlägt fehl, Richard bittet um Vergebung. Aliénor wird von 1173 bis 1186 in Winchester gefangen gesetzt. Nach Heinrichs Tod im Jahre 1189 unterstützt sie ihren Lieblingssohn Richard Löwenherz bei der Regentschaft. 1199 stirbt auch Richard, und die ungebrochen aktive Aliénor verschafft die Herrschaft ihrem Sohn Johann Ohneland. Sie selbst zieht sich in die Abtei von Fontevraud zurück, wo sie 1204 mit 82 Jahren stirbt.

Bevölkerung, Mentalität und Brauchtum

Aquitanien, das nicht nur die hier vorgestellten Regionen Bordelais, Landes und Baskenland, sondern auch das Périgord, Agenais und Béarn umfaßt, gehört zu den dünnbesiedelten Landstrichen Frankreichs. 1990 zählte man 2 757 000 Einwohner, was 25 Aquitaniern pro km^2 entspricht. Allein 624 000 davon haben sich im Großraum Bordeaux niedergelassen. Zum Vergleich: Im ganzen Département Landes leben weniger als halb so viel Menschen. Wie in anderen Regionen auch ist die Landflucht zum Problem geworden. Ausgesprochen ländliche Regionen haben heute weniger Bewohner als Mitte des letzten Jahrhunderts.

Zwischen 1872 und dem Zweiten Weltkrieg ging die Bevölkerungszahl in ganz Aquitanien zurück, der Tiefststand wurde 1936 erreicht. Der Bevölkerungszuwachs der letzten Jahrzehnte ist nicht nur auf die steigende Geburtenrate zurückzuführen: In den dreißiger Jahren gab es eine italienische Einwanderungswelle, ab dem Ende der fünfziger Jahre wurden Franzosen aus Nordalgerien

Festlicher Umzug in St-Jean-de-Luz

Bordeaux

Die lieben Gewohnheiten

»Sommer. Dem sonntäglichen Ritus gehorchend, taucht die Bevölkerung ins Bassin von Arcachon ein. In der Stadt bleiben nur herumirrende Hunde, einige Ungetreue und Sie.«

(Pierre Veilletet, Schriftsteller und Journalist)

Ob sonntäglicher, saisonaler oder jährlicher Ritus … das Leben des Bordelesen ist vorgezeichnet wie ein Notenblatt, seine Gewohnheiten sind ihm heilig.

Wie fabriziert man einen kleinen *Bordelais bon chic, bon genre?* Das erprobte Erfolgsrezept: Man vertraut ihn dem Marienorden von Grand-Lebrun oder den Jesuiten von Tivoli an. Kultur und Eleganz beim Schulabschluß werden garantiert. Die kleinen Mädchen kommen natürlich zu den Nonnen in der Rue du Mirail. Solide Erziehung garantieren auch die Gymnasien namens Michel Montaigne und Montesquieu.

In der Woche geht der Bordelese so gut wie nicht aus. Samstags erlaubt er es sich manchmal, seine Garderobe im Triangle (s. S. 58 ff.) aufzufrischen. Bei Burberrys oder Rainbow … das Wichtigste ist es, *very British* zu bleiben und den Schirm nicht zu vergessen. Denn es regnet oft in Bordeaux. Zur Sommerzeit gestattet sich selbst der Bordelese ein Glas auf der Terrasse eines Cafés. Aber bitte nicht in irgendeinem: Bei Auguste an der Place de la Victoire trifft man die Studenten, im Noailles an den Allées de Tourny die ebenso eleganten wie erwachsenen. Wenn es denn unbedingt etwas Modernes sein muß, sucht man die Bar Castan am linken Ufer oder die Guinguette d'Alric, ein Gartenlokal in einem etwas zweifelhaften Viertel des rechten Ufers, auf.

Sonntags steht Jogging im Jardin Public oder dem Parc Bordelais an. Messe in St-Seurin oder Notre-Dame. Danach vielleicht ein paar Austern kaufen oder einen kleinen Kuchen bei Dastarac oder Darricau mitnehmen. Zur Verdauung etwas Tennis oder Golf. Das Lauern auf den ersten Sonnenstrahl ist ein weiterer Spleen des Bordelesen (nicht zufällig gibt es hier einen Wein namens ›Chasse-Spleen‹). Sofort beginnt die große Wanderung zum Bassin (das man hier gefälligst ›Bassin‹ und nicht Bassin d'Arcachon nennen sollte), zur Villa nach Cap-Ferret oder Pyla, je nach immobiliärer Familiengeschichte.

systematisch ›repatriiert‹, besonders zahlreich kamen Gastarbeiter aus dem spanischen Nachbarland, und schließlich gehört Aquitanien ebenso wie die Côte d'Azur zu den bevorzugten ›Rentenregionen‹ der Pariser.

Der Umzug nach **Bordeaux** könnte den Neuankömmling aus Paris vor Probleme stellen: Die *Bordelais* gelten in ganz Frankreich als verschlossen und zurückhaltend. Understatement auf bordeleser Art ist ein Erbe der englischen Herrschaft. Ein echter Bordelese liebt seine Region und ihre Weine, kleidet sich dezent (wobei zur korrekten Kleidung je nach Anlaß sowohl für Herren als auch für Damen noch ein Hut gehören kann), liest natürlich den »Sud-Ouest« (s. S. 68 f.) und vermeidet vor allem den etwas hart klingenden Akzent der Region. Selbstverständlich sind seine Manieren perfekt, wobei er eine leichte Vorliebe für die Erstauflage des Knigge, bzw. dessen französisches Pendant, unterhält. Wer nicht versucht, sich zumindest einigen der Normen anzupassen, kann zehn Jahre in dieser Stadt leben und wird trotzdem nur Zugereiste kennenlernen. Hat man aber einmal den Respekt eines *Bordelais* erworben, wird man auch in seiner Umgebung um so herzlicher aufgenommen.

In den **Landes** herrscht schon ein südlicher Lebensstil: Stierkämpfe und Volksfeste beleben die Dörfer, die Einheimischen kultivieren Mais, mästen Gänse oder destillie-

Urworte, baskisch

Aita – Vater
Ama – Mutter
Ume – Kind
Arbola – Baum
Argi – Licht
Txori – Vogel
Ez – nein
Bai – ja
Gasna – Käse
Harroka – Fels
Itsaso – Meer
Su – Feuer
Uri – Regen

Die Wochentage:
Astelehen – Montag
Astearte – Dienstag
Asteazken – Mittwoch
Ostegun, Ortzegun – Donnerstag
Ostiral, Ortziral – Freitag
Neskenegun, Irakoitz, Larunbat – Samstag
Igande – Sonntag

Die Monate:
Urtarrila – Januar
Ostsaila – Februar
Martxoa – März
Apirila – April
Maiatza – Mai
Ekaina – Juni
Uztaila – Juli
Agorrila – August
Buruila – September
Urrila – Oktober
Hazila – November
Abendoa – Dezember

Eine der *Forces basques* (baskische Kraftspiele): Sägen *(Arpanariak)*

ren ihren geliebten Armagnac. Manche Landaiser sprechen noch das Gascon, einen okzitanischen Dialekt mit spanischen, lateinischen und gotischen Wurzeln. Zahlreiche Ortsnamen entstanden aus der alten Sprache. Biarotte z. B. heißt Ort der zwei Felsen, Biscarrosse steht für umschlossener Ort oder Ort, in dem man das Schaf schert.

Im **Baskenland,** durch das die französisch-spanische Grenze verläuft, pflegt man seine ganz eigene, weder französische noch spanische Kultur. Allerdings scheinen die Basken auf französischer Seite mit der Zugehörigkeit zur ›Grande Nation‹ zufriedener zu sein als ihre spanischen Brüder mit der dortigen Regierung. Basken gelten als trink- und feierfreudig, essen spät und gehen noch später aus. Noch dazu haben sie die Angewohnheit, sich in merkwürdigen Kraftspielen, den *forces basques,* zu messen. Acht traditionelle Wettbewerbe stehen auf dem Programm: 1) *Soka-tira* (Tauziehen mit acht Mann an jedem Tauende), 2) *Untziketariak* (›Lauf mit Gewichten‹, so weit wie möglich mit einem 40 kg-Gewicht in jeder Hand laufen), 3) *Zaku Lasterka* (›Sacklauf‹, eine Art Staffellauf mit einem 85 kg-Maissack anstelle eines Stabes), 4) *Arpanariak* (Sägen, zehn Stämme mit 60 bis 75 cm Durchmesser müssen schnellstmöglich zersägt werden),

Sport im Südwesten

Corrida, Rugby und Fußball

Im Südwesten Frankreichs liebt man wie im spanischen Nachbarland die Corrida, mehr ein Ritual als ein Sport. In den Arenen von Bayonne, Dax, Mont-de-Marsan oder Floirac bei Bordeaux folgt der Südwesten seiner spanischen Seele. Am 30. August 1985 starb der in Bordeaux geborene Torero José Cubero, genannt »el Yiyo«, im Kampf mit dem Stier. Es war sein 32. Auftritt in einer Arena des Südwestens. Der gascogner Schriftsteller Bernard Manciet widmete ihm das Gedicht »Per el Yiyo«.

Andere kämpfen lieber gegen das Tier im Menschen: Lieblingssport der jungen Gascogner ist seit langem – obwohl englische Erfindung – das Rugby. Bègles, ein Vorort von Bordeaux, errang 1991 den französischen Meistertitel, die Mannschaft des nahen Agen schrammte 1985

5) *Orga Joko* (Wagenprobe, einen Karren von 350 kg an seiner Deichsel drehen), 6) *Aizkolariak* (Holzhacken von Stämmen mit einem Durchmesser von 35 bis 60 cm), 7) *Lasto Altxatzea* (Strohballenheben, mit einem über eine Rolle geführten Seil hebt man einen Ballen von 45 kg so oft wie möglich in zwei Minuten acht Meter hoch) und schließlich das *Harri Altxatzea,* das Steinheben, das es gleich in zwei Varianten gibt: Entweder man hebt einen Stein von 250 bis 300 kg in vier Minuten so oft wie möglich hoch oder man läßt einen runden 100 kg-Brocken so oft wie möglich auf den Schultern um den Hals kreisen.

Wichtigste baskische Eigenart und Träger baskischer Kultur und Identität ist natürlich das Euskara – die Sprache: In Bidarray zeigt man den Fremden gerne eine Brücke, von der sich der Teufel gestürzt haben soll, weil er die Sprache der Einheimischen nicht verstand – womit wir auch erfahren, daß der Leibhaftige kein Baske sein kann …

Noch streiten sich Ethnologen und Sprachwissenschaftler über die Herkunft der Basken und ihrer Sprache. Wortverwandtschaften mit dem Altgeorgischen (Kaukasus) und nordafrikanischen Berbersprachen wurden festgestellt. Schlüsse auf die Herkunft lassen sich daraus jedoch nicht ableiten. Fest steht nur, daß die Basken ihre prä-indogermanische Sprache und ihre Kultur vor den Einflüssen der verschiedenen Eroberervölker bewahrten.

nur knapp an der Meisterschaft vorbei und holte schließlich 1988 die nationale Trophäe mit dem martialischen Namen ›Brennus-Schild‹. Kommentar des Philosophen Michel Serres beim Anblick der »Agener Gazellen«: »Seht sie spielen! Ich sage Ihnen, das ist der Kampf der Gallier gegen die Römer. Sie spielen stolz ... sie spielen romantisch. Ich möchte schreiben, wie sie spielen.«

Erfolgreich ist auch die Fußballmannschaft der ›Girondins de Bordeaux‹. Zwischen 1980 und 1990 war die Elf drei Mal französischer Meister und einmal Halbfinalist im Europapokal. Zwischenzeitlich stieg Spielern, Trainern und Vorstand der Ruhm zu Kopf: Fehleinkäufe und horrende Honorarforderungen der Spieler, unter denen nur noch wenige echte Bordelesen waren, gaben dem Klub den Rest. Das Ende vom Lied: Konkursanmeldung und, gemäß dem französischen Regelwerk, ›Strafabstieg‹ in die zweite Liga. Dort lieferten die ›Girondisten‹ 1992 eine so glorreiche Saison, daß der Wiederaufstieg schon bald gesichert war. Jetzt können die kleinen Jungs des Südwestens wieder von einem Lehrgang in der Fußballschule ›Cap Girondins‹ träumen.

Kunst und Kultur

Bildende Kunst und Literatur

Aquitanien hat eine durch und durch literarische Tradition. Das heißt zum einen, daß die Werke der großen aquitanischen Schriftsteller zu den Schätzen der Weltliteratur gehören, zum anderen, daß die Region in Malerei und Musik während ihrer Geschichte nichts von überragender Bedeutung hervorgebracht hat.

Im 18. und 19. Jh. war Bordeaux eine Hauptstadt der Fayencekünstler. Die bedeutendsten waren Jacques Hustin, der hier Tellerserien herstellte, und Abel Boyer, der sich mit Tabakdosen und Apothekengefäßen einen Namen machte. Einige ihrer Stücke kann man heute im Musée des Arts Décoratifs in Bordeaux bewundern.

Aus Mont-de-Marsan in den Landes stammen die Bildhauer Charles Despiau (1874–1946) und Robert Wlérick (1882–1944). Despiau wurde als Schöpfer ausgezeichneter, psychologisch genauer Porträts bekannt. Beide ließen sich von Rodin beeinflussen, waren Mitglieder der Gruppe ›Sculpteurs Indépendants‹ und stellten Anfang des Jahrhunderts ihre Büsten und Skulpturen in Paris aus. Heute sind ihre Werke u. a. im Musée des Beaux-Arts von Bordeaux zu sehen.

Der spanische Maler Francisco de Goya, ein Anhänger der liberalen Bewegung in Spanien, flüchtete sich im Oktober 1824 vor den Schergen des absolutistischen Königs Ferdinand VII. nach Bordeaux. Mit seinen Leidensgenossen, ebenfalls im Exil lebenden Landsleuten, traf er sich in der Rue Huguerie 33 beim Chocolatier Braulio Poch. Die öffentlichen Hinrichtungen auf der heutigen Place Gambetta hielt er in seinem Werk »Guillotine« eindrucksvoll fest. Am 16. April 1828 starb Goya, taub und gelähmt, in Bordeaux. 1889 überführte man den Leichnam nach Madrid. In sein Sterbehaus ist heute ein spanisch-französisches Kulturinstitut eingezogen.

Henri de Toulouse-Lautrec verbrachte seine letzten Jahre in Verdelais an der Garonne und trank regelmäßig sein Glas Absinth in der Auberge Décriteau. Sein großes Werk jedoch schuf er in Paris.

Aus Libourne stammt der Tiermaler René Princeteau (1844–1914), ein langjähriger Lehrmeister und Freund Toulouse-Lautrecs.

Die **literarische Tradition** Aquitaniens reicht bis in die römische Zeit zurück. Der Poet Decimus Magnus Ausonius beschrieb schon im 4. Jh. Weine und Weinberge der Region und besaß ein Landgut bei St-Emilion. Ab dem 11. Jh. verbreiteten die Troubadoure (s. S. 44) von hier aus die ›Langue d'Oc‹. Zu den bedeutendsten gehörten Wilhelm IX., Großvater von Eleonore von Aquitanien, und Jaufré Rudel, Prinz von Blaye (s. S. 138).

Die bedeutendsten Namen der kommenden Jahrhunderte werden

Michel de Montaigne

in Bordeaux nur als die ›drei großen M‹ bezeichnet: Da wäre zunächst Michel Eyquem de Montaigne (1533–92). In seinem Schloß im Périgord schrieb der Sohn einer aus Portugal geflohenen, jüdischen Weinhändlerfamilie die »Essais«, die 1580 zum ersten Mal aufgelegt wurden. 1581 wurde er zum Bürgermeister von Bordeaux gewählt. Charles de Secondat, Baron de La Brède et de Montesquieu, (1689–1755) lebte und arbeitete im Château de La Brède nahe Bordeaux. Im Alter von 25 Jahren wurde er Ratsmitglied der Stadt. Zu seinen Hauptwerken zählen die »Persischen Briefe« (1721), »Betrachtungen über die Ursachen der Größe und des Verfalls der Römer« (1734) und »Vom Geist der Gesetze«

François Mauriac

(1748), wo er die Idee der Gewaltenteilung entwickelt. Der Philosoph gilt als einer der Wegbereiter der Revolution und widmete sich ›nebenberuflich‹ dem Weinbau.

Charles de Montesquieu

Schließlich wuchs auch François Mauriac (1885–1970) in Bordeaux und St-Symphorien auf. In St-Symphorien besaß die Familie Mauriac seit 1843 ein Gut mit Namen Malagar, auf dem der Literaturnobelpreisträger Wein anbaute: Der Schriftzug »Château Malagar, Appellation Premières Côtes de Bordeaux contrôlée, François Mauriac propriétaire à Saint-Maixant, Gironde« schmückte die Etiketten. Die wichtigsten Werke Mauriacs, die zumeist im Milieu des Bordeleser Bürgertums spielen, sind »Der Aussätzige und die Heilige« (1922), »Genitrix« (1923), »Das Geheimnis Frontena« (1933), »Das Lamm« (1954) und »Der Jüngling Alain« (1969). In seinen Erinnerungen betont Mauriac, wieviel sein Werk seiner Heimatregion verdanke: »Wenn ich heute durch die Straßen von Bordeaux streife, wird mir bewußt, wieviel Poesie mich umgab und ich atmete.«

Auch das Baskenland und die Gascogne schufen sich eine eigene literarische Identität: Einer der bedeutendsten baskischen Dichter war Bernard d'Etxepare, der Generalvikar von Unter-Navarra. 1545 veröffentlicht er seine »Prémices de la langue des Vascons« mit Ge-

Langue d'Oc

Die alte Sprache im Südwesten

»Ich möchte, daß Bordeaux mit Liebe seinen gascogner Dialekt kultiviert ... Es ist eine so schöne Sprache! ... Sie hat die Klangfülle eines Horns, ist sanft wie ein Wiegenlied, hat Worte, die ausreichen, eine Szene zusammenzufassen oder ein Bild zu malen, sie ist solide, klar und schnell.«

(Camille Jullian, Historiker)

Im 14. Jh. hatte Dante die Idee, die Sprachen nach ihrer Art, »Ja« zu sagen, zu klassifizieren. Er unterschied die ›Sprache des *si*‹ (Italienisch, Spanisch), die ›Sprache des *oil*‹ (altes Französisch) und ›die Sprache des *oc*‹, das Okzitanisch. Letzteres war im 11./12. Jh. die Sprache der Troubadoure, gesprochen und geschrieben von Wilhelm IX., Graf von Poitou und Herzog von Aquitanien, dem Großvater von Eleonore von Aquitanien. Immer wieder wird in der Troubadour-Lyrik die – unerreichbare – Frau verehrt. Jaufré Rudel, der Fürst von Blaye, besang in okzitanisch seine ›ferne Liebe‹, die nie zur Erfüllung gelangte. Richard Löwenherz beklagte in der gleichen Sprache sein Schicksal als Gefangener.

Als sich im 13. Jh. das Französische in Südfrankreich durchsetzte, verschwand die Troubadour-Lyrik; die Sprache des Oc blieb jedoch im Volk erhalten. In der Gegend von Bordeaux, den Landes und dem Béarnais spricht man heute noch gascognisch, einen okzitanischen

dichten in baskischer Sprache. Zu den großen Autoren des Baskenlandes zählt auch Pierre Axular (1556–1644), der freilich nur ein einziges Buch mit dem Titel »Gero« (›Später‹) verfaßte.

Die wichtigsten Werke in gascogner Sprache wie die »Fables causides« stammen aus der Feder von Pierre Lesca (1730–1807), der in Bayonne arbeitete.

Auch heute noch soll es in den literarischen Kreisen der Hauptstadt von Vorteil sein, aus Bordeaux zu stammen, und der in Paris lebende Schriftsteller Philippe Sollers verweist voller Stolz auf seine Herkunft: »Was es heißt, Girondist zu sein? Das ist ganz einfach: Man muß nur die Werke der drei großen Denker der Region aufschlagen: La Boétie, Montaigne, Mon-

Dialekt. Andere okzitanische Dialekte findet man in ganz Südfrankreich, im Languedoc, dem Limousin, der Provence ... Jahrhundertelang haben die einfachen Leute die alte Sprache bewahrt, allen Zentralisierungsversuchen zum Trotz: »Patois (Synonym für okzitanisch) ist die Sprache eines besiegten Landes«, meinte der Politiker Jean Jaurès. Auch wenn man in Bordeaux natürlich nicht mehr Okzitanisch spricht, hat man die Satzmelodie beibehalten, ähnlich wie bei einem Lied, dessen Text man vergessen hat, dessen Musik aber präsent geblieben ist. Jedem wird der Verzicht auf die Nasale auffallen, das lange ›o‹ in ›Rose‹, das geschlossene ›é‹ in ›j'étais‹.

Wirklich gegenwärtig ist die alte Sprache noch in den Straßennamen: Rue des Faures (Straße der Schmiede), Leyteire (etwa ›Milchstraße‹), Maucoudinat (Straße, wo man schlecht kocht). Die ganze Welt des Mittelalters taucht in Okzitanisch wieder auf ...

Heute versucht man, die alte Sprache bewußt zu erhalten: Es gibt gascogner Kinderlieder wie »Jan Petit que dança«, zweisprachige Kindergärten, *calandretas* (wörtlich: kleine, graue Lerchen) genannt, Sprachkurse in Gymnasien und Universitäten. Doch die Sprache der Gascogne lebt vor allen Dingen, solange es Schriftsteller gibt, die diese Sprache formen: Alain Viaut schafft mit den hart klingenden Worten der Region des Médoc »Skulpturen der Stille« in seiner Textsammlung »Mahon«, benannt nach einem Wind aus dem Orient. Bernard Manciet setzt der Region Landes in seinem in okzitanischer Sprache verfaßten Versepos »L'Enterrement à Sabres« (Die Beerdigung in Sabres) ein Denkmal. Er gilt als der größte okzitanische Poet, und seit einiger Zeit taucht in der Region immer häufiger das Gerücht auf, daß man ihm bald den Literaturnobelpreis verleihen wird ...

tesquieu. Die fundamentale Philosophie Frankreichs wurde hier erarbeitet, auf diesem Boden, unter diesem Licht, in diesem Klima. Es ist, als hätte sich die Wahrheit des Weins allmählich den Körpern mitgeteilt und den hier sich bildenden Gedanken.« Mysteriöse Allianz zwischen der Region und dem Menschen? Vielleicht ist es ja kein Zufall, daß die ›drei großen M‹ nicht nur Schriftsteller waren, sondern auch Wein anbauten; schon Ausonius betonte im 4. Jh. seine Bindung an »Hänge und Pflanzen des Weinbergs«.

Kein Wunder, daß jedes Jahr im Herbst nicht nur Trauben gesammelt werden, sondern auch eine ›Literaturlese‹ stattfindet: der Salon du Livre de Bordeaux, wo u. a. die junge, lebendige Bordeleser Literaturszene ihre Werke vorstellt. Manche ihrer Mitglieder lassen sich von Weinbergen und Garonne inspirieren, etwa Michèle Perrein zu ihrem »Le buveur de Garonne«, Pierre Siré zu seinem »Le fleuve impassible« oder Pierre Veilletet zu »Bords d'eaux«, andere von Legenden wie Anne-Marie Garat zu ihrem »L'homme de Blaye« (s. S. 138).

Moderne Kunst

Ausgerechnet das konservative Bordeaux mauserte sich ab den sechziger Jahren zu einer der Hauptstädte der modernen Kunst in Frankreich. Neben einer vergleichsweise regen Galerienszene gibt es das Experimentalkino Trianon mit anspruchsvoller Videothek. Im Sommer veranstaltet das Trianon spezielle Vorführungen, bei denen die Atmosphäre eines Films mit der eines Ortes verknüpft wird. Das Kino verläßt dann den Saal, um seine Leinwand z. B. an den Quais von Bordeaux oder im mittelalterlichen Dorf St-Macaire aufzustellen.

Die Ausstellungen im Museum C.A.P.C. im Entrepôt Lainé gewinnen schon durch den Kontrast zwischen den modernen Objekten und dem wunderbaren, fast sakral wirkenden Lagerhaus des vergangenen Jahrhunderts einen besonderen Reiz.

Im selben Haus arbeitet die Vereinigung Arc-en-Rêve (›Traumbogen‹), die sich mit Architektur und Städteplanung befaßt. Zur Arbeit von Arc-en-Rêve gehören Aktionen wie der Architekturwettbewerb »Bordeaux – Port de la Lune« um eine moderne Neugestaltung des Hafens am linken Ufer der Garonne. Außerdem werden Modelle, Fotos und Fotomontagen ausgestellt.

Das Théâtre du Port de la Lune in einer stillgelegten Zuckerfabrik hat einen seiner Säle dem experimentellen Theater zur Verfügung gestellt. Regelmäßig werden hier Stücke zeitgenössischer Autoren aufgeführt.

Seit 1965 findet alljährlich im November das Kulturfestival SIGMA statt. In der Mathematik ist das Sigma das Zeichen für die Summe unterschiedlicher Glieder. SIGMA in Bordeaux ist die Summe der unterschiedlichsten Kunstrichtungen: Theater, Tanz, Film, jede Richtung von Musik, Design etc. Dem vornehm-distinguierten Bordeaux fuhr damals ein Schock durch die Glieder: Eine »Passionsgeschichte nach de Sade« wurde aufgeführt, Pierre Henri dirigierte eine ›elektronische Messe‹, bei der die Zuhörer auf Matratzen am Boden lagen. Bei einem Happening des Kunstkritikers Jean-Jacques Lebel zogen sich die Teilnehmer Papiertüten über die Köpfe. Inzwischen hat sich die Aufregung gelegt, SIGMA ist zum festen Bestandteil des Kulturlebens geworden – und teilt das Schicksal aller Etablierten: Die jüngeren Bordelesen betrachten es mehr oder minder als Jahrestreffen von Ex-68ern und wenden ihre Aufmerksamkeit anderen Veranstaltungen zu.

Architektur

Verglichen mit anderen französischen Provinzen verfügt die Gegend von Bordeaux und die Küste über wenig Monumente aus mittelalterlicher Zeit. Was erhalten ist, wirkt oft um so eindrucksvoller: Bedeutendste Schätze romanischer Kunst sind die einzigartige Felskirche in St-Emilion und die Ruinen der Abtei La Sauve-Majeure, die heute noch die ganze Herrlichkeit des ursprünglichen Bauwerks verdeutlichen. Weitere wichtige Beispiele der Baukunst aus romanischer Zeit sind die Benediktinerabtei von St-Sever, die Kirchen Ste-Croix und St-Seurin in Bordeaux, Ste-Radegonde in Talmont oder die Abtei von Blasimon. In einigen Regionen wie dem Médoc steht in nahezu jedem größeren Dorf eine Kirche romanischen Ursprungs.

Die romanischen Baudenkmäler in Aquitanien zeichnen sich durch ihren reichen Skulpturenschmuck aus. Auf den Säulenkapitellen und Tympana werden ganze biblische Geschichten erzählt.

Die gotische Epoche fällt in die Zeit der englischen Herrschaft. Die Konflikte mit der französischen Krone häuften sich. Man brauchte Festungen, keine Gotteshäuser. Ausnahmen sind die Kirchen St-André und St-Michel in Bordeaux, die Kollegiatskirche von St-Emilion und die Kathedrale von Bayonne. Ansonsten blühte die Militärarchitektur. Die Châteaux von La Brède und Bayonne wurden errichtet, Mont-de-Marsan, St-Emilion und Lesparre mit massiven Donjons versehen. Viele Kirchen in Bastiden oder kleinen Dörfern wurden zu Festungen umgerüstet *(églises fortifiées)*. Mit ihren dicken Mauern, den charakteristischen Pechnasen und einem Glockenturm, der gleichzeitig als Wachturm diente, boten sie der Bevölkerung im Notfall Zuflucht.

Nach dem Hundertjährigen Krieg erholte Aquitanien sich relativ schnell, auf den Ruinen der alten Befestigungen wurden neue Schlösser erbaut.

Im 17. Jh. wurde der Name Vauban zum Synonym für militärische Architektur. Sébastien le Prestre de Vauban (1633–1707) baute in ganz Frankreich rund 300 Festungen um und errichtete 33 neue. Nahe Bordeaux manifestiert sich sein Werk in der Festung von Blaye, die zusammen mit zwei weiteren Anlagen die Gironde vor feindlichen Schiffen schützte.

Das 18. Jh. verlieh Bordeaux ein neues Gesicht. Vom König eingesetzte Intendanten, Stadtverwalter, planten die Stadt vollkommen neu. Zahlreiche Bauwerke des Mittelalters mußten weichen, breite Alleen wurden konstruiert, die Häuserzeilen des heutigen Stadtkerns erstanden (s. S. 62 f.). Bedeutendstes Zeugnis dieser Zeit ist das Grand Théâtre des Architekten Victor Louis.

Die Bastiden

Libourne wurde als Bastide im 14. Jh. angelegt

Rund 300 Jahre lang, seit Eleonore von Aquitanien und Heinrich Plantagenêt ihre Reiche vereint hatten, stand Aquitanien unter englischer Herrschaft. Es waren 300 Jahre des Dauerzwistes zwischen englischen und französischen Fürsten. Zur Sicherung der aquitanischen Grenze wurden in französischem oder englischem Auftrag an strategisch oder ökonomisch wichtigen Punkten befestigte Ortschaften angelegt: die Bastiden, kleine, schachbrettartig gegliederte, ummauerte Siedlungen mit einem arkadengesäumten Dorfplatz, einer Markthalle und einer Kirche in der Mitte. Der Gründung einer Bastide lag oft ein sogenannter ›Contrat de Paréage‹ (etwa: ›Vertrag der zwei Väter‹) zugrunde. In diesem Vertrag regelten der König und ein Landesfürst oder der weltliche und der geistliche Machthaber den rechtlichen Status eines Gebietes, das zum gemeinsamen Herrschaftsbereich zählte. Der Contrat de Paréage einer Bastide war Bebauungsplan und Steuergesetz in einem: Nicht selten wurden den zukünftigen Bewohnern, die durch öffentliche Ausrufer im ganzen Land geworben wurden, zahlreiche Sonderrechte wie z. B. Handels- oder Steuervergünstigungen oder der Erlaß des Militärdienstes zugesichert. In jedem Fall erhielten sie Baugrund und -material sowie ein Stück Gartenland. Umgekehrt wurden in einigen Verträgen für den Fall, daß etwa Verspätungen beim Bau der

Bastide eintraten, Strafen vereinbart. Die meisten der insgesamt 300 Bastiden wurden etwa von der Mitte des 13. bis zum Ende des 14. Jh. errichtet, in der Zeit des Hundertjährigen Krieges.

Einige der in diesem Buch beschriebenen Routen führen zu Bastiden wie Libourne, Créon, Ste-Foy-la-Grande, Labastide-d'Armagnac oder Grenade-sur-l'Adour. Die Namen der Bastiden erinnern an ihre Lage oder ihren Gründer, manche wurden nach größeren Städten des In- und Auslandes benannt. In einigen Fällen sind richtige Städte aus ihnen entstanden.

Die Nach-Revolutionszeit brachte nur geringe Veränderungen. Zahlreiche beeindruckende Weingüter wie Margaux oder Cos d'Estournel begannen sich in der ersten Hälfte des 19. Jh. mit eigenwilligen Prachtbauten zu schmücken.

In den dreißiger Jahren des 20. Jh. schließlich konstruierte Le Corbusier in Pessac seine Cité Frugès. Die Siedlung wird erst heute als Beispiel innovativer Architektur gewürdigt. Zu Zeiten Le Corbusiers verliehen die Bewohner ihren Häusern Spottnamen wie ›Zuckerwürfel‹ und versuchten sie mit Blumenkästen und neuen Anstrichen soweit wie möglich ihren Vorstellungen von Wohnkultur anzupassen.

Schöne Beispiele für moderne Architektur sind außerdem das zum Museum umgebaute Lagerhaus ›Entrepôt Laîné‹ in Bordeaux oder das extravagante Hotel St-James in Bouliac, das sich mit seiner Fassade aus rostbraunen Gittern harmonisch in die grüne Umgebung einfügt.

Der Südwesten kulinarisch betrachtet

»Nehmen Sie sich Zeit, schweigen Sie, und kosten Sie.«
(Michel Serres, Philosoph)

Womit fangen wir an? Tradition verpflichtet auch bei der **Vorspeise:** Stopfleber *(foie gras)* oder Austern *(huîtres)*, aber darauf kommen wir noch andernorts zurück (s. S. 180 f.). Also vielleicht zunächst die *crevettes blanches* (weiße Garnelen) des Médoc mit etwas Anis oder die schönen *crevettes roses* des Bassin d'Arcachon mit einem kühlen Entre-Deux-Mers kosten?

Die Girondisten unserer Tage sind ganz vernarrt in *charcuterie* – Wurst und Aufschnitt. Fragen Sie in den Metzgereien nach dem *gratton de Lormont*, einer Art Pastete, oder dem *grenier de Médoc*, einer Kuttelwurst ähnlich dem *andouillette*, zu der man einen roten Bordeaux trinken kann. Auf den Karten einiger Restaurants wie dem ›La Tupiña‹ findet man noch alte Gerichte der Region, die heute wahrhaften Abenteurergaumen vorbehalten bleiben: Da wären etwa die *sanguette*, ein Fladen aus Hühnerblut mit feingeschnittener Petersilie, oder die *pibales* (Glasaale), die man zwischen November und April im Ästuar der Gironde fängt, nachdem sie auf einer Wanderung den Golfstrom überwunden haben.

Die Feinschmecker der Region hoffen inständig, daß Sie der Anblick dieser weißen, wurmähnlichen Tiere ausreichend abschrekken wird, um auf eine Kostprobe zu verzichten. Gleiches gilt für die *cagouilles*, kleine graue Schnekken, die man *à la bordelaise* mit Knoblauch und Petersilie ißt.

Als **Hauptgericht?** Der gute König Heinrich IV. versprach seinen Un-

Fisch und Meeresfrüchte kommen stets frisch auf den Markt

tertanen jeden Sonntag ein Suppenhuhn im Topf. Seit die Musketiere ihre Degen schwangen, wird im Südwesten Frankreichs Geflügel gezüchtet: die bekannten Maishühnchen aus den Landes, aber auch Perlhühner, Enten, Gänse, Truthähne und fette Kapaune.

Wer es mehr mit dem Fleisch hält, wählt ein *entrecôte bordelaise:* ein über Weinreben gegrilltes Stück vom Rind, über und über mit schmelzendem Rindermark bedeckt und gewürzt mit einer Ladung gehackter Schalotten. Eine Delikatesse! Die besten Metzger bieten Pauillac-Lamm an, das nach einer Tradition des 18. Jh. nur mit Schafsmilch ernährt wird, was ihm zartes, weißes Fleisch mit leicht säuerlichem Geschmack gibt.

Fischliebhaber sollten zwei lokale Spezialitäten kosten: zunächst die Alse *(alose)*, die im Frühjahr den Atlantik verläßt, um in das Ästuar zu schwimmen. Man grillt sie und serviert sie wie die alten Gironde-Fischer mit Thymian, Lorbeer, Sauerampfer und Zitrone. Ihre Eier kommen in die Pfanne und werden mit etwas Schalottenessig gegessen. Unerläßlich ist weiter eine Kostprobe vom Neunauge *(lamproie)*, das schon im 4. Jh. von Ausonius gern gegessen wurde. »Ich mag Neunauge mit etwas schwarzem Wein«, bekannte der große Gelehrte. Das Rezept könnte einem allerdings den Appetit verderben: Neunaugen sehen ein wenig aus wie große Blutegel. Man läßt sie langsam ausbluten und schmort sie dann rund acht Tage lang, um die berühmte ›schwarze Sauce‹ zu erhalten. Serviert werden sie *à la bordelaise* mit etwas Lauch oder *à la dacquoise* (nach Art von Dax) mit Pinienkernen und Rosinen.

Zur Jagdsaison wählt man unter Drosseln *(grives)* und Wachteln *(cailles)* mit Weintrauben oder Ragout von Ringeltauben *(palombes en salmis)*. Trotz eindeutiger Gesetzeslage werden Fettammern *(ortolans)* weiterhin gejagt und unter Jägern mit einer weißen Serviette um den Kopf aufgetischt. Wenn in der Jagdtasche noch etwas Platz bleibt, füllt man ihn mit leckeren Steinpilzen *(cèpes)* und Pfifferlingen *(girolles)*, die Wildgerichte ideal begleiten.

Zum **Nachtisch** vielleicht ein Stück Kuchen? Die *canelés* sind ein kleines Wunder, außen knusprig und innen saftig. Aus St-Emilion kann man *macarons* aus Eiweiß und Mandeln mitbringen – leicht, süß, duftig und knusprig. Ihre Früchtekörbe füllen die Restaurants mit Melonen aus Nérac, Chasselas-Trauben aus Moissac, Pflaumen aus Agen sowie Nüssen und Feigen. Erdbeeren läßt man einige Stunden in Rotwein marinieren.

Und zum **Abschluß,** nach dem Café einen Pflaumenschnaps, einen kleinen Anisette, Anislikör, oder einen Tropfen Armagnac: Auftakt zu einer kurzen Meditation über die Schönheiten Aquitaniens – bevor man sich abends wieder zu Tisch setzt.

Reiserouten

Bordeaux
Das Weinbaugebiet
Der Wald der Landes
Côte d'Argent
Bassin d'Arcachon
Fahrradtouren
Bayonne
Baskenland
Baskische Küste
San Sebastián

Bordeaux

Blick vom Tour St-Michel

Spaziergänge durch die Stadt der Kaufleute und Weinhändler • Zu den Prachtbauten des 18. Jh. • In die Altstadt mit der Kathedrale St-André und historischen Bürgerhäusern • Durch das Chartrons-Viertel mit dem Museum für Moderne Kunst und traditionsreichen Weinhandelshäusern

»Nehmt Versailles und fügt Antwerpen hinzu, dann habt ihr Bordeaux«, charakterisierte Victor Hugo im 19. Jh. die Stadt mit ihrer Mischung aus mittelalterlich-verwinkelten Gassen und großzügig angelegten, von klassizistischen Prachtbauten gesäumten Boulevards.

Heutige Besucher riskieren, mit der achtgrößten Stadt Frankreichs langsamer Freundschaft zu schließen als der Dichter. Wer über die nördliche Autobahn A 10 ankommt, erhält wenig Anlaß zur Liebe auf den ersten Blick, denn der Weg führt durch den für die direkte Umgebung französischer Großstädte so typischen Gürtel aus Supermärkten und Industrieanlagen. Viel schöner ist es, sich Bordeaux von Osten über die steinerne Brücke Pont de Pierre zu nähern oder die Stadt zunächst von den Höhen von Floirac am rechten Gironde-Ufer aus zu betrachten.

Um dann den Charme der Bordeleser Gärten, die architektonischen Schönheiten der Stadt, das rege kulturelle Leben und die malerische Altstadt zu entdecken, braucht man allerdings etwas mehr Zeit.

Etwas Geschichte

Bereits im 3. Jh. v. Chr. gründeten die Bituriger eine Siedlung im Gebiet des heutigen Bordeaux. Den Hafen an der Garonne nutzten sie, um den Zinnverkehr zu überwachen. 56 v. Chr. kamen die Römer. Burdigala entstand und wurde unter römischer Herrschaft rasch eine blühende Stadt. Mitte des 1. Jh. pflanzte man die ersten Rebstöcke. Vespasian machte Bordeaux zur Hauptstadt der römischen Provinz Aquitanien. Im Jahre 276 fielen Germanen ein und zerstörten die Stadt. Die Entwicklung Burdigalas stagnierte.

778 wurde Bordeaux zur Hauptstadt des von Karl dem Großen gegründeten Königreichs Aquitanien. Die Heirat Eleonores von Aquitanien mit Henri Plantagenêt ließ Bordeaux nach dessen Thronbesteigung (1154) unter englische Herrschaft fallen. Die politische Entwicklung hatte angenehme ›Nebenwirkungen‹: Der Weinhandel nahm einen rasanten Aufschwung, denn die Engländer liebten den Roten aus Bordeaux, den sie wegen

Bordeleser Anekdoten

Fremdenführer erzählen sie gerne: die alten Geschichten, die sich um ein Gebäude, eine Treppe oder eine Brücke in der Gegend ranken und in denen sich historische Wahrheit und Legende mischen, Geschichten wie diese:

Eine Treppe für ein Pferd

Im 18. Jh. wird in Bordeaux am Cours du Chapeau-Rouge und der heutigen Place Jean-Jaurès von Victor Louis, dem berühmten Schöpfer des Grand Théâtre, ein besonders beeindruckendes Gebäude errichtet. Sein Wahrzeichen war eine prächtige Wendeltreppe, die zu ihrer Zeit so bekannt war, daß ihr Besitzer einmal einen Brief mit der Aufschrift »An Herrn Fonfrède auf seiner schönen Treppe in Bordeaux« erhielt. Natürlich kam die Nachricht ohne korrekte Adresse an. Man erzählt auch, daß die Treppe so breit gebaut und so bequem zu besteigen sei, daß selbst ein Reiter mit seinem Pferd ohne Schwierigkeiten zur dritten Etage vordringen konnte.

Der Kaiser und die Brücke

Lange Zeit gab es keine Brücke über die Garonne. Die Breite des Flusses, die Gewalt seiner Strömung und die regelmäßigen Hochwasser schreckten die Konstrukteure und bescherten den Fährleuten ein einträgliches Geschäft. Bis 1809 Napoleon I. entschied, Spanien um jeden Preis einzunehmen: 181 131 Infanteristen, 43 986 Reiter und mehr als 2000 Kanonen und Troßfahrzeuge mußten über die Garonne. Zuviel für die Fährleute, eine Brücke wurde gebraucht. »Unmöglich« – *»impossible«*, erwiderten die lokalen Autoritäten, und Napoleon antwortete ihnen mit dem unsterblichen Satz *»Impossible n'est pas français«* (Unmöglich ist nicht französisch). Per Dekret wurde 1810 die Konstruktion einer Brücke über die Garonne verfügt. Zuerst ganz aus Holz, wird sie 1821 zur Steinbrücke – Pont de Pierre. Seitdem stützen 17 Bögen den Überweg. So viele, wie es Buchstaben in N.A.P.O.L.E.O.N. B.O.N.A.P.A.R.T.E. gibt …

seiner damals hellen Farbe *claret* nannten. Anfang des 14. Jh. exportierte die Stadt bereits 900 000 hl. Traubendiebe riskierten, ein Ohr zu verlieren, und auch Weinpanscherei und Pfusch in der Küferei wurden streng bestraft. Junger Wein verkaufte sich am besten, alter Wein wurde an die Armen verschenkt.

Im 14. Jh. machte Eduard III. die ›Guyenne‹ (englische Verballhornung von Aquitaine) zum Fürstentum, und von 1362 bis 1372 war Bordeaux Residenz seines Sohnes, des Schwarzen Prinzen. Die Schlacht von Castillon setzte dem Hundertjährigen Krieg zwischen Franzosen und Engländern ein Ende, Bordeaux wurde wieder französisch.

Das 18. Jh. wurde dank des Handels mit den Antillen zum goldenen Zeitalter der Stadt. Ihr Hafen wurde zum wichtigsten des ganzen Königreichs, der Weinhandel florierte, und die Intendanten des Königs verliehen der Stadt ein neues Gesicht (s. S. 62f.).

Das Zentrum: Le Triangle d'Or

›Triangle d'Or‹ – goldenes Dreieck – nennen die Bordelesen das elegante Stadtzentrum. Schenkel des Dreiecks sind die Allées de Tourny, der Cours Clemenceau und der Cours de l'Intendance. Die Place

de la Comédie ist ein idealer Ausgangspunkt zur Entdeckung der Innenstadt. Hier steht das **Grand Théâtre**, das zwischen 1773 und 1780 erbaute Hauptwerk des bedeutendsten, klassizistischen Architekten, Victor Louis. In Bordeaux zählt man es ohne falsche Bescheidenheit zu den »schönsten Theatern der Welt« und verweist darauf, daß sich Garnier hier für die Pariser Oper inspirieren ließ (die dreiläufige Treppe im Vestibül findet sich tatsächlich dort wieder). 1991 wurde es von Grund auf renoviert und präsentiert sich jetzt in alter Pracht. Das Theater verdankt seine zentrale Lage handfesten militärischen Tatsachen: Dort, wo man heute

Das Grand Théâtre

über die Esplanade des Quinconces spaziert, ließ Karl VII. nach dem Hundertjährigen Krieg die Festung Trompette errichten. Um die anglophilen Bordelesen einzuschüchtern, konnte man die Kanonen in Richtung Stadt drehen. Für ein freies Schußfeld wurden zahlreiche Häuser abgerissen. So entstand das Forum, genannt ›Piliers de tutelle‹ (Obrigkeitsstützen), der heutige Platz des Theaters.

Die Fassade ist von der Antike inspiriert: Den zwölf korinthischen Säulen des Peristyls korrespondiert die gleiche Anzahl von Statuen, neun Musen und drei Göttinnen, auf der Balustrade. Sehenswert ist das Vestibül mit seinen dorischen Säulen, der Kassettendecke und der erwähnten monumentalen Treppe (Führungen ganzjährig Sa 15 Uhr, Juli/August auch 10.30 und 16.30 Uhr; Treffpunkt: Theatereingang). Zu den ersten Entscheidungen des neuen Bürgermeisters, Ex-Premier Alain Juppé, gehörte, das historische Theater in ›Opéra‹ umzutaufen.

Weiter geht es über den schicken **Cours de l'Intendance**. Links und rechts drängeln sich Design- und Modeboutiquen, das Haus Nr. 5 verfügt über einen schönen, schmiedeeisernen Balkon. Einige Schritte

nördlich liegt der nach dem Vorbild der Barockkirche Il Gesù in Rom errichtete Vierungskuppelbau der **Eglise Notre-Dame** (1684–1707), eine ehemalige Dominikanerkapelle mit weiß-marmornem Hochaltar und eleganter Orgelnische.

Die Rue Diderot führt zur modernen Ladengalerie **Marché des Grands Hommes** mit viel Metall und Glas. Nach einem kurzen Abstecher zum Belle-Epoque-Restaurant Chapon Fin oder der Käsehandlung Jean d'Alos auf der Rue Montesquieu kann man über die Rue Voltaire auf den Cours de l'Intendance zurückkehren. Im Haus Nr. 57 verbrachte der spanische Maler Goya seine letzten Jahre. Der dritte Stock des Gebäudes wurde 1981 zum Kulturzentrum **Casa Goya** umgestaltet. In den drei Sa-

Bordeaux

1 Ste-Croix
2 St-Michel
3 Porte de Bourgogne/des Salinières
4 Porte Cailhau
5 Maison de Jeanne Lartigue
6 Grosse Cloche, St-Eloi
7 St-Pierre
8 Hôtel/Musée des Douanes
9 Palais de la Bourse
10 Grand Théâtre
11 Girondistensäule
12 Entrepôt Laîné (Mus. f. mod. Kunst)
13 Temple Protestant
14 Hôtel Fenwick
15 Cité Mondiale du Vin
16 Musée des Chartrons
17 Muséum d'Histoire naturelle
18 Château Labottière/Parc Bordelais
19 Amphitheater (Palais Gallien)
20 Maison du Vin
21 Marché des Grands Hommes
22 Eglise Notre-Dame
23 Casa Goya
24 Porte Dijeaux
25 St-Seurin, Musée paléochrétien
26 Musée des Arts Décoratifs
27 St-André
28 Tour Pey Berland
29 Centre national Jean Moulin
30 Hôtel de Ville, Musée des Beaux-Arts
31 Ste-Eulalie
32 Musée d'Aquitaine

lons kann man Reproduktionen seiner Werke bewundern. Regelmäßig finden hier Ausstellungen spanischer Maler statt (Casa Goya, 57, Cours de l'Intendance, geöffnet Mo–Fr 13.30–18, Mi 9–12 Uhr).

In der Nachbarschaft, der Rue Vital-Carles 1, verbrachte der Schriftsteller François Mauriac einige Kindheitsjahre. Der Cours endet an der **Place Gambetta** mit der Porte Dijeaux. 1793 stand hier die Guillotine, während des Second Empire wurde ein englischer Garten geschaffen.

Weiter geht es über den **Cours Georges-Clemenceau**. In Haus Nr. 15 war einst Cagliostro zu Gast. Schönstes Gebäude des Cours ist Haus Nr. 55, vom Architekten Lhote 1776 erbaut und von seinem Rivalen, dem Theaterarchitekten Victor Louis, gerühmt.

Das Werk der Intendanten

Architektur im 18. Jahrhundert

»Die Stadt formt einen Halbkreis und schmiegt sich an den Fluß, der selbst eine Mondsichel bildet. Weder in Lyon noch in Marseille habe ich so etwas schönes gesehen wie diesen Quai, dessen Gebäude fast alle schön und viele ebenmäßig sind, der über mehr als zwei ausgedehnte Plätze verfügt, von der Art, daß man sich zwischen den schönen Häusern und einem Wald von Masten ermüdet, denn es gibt Stellen, an denen man den Fluß nicht sehen kann. Alle Straßen sind gerade ausgerichtet. Es gibt davon lange und breite, die beeindrucken. Viele Plätze gibt es: sie sind geräumig und regelmäßig ... Die Vorstadt der Chartrons unterhalb des Château Trompette ist eine der schönsten Vorstädte in Europa ... Die am Quai gebauten Häuser sind fast alle schön. Alles in allem ist der Luxus der Gebäude in Bordeaux ebenso groß wie in Paris ...«

Was François de La Rochefoucauld 1783 bewunderte, war im wesentlichen das Werk eines Mannes: Louis-Urbain, Marquis de Tourny, Intendant von Guyenne von 1743 bis 1757.

Tourny war einer der großen, vom König eingesetzten ›Verwalter‹ von Bordeaux, die der Stadt ihr mittelalterliches Bild nahmen und für neuen Aufschwung im Wirtschaftsleben sorgten. Schon kurz nach seiner Ankunft bemängelte er, daß außer der Place Royale das Innere der Stadt ohne jegliche Symmetrie und die Vororte in sträflich vernachlässigtem Zustand seien. Sein Ziel: »Da Bordeaux eine der Städte des Königreichs ist, in denen die meisten Fremden ankommen, wäre es angemessen, den Ankommenden sogleich einen guten Eindruck von unserem Lande zu verschaffen und ihrem Blick Bauwerke darzubieten, an denen sie Gefallen finden, die sie zum Verweilen anhalten und von denen sie noch lange erzählen werden, auf daß auch andere sie zu sehen wünschen.«

Im Februar 1744 schrieb er an die Verbände der Architekten und Maurer von Bordeaux: »Meine Bauvorhaben zur Verschönerung des Inneren und Äußeren der Stadt Bordeaux erfordern es, daß ich darüber wache, daß kein neues Bauwerk entsteht, welches meinen Plänen zuwiderlaufen könnte.« Architekten und Maurermeister wurden verpflichtet, für neue Bauvorhaben mittels eines komplizierten und langwierigen Verfahrens bei Tourny die Genehmigung zu beantragen.

Place de la Bourse

Insgesamt standen Tournys Methoden denen moderner Städtebauprojekte kaum nach.

Da in Jurade und Parlament von Bordeaux der Plan zur Umgestaltung der Innenstadt zunächst auf starken Widerstand stieß, begann Tourny sein Werk außerhalb der Stadtmauern. Zuerst galt seine Sorge den Ufern der Garonne, die seinen Briefen nach nur zum gelegentlichen Be- und Entladen von Schiffen, aber nicht als Wege für Kutschen oder Fußgänger taugten.

Wenig später konnte er sich doch noch der Innenstadt zuwenden und legte die heutigen Allées de Tourny, die Place Gambetta und den Cours Georges Clemenceau an. Die Anregung für den Jardin Public stammte ebenfalls aus seiner Feder. Die Gartenanlage war zu Zeiten Tournys jedoch keinesfalls öffentlich, sondern den wohlhabenden Weinhändlern vorbehalten.

Insgesamt wurden durch Tourny, seinen Vorgänger Boucher und seine Nachfolger D'Etigny und Dupré de St-Maur gut 5000 Häuser in der Altstadt, dem Chartrons-Viertel und dem Quartier St-Michel gebaut. In einer Stadt, die aus engen, verwinkelten Straßen und planlos wuchernden Vierteln bestanden hatte, entstanden die harmonische Place de la Bourse, das Grand Théâtre, das Hôtel de Ville, das Hôtel des Douanes und das Hôtel de la Bourse – zahlreiche mittelalterliche Bauten fielen der Neugestaltung zum Opfer.

An der Place du Tourny mit einer Statue des gleichnamigen Intendanten biegt man in die **Allées de Tourny**. Die Gebäude auf der rechten Seite stammen aus dem 18. Jh., wurden aber durch den Aufbau zusätzlicher Etagen stark verfremdet. Originalgetreu blieben Nr. 14, 28 und 56. Vorbei an der Brasserie Les Noailles und der Weinhandlung L'Intendant geht es zurück zum Grand Théâtre. Das Gebäude an der Ecke zum Cours du XXX-Juillet beherbergt den CIVB (Weinfachverband) und die **Maison du Vin**. Hier kann man sich kostenlos in Sachen Wein informieren; gelegentlich werden Gratisweinproben veranstaltet. Das **Hôtel des Quatre Sœurs** nebenan diente Richard Wagner 1850 für Rendezvous mit der Frau eines Weinhändlers. Der eifersüchtige Ehemann alarmierte die Polizei, die den Komponisten daraufhin der Stadt verwies.

Ein Prachtbau: Maison des Vins de Bordeaux

Das Chartrons-Viertel

Unser Rundgang durch das Viertel der Chartrons, der alten Weinhändlerkaste, beginnt auf der **Esplanade des Quinconces**. Mit 126 000 m² ist sie Europas wohl größter Platz. Hier stand das Château Trompette und gemahnte mit seinen Kanonen die Bordelesen zu Ruhe und Ordnung. Erst 1816 wurde es endgültig geschleift. Heute dienen große Teile von ›Europas größtem Platz‹ als Parkplatz. Sehenswert ist die 43 m hohe **Girondistensäule**. Von 1894 bis 1902 erbaut und vom ›Genius der Freiheit‹ gekrönt, soll diese an die Helden der Revolution erinnern. Die Bronzepferde auf der ›Insel‹ im Bassin symbolisieren den Triumph der Republik. Unter ihren ›maritim‹ geformten Hufen winden sich die Allegorien der Lüge, des Lasters (gekennzeichnet durch einen Herrn mit Schweineohren) und der Unwissenheit. Einige der Bronzen wurden im letzten Krieg von den deutschen Besatzern abmontiert und nach Angoulême verschickt. Lange Jahre waren sie

Die Girondistensäule

spurlos verschwunden, bei ihrem Auftauchen fehlten schließlich die Gelder für die Instandsetzung der Säule. Doch – welch glücklicher Zufall – pünktlich vor den Kommunalwahlen von 1983 konnten die Bronzen wieder ihren Platz einnehmen.

Am Rande des Quai wachen die Statuen von Montaigne und Montesquieu über die Esplanade des Quinconces. Hier genießt man einen schönen Ausblick auf die Garonne und den Pont de Pierre.

Weiter geht es über den Quai Louis XVIII. zur Bourse Maritime.

Chartrons

Aristokraten des Korkens

Religiöse Flüchtlinge gründeten an der Stelle des heutigen Chartrons-Viertels im 14. Jh. einen Konvent, und nach ihnen wurde das Viertel benannt: Die Kartäuser, *chartreux,* wurden aus dem Périgord vertrieben und siedelten sich auf dem sumpfigen Land vor den Mauern des damaligen Bordeaux an. Im 17. Jh. folgten ihnen Kaufleute protestantischen Glaubens aus Holland, England und Deutschland. Im Innern der katholischen Stadt duldete man sie nicht, so bauten sie ihre prachtvollen Wohnhäuser, Lager und Handelskontore im Chartrons-Viertel. Bald hatten sie sich die führende Rolle im Weinhandel erarbeitet und kauften auch so manches Weingut auf – später mehrte der Handel mit Zucker, Kaffee und ›Ebenholz‹, sprich Sklaven, den Reichtum der Handelshäuser. Nach ihrem Viertel wurden die eingewanderten Händler Chartrons genannt, und der Ausdruck *›pavé des Chartrons‹* (Chartrons-Pflasterstein) wurde zum Synonym für Geldadel und Gediegenheit. Diese ›Aristokraten des Korkens‹ bildeten eine regelrechte Kaste, die das Wirtschaftsleben der Stadt beherrschte. Namen wie De Luze, Eschenauer, Calvet, Cruse, Schröder & Schÿler, Lawton oder Johnston sind noch heute in Bordeaux legendär. Lawton z. B. existiert seit 1742, und bei Johnston ist gerade die neunte Generation an der Arbeit.

Seit den siebziger Jahren unseres Jahrhunderts wurde die alte Chartrons-Herrlichkeit von Krisen gebeutelt: Immer mehr Winzer gingen dazu über, ihre Weine selbst abzufüllen und zu vertreiben. Die meisten Chartron wußten ihre Familienunternehmen in die sichere Obhut eines internationalen Distributeurs zu retten. Andere, wie die oben genannten, schlugen sich achtbar gegen die Konkurrenz.

Mit den wirtschaftlichen Problemen schwand der Glanz des Viertels. Die einst hochherrschaftlichen Fassaden begannen lepröse Verfallserscheinungen zu zeigen, bis sich die Stadtverwaltung zum großangelegten Lifting entschloß: Alte Häuser erstrahlen heute wieder in frischen Farben, das Museum der modernen Kunst im alten Lagerhaus Entrepôt Laîné und das ›Weinmekka‹ Cité mondiale des Vins et Spiritueux wurden im Quartier des Chartrons untergebracht. Heute ist das Quartier des Chartrons wieder begehrt, seine Weinbars und -lager in Mode – nicht nur bei Reedern und Weinhändlern.

Gegenüber, Ecke Cours Xavier-Arnozan, liegt das **Hôtel Fenwick**. Zwei Galeeren zieren das Portal. Dieses Stadtpalais wurde 1795 vom Architekten Dufart errichtet. Von den beiden Dachpavillons aus konnte man den Hafen beobachten. Kunstfreunde müssen jetzt ein paar Schritte zurückgehen und in die Rue Ferrère einbiegen. Dort befindet sich das **Entrepôt Laîné** mit dem C.A.P.C., dem Zentrum der zeitgenössischen bildenden Kunst, das sich besonders der zeitgenössischen Skulptur widmet. Das Entrepôt war einst ein Lagerhaus für Kolonialwaren. Hier türmten sich Säcke voll Zimt, Vanille, Kaffee und Kakao. Heute kann man über dieses herrliche Stück Industriearchitektur nur staunen. Das von André Putmann gestaltete Interieur erinnert mit seinem Doppelschiff, dem Umgang und zahlreichen Backsteinbögen fast an eine Kathedrale.

Vier Ausstellungen zeitgenössischer Kunst werden hier Jahr für Jahr präsentiert. Arbeiten von Daniel Buren, Jannis Kounellis, Sol LeWitt, Mario Merz u. a. gehören zur Sammlung des 1990 gegründeten Museums. Den Besuchern steht eine Bibliothek zur Verfügung; es gibt ein ›Kinderatelier‹ und eine Museumsboutique (u. a. ›Museumsweine‹ mit künstlerisch gestalteten Etiketten). Das ›Café du Musée‹ auf dem Dach ist das seltene Beispiel eines Museumsrestaurants mit genießbarer Küche (C.A.P.C., Centre d'Art plastique contemporain und Musée d'Art contemporain, Rue Ferrère, Ecke Rue Foy, täglich außer Mo 11 bis 19 Uhr).

Weiter zieht man über die Rue Notre-Dame, die Straße der Antiquitätenhändler. Die Häuser Nr. 89, 93 und 95 sind schöne Beispiele für die Architektur des 18. Jh. Vorbei am **Temple Protestant** (1835) kommt man zur Rue Borie Nr. 41. Das liebevoll restaurierte Haus aus dem Jahre 1720, in dem heute das **Musée des Chartrons** untergebracht ist, wurde natürlich stets von Weinhändlern bewohnt. Über eine prächtige Treppe mit schmiedeeisernem Geländer geht es in die obere Etage, die früher der Verpakkung der Weine zum Versand diente. Seit 1989 befindet sich hier das Museum des Weinhandels. Sein Besitzer, Patrice Calvet, ist ein einfacher Weinliebhaber, kein diplomierter Museumsdirektor. Die Ausstellungsstücke kommen aus den Familien der großen Handelshäuser: Flaschen aus dem 17. Jh., eine Weingläsersammlung und eine Kollektion von Weinetiketten der Druckerei Gaulon-Wetterwald (Musée des Chartrons, 41, Rue Borie, täglich außer So und Mo 10–12.30 und 14–17.30 Uhr).

Letzte Etappe unserer kurzen Reise durch das Chartrons-Viertel bildet der Besuch der **Cité Mondiale du Vin** am Quai des Chartrons 20. Die erst 1992 eröffnete ›Weltstadt des Weins‹ gleicht in ihrem Erscheinungsbild mit viel Glas, Spiegeln und Metall ein wenig dem Marché des Grands Hommes

Der Sud-Ouest

Tageszeitung einer Region

»Acta sacra, libera verba« – Die Fakten sind heilig, die Worte sind frei.
(Motto des Sud-Ouest)

Das im August 1944 von Jacques Lemoine gegründete »Journal« wird in 380 000–400 000 Exemplaren aufgelegt, in acht Départements verteilt und enthält 21 verschiedene Lokalteile. Wer es nicht kaufen will, der liest es in Restaurants und Cafés: Den Schwerpunkt bildet Aktuelles aus der Region, gefolgt von internationalen Nachrichten, Veranstaltungshinweisen und dem obligaten Horoskop. Besonders beliebt ist die Sonntagsausgabe »Sud-Ouest-Dimanche«. Ihre 300 000 Exemplare finden rund 1 Mio. Leser, was einer Verbreitung auf 38,6 % der Bevölkerung entspricht. Man nimmt sich Zeit für die Lektüre: Die Sonntagsausgabe ist fast schon ein Magazin mit Themen aus den Bereichen Politik, Sport, Freizeit, Gesellschaft. Regelmäßig findet man traditionelle Kochrezepte von Michel Lis und Alain Pujol, dem Autor von »La Cuisine des Mémés« (Die Küche der Mütter), für Humor sor-

(s. S. 71). In erster Linie dient sie als Geschäfts- und Konferenzzentrum der Weinhändler. Auch Kurse zur Vertiefung des Weinwissens werden angeboten. Sogar die Önologen bekannter Châteaux drücken dort gelegentlich nochmal die Schulbank. Wer weder Händler noch Winzer ist, findet hier Restaurants, ein breites Weinangebot und ein kleines Museum der Weinbruderschaften, das Musée des confréries (Cité Mondiale du Vin, 20, Quai des Chartrons). In den umliegenden Straßen bieten zahlreiche Weinbars Gelegenheit zu einer gemütlichen Weinprobe (Degustation).

Jardin Public und St-Seurin

Der Besuch des Entrepôt Laîné eignet sich als Ausgangspunkt für einen weiteren Spaziergang: Über die Rue Ferrère oder den Cours Xavier-Arnozan gelangt man zum **Cours de Verdun**. In Haus Nr. 25 wohnte früher der Graf von Fumel, Kommandant des Château Trompette (s. S. 59). Von hier aus hatte er seine Festung stets vor Augen. Mit dem Jardin Public (Öffentlicher Garten) schuf der Intendant Tourny den Bordeleser Bürgern einen Ort zum Flanieren. Während der Revo-

gen Zeichnungen des Karikaturisten Iturria und die Feder von Pierre Veilletet (Schriftsteller und stellvertretender Chefredakteur). Claude Mauriac und Florence Delay verleihen dem Ensemble einen Hauch von Literatur.

Der »Sud-Ouest-Dimanche«, kurz S. O. D. genannt, ruht sich nicht auf seinen traditionsreichen Lorbeeren aus: Im Oktober 1991 verpaßte Chefredakteur Jean Eimer dem Blatt ein neues Layout und eine Fernsehbeilage. »Jünger« und »femininer« soll es jetzt geworden sein.

Seit 1988 bemüht man sich, die Kompetenz der Lokalredaktionen gleich mehrfach zu verwerten. Mehr als 100 Bücher aus den »Editions Sud-Ouest« zieren inzwischen die Regale der Bordeleser Buchhandlungen. Und immer steht die Region im Mittelpunkt: »Die Überquerung der Pyrenäen«, »Der Lauf der Garonne« oder »Der Lauf der Leyre« (ein kleiner Fluß in den Landes) heißen typische Titel; es gibt die Reihe »Den Südwesten kennenlernen« mit Büchern wie »Die Weinberge von Bordeaux kennenlernen« oder »Die Küche der Gascogne kennenlernen« und die Serie »Dossiers des Alltäglichen« mit bemerkenswerten Ausgaben zu den Themen ›Wein‹ oder ›Inseln‹. Die Sonderausgabe 1992 war dem 400. Todestag des Schriftstellers und Bürgermeisters von Bordeaux, Michel de Montaigne, gewidmet.

lution verwilderte er, Napoleon nutzte ihn als Truppenübungsplatz. Erst 1856 wurde er als englischer Garten neu gestaltet und in der Nähe des Westausgangs der **botanische Garten** angelegt. Hier kann man z. B. sibirische Ulmen oder Chinapalmen bewundern. Die Bordelesen lieben die gepflegten Teiche, Seen, Brücken und Hügel des Parks – besonders am Sonntag begibt man sich zum Spaziergang hierher. Früher war der Park unter dem Namen ›Abendbörse‹ bekannt, weil sich die reichen Weinhändler vom Cours Xavier-Arnozan hier zu treffen pflegten. Wer heute den Eingang am Cours de Verdun nimmt, begegnet zunächst der Büste des Schriftstellers François Mauriac.

Am Rande des Jardin Public liegt das **Naturkundemuseum**. Das Gebäude (1791) beherbergt umfangreiche mineralogische sowie zoologische Sammlungen mit präparierten Reptilien, Säugetieren, Schmetterlingen und Fischen. Eine Abteilung ist der regionalen Fauna gewidmet (*Musée d'Histoire naturelle*, 5, Place Bardineau, täglich außer Di 14–17.30 Uhr).

Wer jetzt noch nicht genug von schönen Gärten hat, begibt sich auf einen längeren Spaziergang (etwa 2 km) zum Parc Bordelais. Über die Rue David Johnston kommt

Reste des römischen Amphitheaters

man zur Rue Croix de Seguey. Ein kleiner Abstecher über die Rue Labottière Nr. 25 führt zum **Château Labottière**, dem schönsten Privathaus von Bordeaux, entstanden 1768 bis 1770. Besichtigen kann man es zwar nicht, aber auch der Blick durch die schmiedeeisernen Gitter des Gartenzauns lohnt den Weg. Über den Boulevard Président Wilson und die Avenue Carnot erreicht man schließlich den **Parc Bordelais**: 30 ha mit Seen, Spielplätzen und einem kleinen zoologischen Garten.

Zurück am Naturkundemuseum, geht es weiter Richtung Südwesten. An der Rue du Docteur Albert-Barraud liegen die kargen Überreste eines **Amphitheaters** (Palais Gallien) aus dem 3. Jh. Damals faßte es 15 000 Zuschauer, heute stehen nur noch einige gemauerte Bogen. Über die Rue Rodrigues Pereire kommt man zur **Eglise St-Seurin**. Die Kirche gehört zu den ältesten der Stadt. Ihr heutiges Erscheinungsbild ist das Resultat wechselnder Umbauten: Die Fassade stammt aus dem Jahr 1828, die

Shopping-Paradies

Einkaufen in Bordeaux

Die Bordelesen nehmen in puncto Stil und Eleganz eine Sonderstellung unter den Franzosen ein. Das wußte man schon im letzten Jahrhundert in Paris. Victor Hugo hat es so formuliert: »Die Frauen von Bordeaux sind charmant ... Gott hat sie schön geschaffen, aber das reicht ihnen nicht, sie machen sich hübsch.« Die Geheimnisse der Bordeleser Eleganz findet man natürlich im ›Triangle d'Or‹, dem goldenen Dreieck der Straßen Cours de l'Intendance, Allées de Tourny und Cours Georges-Clemenceau mit dem Marché des Grands-Hommes im Zentrum. In den Häusern aus dem 18. Jh. sitzen heute Couturiers wie Yves Saint-Laurent und Guy Laroche, Boutiquen von Gérard Darel oder Franck et Fils für Damen oder Cellini (6, Rue Voltaire) und Rainbow für Herren, Juweliere wie Lacarrière (9, Place des Grands Hommes) oder Fontan, dazu einige Parfümerien wie die Parfumerie de l'Opera gegenüber dem Grand Théâtre. Wer nicht ganz so tief in die Tasche greifen will, weicht aus ins Centre St-Christoly (Place Pey-Berland), ins Centre Mériadeck, die Rue Porte-Dijeaux und natürlich in die wuselige Rue Ste-Catherine.

Gegen den kleinen Hunger helfen *canelés*, kleine Kuchen – außen fast verbrannt, innen weich und saftig. Man bekommt sie bei Buck (11, Rue Duffour-Dubergier) oder bei Dastarac (fünf Filialen, davon eine in der Rue Fondaudège Nr. 9), die besten bei Baillardran (Stand im Marché des Grands-Hommes). Exzellente Patisserie findet man bei Eric Saboutat (10, rue Michel Montaigne) oder bei der kaum bekannten Bäckerei Grain de Sucre (69, Cours d'Albret). Ein süßes Festmahl ...

Für ihren Kaffee sind die ›Brûleries‹ (Röstereien) Gama in der Rue de la Porte-Dijeaux 109–111, Brûlerie (262, Rue Ste-Catherine, und 41, Rue Fondaudège) und Les Rois Mages (48, Cours de l'Intendance) bekannt. Feine Schokoladen gibt es bei Cadiot-Badie (26, Allées de Tourny) und Saunion (56, Cours Georges-Clemenceau).

Die besten regionalen Spezialitäten kauft man bei La Taste (68, Rue des Remparts) und besonders im rustikalen Restaurant La Tupiña (6, Rue Porte-de-la-Monnaie). Dort findet man auch eine ansehnliche Weinauswahl. Flaschen aller Preis- und Altersklassen stapeln sich in rund 1200 Eichenholzkisten im Turm von L'Intendance (2, Allées de Tourny). Auch die Vinothèque de Bordeaux gegenüber, am Cours du

Fußgängerzone im Zentrum

XXX-Juillet, bietet ein reichhaltiges Angebot. Nicht verzichten sollten Weinfreunde auf den Besuch in der neuen Cité Mondiale du Vin am Quai des Chartrons 20.

Wirklich ungewöhnliche kulinarische Reiseandenken bekommt man etwas außerhalb der Stadt: In der Domaine de Belloc (✆ 05 56 39 61 00) kümmert sich Bernard Lafon um »vergessene Gemüse« aus dem Frankreich von früher, wie etwa Knollenziest und *Salicornes* (eine Salzpflanze).

Altertümchen weniger vergänglicher Natur findet man auch in der Innenstadt von Bordeaux wieder: Antiquitäten, Schmuck, Möbel, all das, was die Franzosen *brocante* nennen. Die schönsten Läden liegen auf der Rue Bouffard, der Rue des Remparts und der Rue Notre-Dame sowie im Quartier St-Michel und im Quartier St-Pierre. Dort kann man auch in der hervorragenden Buchhandlung mit dem schönen Namen ›La machine à lire‹ stöbern (›Die Lesemaschine‹, ✆ 05 56 48 03 87, 8, place du Parlament). Freunde französischer Literatur werden außerdem fündig im modernen Virgin Megastore an der Place Gambetta, in der recht kompetenten F.N.A.C. im Centre St-Christoly und natürlich in der Librairie Mollat (15, Rue Vital-Carles) mit dem größten Sortiment der Stadt. Bücher über die Region bekommt man – sogar sonntags – in der Librairie du Glorit im Musée d'Aquitaine (20, Cours Pasteur).

Vorhalle mit archaischen Kapitellen und Reliefs aus dem 11. Jh. Sehenswert ist die frühromanische Krypta mit merowingischen Sarkophagen aus dem 6. und 7. Jh. Unter dem Gelände der Kirche liegt das unterirdische **Musée paléochrétien**. Fresken, Sarkophage und Amphoren veranschaulichen die christlichen Ursprünge von Bordeaux (Musée paléochrétien, Place des Martyrs-de-la-Résistance, Besuch von April bis Oktober jeweils Di und Sa 14, 15, 16 und 17 Uhr).

Alt-Bordeaux

Einige Teile des Altstadtkerns von Bordeaux liegen innerhalb des durch die ehemaligen Stadtmauern begrenzten Gebietes. Seit einigen Jahren wird die Wohnqualität dieses Viertels langsam, aber stetig verbessert: Häuser werden renoviert, Fußgängerzonen entstehen, Galerien, Restaurants und Boutiquen lassen sich hier nieder.

Geeigneter Ausgangspunkt für einen Spaziergang ist erneut das Grand Théâtre. An seiner Südseite liegt der **Cours du Chapeau-Rouge**. Auch hier findet man die typischen Häuserzeilen aus dem 18. Jh., eines der schönsten Häuser trägt die Nr. 21 (erbaut 1778). Haus Nr. 54 wurde 1782 für den Weinhändler Bonnaffe erbaut, in Haus Nr. 40, dem Hôtel Laubardemont (1608), logierte Maria von Medici während der Hochzeitsfeierlichkeiten für Ludwig XIII. Bekannt für ihre elegante Wendeltreppe ist die Nr. 1, Place Jean Jaurés, das **Hôtel Fonfrède** (s. S. 57). Im 15. und 16. Jh. stand hier eine Herberge mit dem Namen ›Hostaley deu capet roge‹, der in der heutigen Straßenbezeichnung weiterbesteht.

Nun geht es am Quai entlang nach Süden zur **Place de la Bourse**. Der ausgewogen und harmonisch gestaltete Platz trug früher den Namen Place Royale. Die Anlage wurde 1735 auf Anordnung des Intendanten Boucher und nach Plänen des Architekten Jacques Gabriel gebaut. Im 18. Jh., als der Hafen von Bordeaux der bedeutendste Frankreichs war, war sie das Aushängeschild der Stadt. Damals umschlossen Gitter den Platz, auf dessen Südseite das Hôtel des Douanes liegt, und auf der Nordseite das **Palais de la Bourse**. Im Zentrum des Platzes steht der Brunnen der Drei Grazien, der 1864 die zuvor hier plazierte Reiterstatue von Ludwig XV. ersetzte. Das Innere des Palais de la Bourse schmücken eine Uhr des *Maître faïencier* (Fayencemeister) Hustin und Schmiedearbeiten von Dumaine (Tor und Treppe).

Im **Hôtel des Douanes** geht es im Hof rechts zum **Zollmuseum**. Hier erhält man einen schönen Überblick über das Zollwesen von der Antike bis zur Gegenwart: Uniformen, Karten, komplizierte Meßinstrumente, der Nachbau des Büros eines Zolldirektors und Karikaturen

Place du Parlement

bilden die Ausstellungsstücke. Dazu Texte von Colbert zu Import und Export: »Man muß exportieren, Handel und Industrie entwickeln und das aus dem Ausland Wohlangekommene hoch besteuern.« Viel scheint sich seit damals nicht verändert zu haben (Musée des Douanes, Place de la Bourse, außer Mo 10–12, 13–17 Uhr, im Sommer bis 18 Uhr).

Über die Rue Fernand-Philippart gelangt man zur Place du Parlement. Scharfe Augen können noch die alten, in den Stein gravierten Straßennamen erkennen. Je nach politischer Lage hieß sie erst Rue Royale, dann, während der Revolution, Rue de la Liberté. Beachtenswert ist der Balkon am Haus Nr. 16. Die **Place du Parlement** wurde erst vor kurzem renoviert. Ihr Name ist nicht ganz zutreffend, denn ein Parlament gab es hier nie, statt dessen war es der Platz des königlichen Markts. Heute haben sich um den Rokokobrunnen (1860) Bars, Cafés und Restaurants niedergelassen.

Wer von hier die Rue du Parlement Ste-Catherine nimmt, gelangt schnell zur **Rue Ste-Catherine**, der populärsten Einkaufsmeile von Bordeaux. Die Boutiquen sind weit weniger nobel als im ›goldenen Dreieck‹, es gibt die üblichen Kaufhäuser, Fast-Food-Läden, die wohl größte Zeitschriftenhandlung der Stadt, Souvenirs und ein Postamt (Place St-Projet). Interessant ist die überdachte Ladenpassage der Galeries Bordelaises zwischen Rue

Ste-Catherine und Rue des Piliers-de-Tutelle. Shopping-Freunde können ihren Spaziergang zum Einkaufszentrum an der Rue des 3 Conils oder zu den Boutiquen der Rue de la Porte-Dijeaux fortsetzen.

Von der Place du Parlement zweigt die Rue du Parlement St-Pierre zur **Place St-Pierre** ab. Jeden Donnerstag vormittag findet vor der Kirche gleichen Namens mit dem spätgotischen Portal der Ökomarkt statt. Weiter geht es über die Rue des Argentiers mit der **Ilôt de la Tour-de-Gassies**, einem Block schön renovierter Altstadthäuser. Das Haus Nr. 14, genannt Maison de l'Angelot (1750), verfügt über ein schönes Marmorrelief, das Neptun als Kind zeigt. Die **Place du Palais** wird von Häusern aus dem 18. Jh. gesäumt. Ihr Name erinnert an das Palais de l'Ombrière, das an dieser Stelle im 11. Jh. errichtet wurde. Hier residierten die Repräsentanten der Englischen Krone, nachdem Eleonore von Aquitanien Henri Plantagenêt geehelicht hatte. Zu Zeiten Ludwigs XI. war hier das Stadtparlament ansässig. Die letzten Reste des Palais wurden im 18. Jh. geschleift.

Am Ufer der Garonne liegt die **Porte Cailhau**. Karl VIII. ließ das mittelalterliche Stadttor 1495 zu einer Art Triumphtor umgestalten. Früher bildete es den Zugang zum Palais de l'Ombrière. Sogar Tourny, der mit einer weiteren Ausnahme alle Stadttore zerstören ließ, tastete die Porte Cailhau nicht an. Heute beherbergt sie eine Ausstellung zur städtischen Architektur (im Sommer täglich geöffnet 9–13 und 14–19 Uhr).

Die Porte Cailhau bietet abends besonders schöne Aussicht auf den 1822 fertiggestellten **Pont de Pier-**

Pont de Pierre über die Garonne

re, die erste Brücke über die Garonne (s. S. 57). In unmittelbarer Nachbarschaft der Porte, im Haus an der **Rue de la Rousselle 23,** wurde Michel de Montaigne 1533 geboren, Bürgermeister von Bordeaux von 1581 bis 1585 (s. S. 42). Etwas westlich liegt die Impasse Rue Neuve: Hier steht die **Maison de Jeanne Lartigue**, ein Haus mit großen Innenbalkonen, das Heim der Ehefrau des Philosophen Montesquieu. Das Gebäude mit den gotischen Fenstern nebenan stammt aus dem 14. Jh. und ist das älteste Haus der Stadt.

Über den Cours Victor Hugo und die Rue de la Fusterie geht es zur **Basilique St-Michel** (14.–16. Jh.) mit ihrer reichen Innenausstattung, u. a. einer schönen Barockorgel aus dem 18. Jh. Ihr freistehender Glockenturm, **La Flèche** (der Pfeil), ist mit 114 m das höchste Bauwerk des ganzen Südwestens. Noch heute betrachten die Bordelesen ihn deshalb mit Stolz. Das Wahrzeichen des Viertels der Arbeiter und Seeleute beherbergte bis 1851 einen optischen Telegraphen. In der Krypta unter dem Glockenturm waren mumifizierte Leichen aufgebahrt, die man 1810 im angrenzenden Friedhof fand. Théophile Gautier und Victor Hugo ließen sich hier zu gruseligen Romanszenen inspirieren. Zum Ärger der Touristen (und vielleicht auch der heutigen Schriftstellerelite Frankreichs) wurden die Mumien inzwischen im Friedhof La Chartreuse bestattet.

Durch die Rue Camille Sauvageau kommt man zur Klosterkirche **Ste-Croix** (12.–13. Jh.) an der Place Pierre Renaudel. Sehenswert ist vor allem die romanische Fassade der ehemaligen Benediktinerabtei, deren Fläche mit Nischen und Skulpturen überzogen ist. Ebenfalls an der Place Pierre Renaudel liegt das 1990 eingeweihte **Théâtre du Port de la Lune**. ›Port de la lune‹ – Mondhafen – wird der Hafen von Bordeaux wegen seiner Sichelform genannt. Während das prachtvolle Grand Théâtre eher der Musik ein Zuhause bietet, ist das Théâtre du Port de la Lune, das offiziell auch hochtrabend als ›Centre National Dramatique Bordeaux-Aquitaine‹ bezeichnet wird, der modernen Schauspielkunst gewidmet. Ähnlich wie beim Entrepôt Laîné gelang es auch hier, vorhandene Bausubstanz trefflichst zu erneuern: Das Theater liegt in einer Zuckerraffinerie aus dem 19. Jh. Noch ist der Saal mit 480 Plätzen relativ klein, es sind jedoch größere Ausbauten und Erweiterungen geplant (Théâtre du Port de la Lune, 3, Place Pierre Renaudel, Reservierungen: ✆ 05 56 91 98 00).

Über die Rue du Port und die Rue Carpenteyre gelangt man zurück zur Kirche St-Michel und von hier aus über die Rue de la Fusterie zum **Cours Victor Hugo**. Die Promenade entstand erst 1709, vorher lag hier der Stadtgraben. Am Anfang des Cours erhebt sich die mächtige **Porte de Bourgogne** (1751–1755). Tourny widmete sie dem Herzog von Burgund, konnte aber aus Geldmangel die geplanten Skulpturen nicht aufstellen lassen.

Wenn man dem Cours folgt, trifft man auf seiner rechten Seite auf die **Grosse Cloche** – (›dicke Glokke‹), das zweite der erhaltenen Stadttore. Der Bau aus dem 15. Jh. wurde auf den Resten eines Tores errichtet, das während der englischen Herrschaft im 13. Jh. entstanden war, und diente dem Rathaus als Glockenturm. Die Glocke wurde nur zu besonderen Anlässen wie dem Beginn der Weinlese geläutet. Wollte der König die Bordelesen strafen, ließ er einfach die Glocken entfernen. Nebenan liegt die **Kirche St-Eloi** (15. Jh.), in der früher die Ratsmitglieder ihren Eid leisteten. Über die Rue St-James, die Place F. Laffargue und die Rue du Pas-St-Georges kommt man zurück ins Stadtzentrum.

Das Rathausviertel

Unser letzter Spaziergang durch die Hauptstadt des Weins beginnt am Palais Rohan, dem heutigen Rathaus. In diesem Viertel, das die Bordelesen auch ›Quartier Pey-Berland‹ nennen, finden sich historische Baudenkmäler wie die Kathedrale St-André neben belebten Boutiquenstraßen und den modernen Büro- und Verwaltungsgebäuden des Quartier Mériadeck.

Das **Rathaus** (Hôtel de Ville) an der Place Rohan ist seit 1836 im Palais Rohan, dem ehemaligen Palast des Erzbischofs Ferdinand-Maximilien de Mériadeck aus dem 18. Jh., untergebracht. Sehenswerte Beispiele für Louis XVI.-Architektur sind Ehrentreppe und Ehrenhof (Führung Mi um 14.30 Uhr). Im Nordflügel des Palais lädt das **Musée des Beaux-Arts** zur Besichtigung von Skulpturen und Gemälden aus verschiedensten Epochen, vom 15. Jh. bis in unsere Tage, ein. Selbstverständlich werden hier die Bordeleser Maler Odilon Redon, Albert Marquet und André Lhote in Ehren gehalten. Neben Gemälden relativ unbekannter Künstler besitzt das Museum Werke von Tizian, Delacroix und Corot (Musée des Beaux-Arts, Cours d'Albret, täglich außer Di geöffnet 10–12 und 14–18 Uhr). In der **Galerie des Beaux-Arts** gegenüber dem Museum (Place du Colonel-Raynal) finden wechselnde Ausstellungen statt.

Zwei Ecken weiter, in der Rue Bouffard 39, liegt das **Museum für angewandte Kunst.** In den eleganten, holzgetäfelten Salons vom Ende des 18. Jh. erwarten den Besucher Porzellan, Keramik, Möbel, Glas- und Goldschmiedearbeiten aus dem 18. und 19. Jh. Ein Saal ist für aktuelle, wechselnde Ausstellungen reserviert (*Musée des Arts Décoratifs,* Hôtel de Lalande, 39, Rue Bouffard, täglich außer Di und feiertags von 14–18 Uhr, Mi Eintritt frei. Die Rue Bouffard ist auch für ihre Antiquitätengeschäfte bekannt.

PINDER

Kathedrale St-André und Tour Pey-Berland

Direkt dem Rathaus gegenüber erhebt sich die **Kathedrale St-André**, das bedeutendste sakrale Bauwerk der Stadt. 124 m lang und 44 m hoch, ist es fast so groß wie Notre Dame in Paris. Von dem romanischen Vorgängerbau aus dem Jahr 1096 existiert nur noch eine Außenmauer des Kirchenschiffs. Vom 13. bis zum 15. Jh. baute man die Kathedrale im gotischen Stil um. Besonders interessant sind der Kirchenschatz mit seinen Gemälden und Goldschmiedearbeiten, das Nordportal (14. Jh.) mit der Statue des heiligen Martial am Mittelpfeiler, Abendmahl, Auferstehung und Triumph Christi im Tympanon sowie die ebenfalls gen Norden ausgerichtete, im 13. Jh. entstandene Porte Royale, ein gleichfalls reich mit Skulpturen geschmücktes Prunkportal: im Gewände links und rechts der Tür die Statuen der Apostel, im Türsturz über dem Tor die Auferstehung der Toten und im Tympanon darüber das Jüngste Gericht. Über dem Tor stehen unter den Bögen einer Galerie die Statuen von sechs Bischöfen und daneben die Figuren eines nicht näher bestimmbaren Königs und einer Königin, nach denen das Portal seinem Namen erhielt.

Freistehend neben der Kirche ragt die nach ihrem Erbauer benannte **Tour Pey-Berland** (1440–1446) empor. Der Turm wurde während der Revolution verkauft und in eine Fabrik für Jagdmunition umgewandelt. Erst 1850 wurde er von Kardinal Donnet zurückerworben und restauriert. Die Spitze wird heute von einer Marienstatue, Notre-Dame d'Aquitaine, gekrönt. Oben vom Turm aus bietet sich ein wunderbarer Ausblick auf Stadt und Umland (im Sommer täglich 10.30–13.30 und 14.30–19 Uhr, im Winter nur Do, Sa und So 10.30–12.30 und 14.30–17.30 Uhr).

Vor der Kirche dokumentiert das **Centre national Jean Moulin** lebendig und anschaulich die Arbeit der Résistance – der Widerstandsbewegung gegen die deutschen Besatzer im Zweiten Weltkrieg: Mittel und Wege der Nachrichtenübermittlung, Briefe, Propaganda-

Das Stadttor ›La Grosse Cloche‹

material, eine Fotoserie zur Deportation, eine Rekonstruktion des Büros von Jean Moulin u. a. sind hier zu sehen (Centre national Jean Moulin, Place Jean Moulin, täglich außer Sa, So und feiertags 14–18 Uhr).

Über die Rue Duffour-Dubergier gelangt man zum Cours Pasteur. In Haus Nr. 20 informiert das **Musée d'Aquitaine** über die Geschichte der Region. Besonders sehenswert ist die prähistorische Abteilung mit der ›Venus von Laussel‹ (etwa 20 000 v. Chr.) und einem bronzenen Herkules aus keltischer Zeit. Gut repräsentiert ist die galloromische Epoche, aber auch die vielen Exponate zur Alltagskultur der Landesbewohner sind interessant. Die erste Etage des Museums ist Bordeaux und Aquitanien seit 1715 gewidmet. Zahlreiche sehenswerte Exponate zu Weinbau, -kultur und

Die guten und die weniger guten Viertel

»Bordeaux ist ohne Zweifel die schönste Stadt Frankreichs«, meinte Stendhal, der große Romancier und Ästhet. Tatsächlich bieten die Straßenzüge und Gebäude rund um die Place de la Bourse, der Cours du Chapeau-Rouge, der Cours du XXX-Juillet und das Grand Théâtre einen majestätischen Anblick. Links und rechts Bürgerpaläste aus dem 18. Jh., im Französischen *hôtels* genannt, in reinstem Klassizismus gehalten: das großartige Dreieck des Intendanten Tourny. »Ich werde die schönste Stadt des Königreiches errichten, wenn Sie nur Vertrauen in meine Pläne haben.« Ein gehaltenes Versprechen, zumindest, was den Stadtkern betrifft. Zu den *beaux quartiers*, den guten Vierteln, gehört natürlich auch die Umgebung des Jardin Public, wo sich die Fensterläden der alten Großbürgerhäuser zu hundertjährigen Bäumen oder sorgsam bepflanzten Innenhöfen öffnen.

Weiter draußen sieht es etwas trister aus. Wenig vertrauenerweckend wirken besonders die Quais und die Umgebung des Bahnhofs St-Jean. Früher war diese Gegend für Angehörige der besseren Gesellschaft tabu, es sei denn, man war auf der Suche nach Abenteuern… Die Sorte Abenteuer, die Seeleute angeblich in allen Hafenstädten suchen, ist dort heute noch zu Hause. Nächtliche Spaziergänge durch die Viertel Quartier des Abattoirs, Quartier de Bacalan und Cité du Grand Parc werden ebenfalls nie auf der Liste der Empfehlungen des Fremdenverkehrsvereins auftauchen.

-transport sowie Darstellungen zur Schiffahrt, zur Austernzucht von Arcachon, zur urbanen Entwicklung von Bordeaux und zur Landwirtschaft der Region Landes veranschaulichen die jüngere Geschichte (Musée d'Aquitaine, 20, Cours Pasteur, täglich außer Mo 10–18 Uhr, Eintritt frei).

Über die Rue Paul-Louis-Lande geht es zur **Eglise Ste-Eulalie**. Die gotische Kirche von 1373 wurde auf dem Gelände eines Nonnenklosters aus dem 7. Jh. errichtet. Die Rue du Cdt. Arnould führt zurück zur Kathedrale.

Quartier Mériadeck und Le Lac

Stadtväter und französische Bordeaux-Beschreiber versteigen sich gelegentlich zu der Behauptung, daß »das Bordeaux der Zukunft ganz die Tradition der alten Intendanten fortsetzt«. Erstes Opfer der städteplanerischen Bemühungen um das neue Bordeaux, die in den fünfziger Jahren einsetzten, wurde das nach einem Erzbischof benannte Quartier Mériadeck (östlich von Zentrum und Kathedrale St-André). Hier entstanden neue Büros, eine Bibliothek, Verwaltungsgebäude, Hotels und (merkwürdig düstere) Ladenpassagen sowie 7 ha Grünfläche. Mériadeck ist ein abschreckendes Beispiel dafür, wie man mit viel Beton und ein paar mit dem Lineal gezogenen Straßen ein ganzes Stadtviertel verschandeln kann.

Etwas freundlicher wirkt da schon das Viertel **Le Lac** im Norden der Stadt, trotz des künstlichen Charakters der Anlage: Hier kann man segeln, rudern, Golf und Tennis spielen. Kongreßzentrum und Messegelände liegen in unmittelbarer Nachbarschaft.

Der Hafen

Im 18. Jh. war der Hafen von Bordeaux der wichtigste Frankreichs. Heute steht er an sechster Stelle. Genaugenommen sind es zehn Häfen, die sich auf 100 km an beiden Ufern von Gironde und Garonne verteilen: **Verdon** liegt an der Flußmündung der Gironde. Hier ist man spezialisiert auf das Entladen großer Tanker und anderer Schiffe mit großem Tiefgang. **Pauillac-Trompelou** ist verglichen damit nur eine Ansammlung simpler Landungsbrücken. In **Blaye** werden hauptsächlich Getreide und Weine verschifft, während in **Ambès** oft Erdöltransporter den Anker setzen. Schon recht nahe an Bordeaux, aber am rechten Ufer der Garonne, liegen die **Quais von Bassens:** Kohle, Eisenerz, Zitrusfrüchte, Holz und Getreide werden hier gehandelt. In der Stadt selbst gibt es die **Bassins à flot,** die für Reparatur und Wartung von Schiffen genutzt werden. Die **Quais de Queyries** liegen am rechten Ufer und dienen dem Handel von Holz und schweren Waren. Die **Quais de la rive gauche** (linkes Ufer) sind dagegen für Linienschiffe reserviert. Der Binnenschiffahrt schließlich dient der **Port fluvial** stromaufwärts des Pont de Pierre. Hier legen die Binnenfrachtschiffe an, die im Bassin de la Garonne bis nach Toulouse fahren oder den Canal du Midi Richtung Mittelmeer nutzen (Hafenrundfahrten: Abfahrtsstelle Quinconces täglich 15 Uhr mit der ›Ville de Bordeaux‹ oder der ›Aliénor‹. Fahrten nach Blaye und Cadillac täglich von 9.30–18 Uhr).

Grünes Bordeaux

Die Stadt des Weins hat eine lange grüne Tradition: Von ihren weiten Reisen brachten die wohlhabenden Bürger des 17. und 18. Jh. exotische Pflanzen mit, die sie daheim anpflanzten. Neben den in unseren Spaziergängen beschriebenen Gärten Jardin Public (s. S. 68f.), Jardin Botanique (s. S. 69) und Parc Bordelais (s. S. 69f.) lohnen auch andere Parks einen Abstecher: Da gibt es den Rathausgarten (33, Cours d' Albret) u.a. mit einem alten Ginkgobaum, die 0,6 ha Grün an der Place Gambetta mitten in der Stadt, den Park Monséjour-Marly an der Rue Périnot im Wohnviertel Caudéran, den Bois de Rivière an der Rue Mandron, den Parc Floral am Cours Ladoumègue neben dem Kongreßzentrum und den Parc de la Benauge am rechten Flußufer. Die ›grüne Lunge‹ von Bordeaux ist natürlich der Bois de Bordeaux: 150 ha an der Allée du Bois, beim Kongreßzentrum. In unmittelbarer Nähe liegen ein Golfplatz und ein 160 ha großer See mit Segelschule.

Office de Tourisme, 12, Cours du XXX-Juillet, ✆ 05 56 00 66 00, sowie an Bahnhof und Flughafen. Seit neuestem organisiert das Office Bordaux-Visiten in einem historischen Autobus. **Wein**: Maison du Vin/CIVB, 1, Cours du XXX- Juillet (gegenüber dem Office du Tourisme, ✆ 05 56 00 22 66). **Junge Leute**: Centre d'Information de Jeunesse Aquitaine, 5, Rue Duffour-Dubergier, ✆ 05 56 48 55 50. Wer im Hotelzimmer über ein Minitel (das französische BTX) verfügt, kann über 36 15 TOURA und 36 15 ITOUR Informationen abfragen.

Flughafen: Aeroport international de Bordeaux, 33700 Mérignac, ✆ 05 56 34 50 50; Air France, ✆ 05 56 00 03 03. **Bahnhof**: Gare St-Jean, Rue Charles Domercq, ✆ 05 56 92 50 50. **Fahrradvermietung:** am Bahnhof St-Jean, ✆ 05 56 92 50 50 (nur an Zugreisende). **Taxi-Ruf**: ✆ 05 56 86 80 30 (Bahnhof: 05 56 91 48 11, Flughafen: 05 56 91 11 27). **Autovermietung**: an Bahnhof und Flughafen, außerdem: Europcar, 79, Rue de Tauzia, ✆ 05 56 91 83 83, Avis, 59, Rue Peyronnet, ✆ 05 56 92 69 38; Budget, 52, Cours Journu-Auber, ✆ 05 56 39 40 40. **Busse**: gut ausgebautes Liniennetz; ermäßigte ›Bor-

deaux-Découverte‹-Karten für einen oder drei Tage (alle Strecken!); Verkaufsstellen: Bahnhof, Allées de Tourny, Place Gambetta; Auskunft ✆ 05 56 24 23 23; die Broschüre »Visitez Bordeaux avec le bus« schlägt mehrere Strecken für eine Stadtbesichtigung per Bus vor (nähere Informationen beim Office de Tourisme).

****St-James, 3, Place C. Hostein in 33270 Bouliac, 4 km südöstlich am rechten Ufer der Garonne, Richtung Langon, ✆ 05 57 97 06 00

Im Jardin Public

(Design-Hotel mit ›verrosteter‹ Gitterfront; verrückt ausgestattete Suiten, z. B. mit einer fahrbereiten Harley neben dem Bett, Schlüssel steckt! Die Küche ist zwar vielgerühmt, hält aber nicht immer, was die hohen Preise versprechen). ***Hôtel Ste-Catherine, 27, Rue du Parlement-Ste-Catherine, ✆ 05 56 81 95 12 (renoviertes Haus aus dem 18. Jh in der Fußgängerzone des Zen-

Bordeaux wird umgebaut

So wie François Mitterrand sich mit der Louvre-Pyramide, der Arche de la Défense und der großen Bibliothek im Stadtbild der Kapitale Paris verewigte, wollte auch Jacques Chaban-Delmas, ehemaliger Premierminister und Ex-Bürgermeister von Bordeaux, seiner Stadt den Stempel aufdrücken. So ließ er das Viertel Mériadeck, das 1907 vom jungen St-John Perse als »Viertel armer Prostituierter, Kartenleger und ungesunder Studenten« beschrieben wurde, schleifen und neu konstruieren. Hinter Wänden mit Spiegelfacetten wurden hier die *Préfecture*, die *Trésorerie Générale* und die *Bibliothèque Municipale* untergebracht.

Aber Chaban-Delmas hatte noch größere Pläne: Die Umgestaltung des *rive droite* (rechten Ufers) der Garonne, das »immer die arme Schwester des linken Ufers gewesen war«, vertraute er dem katalanischen Architekten Ricardo Bofill an, der bei Paris den großen Wohnkomplex Marne-la-Vallée mitgestaltete. Bofill wollte dem tristen Viertel von La Bastide neues Leben verleihen. Geplant waren u. a. ein Auditorium und – ganz nach dem Vorbild des Musée d'Orsay in Paris – ein neues Museum der schönen Künste im heruntergekommenen Bahnhof von La Bastide. Es blieb beim guten Vorsatz: Im September 1992 ›entdeckte‹ Chaban-Delmas, daß die Stadtkassen bedenklich leer waren. Die Pläne für Museum und Auditorium wanderten erstmal zurück ins Archiv, Bofill wurde Dominique Perrault, Architekt der großen Bibliothek von Paris, zur Seite gestellt. Der Bebauungsplan für das auf unbestimmte Zeit verschobene Projekt liegt zwar weiterhin in Händen des Katalanen, in Zweifelsfällen müssen sich die Architekten aber einigen. Ob so wohl eine kreative Zusammenarbeit entstehen kann . . .?

Auch abseits des Stadtzentrums gedeihen neue Projekte: Noël Mamère, Fernsehjournalist und neuer Bürgermeister des Vororts Bègles, hat Fauna und Flora am Ufer der Garonne analysieren lassen und möchte ein *Conservatoire de l'Estuaire* gründen, um die biologische Vielfalt zu retten. Das soziale Leben am Strom soll neue Impulse erhalten, die traditionellen *guinguettes* (Wirtschaften am Flußufer) sollen wieder aufleben. Schon deshalb setzen sich auf dem Fest der Feux de Garonne (Feuer der Garonne), das Bègles im Juni mit den Nachbargemeinden Langoiran und Quinsac veranstaltet, Schriftsteller, Wissenschaftler und Bürger zusammen, um über ›den Fluß‹, wie man die Garonne hier familiär nennt, zu diskutieren.

trums, gut ausgestattete, ruhige Zimmer, Restaurant). **Hôtel des Quatre-Sœurs, 6, Cours du XXX-Juillet, ✆ 05 57 81 19 20 (das Haus im Stadtzentrum hat schon Wagner beherbergt, seitdem hat man Erneuerungen vermieden, dafür sind die Preise auch niedrig geblieben; die besseren Zimmer bieten Blick auf den Hof). **Hôtel du Théâtre, 10, Rue Maison Daurade, ✆ 05 56 79 05 26 (familiäres Hotel, zentral gelegen; kleine, aber modern ausgestattete Zimmer).

Auberge de Jeunesse, 22, Cours Barbey, ✆ 05 56 91 59 51 (500 m vom Bahnhof).

L'Oiseau bleu, 65, Cours de Verdun, ✆ 05 56 81 09 39, So abend und Mo geschlossen (ländliche Spezilitäten zu günstigen Preisen: von Feinem aus Foie Gras bis zur rustikalen Bauernsuppe *Garbure Pyrénéenne).* Le Chapon fin, 5, Rue Montesquieu, ✆ 05 56 79 10 10 (war einmal das ›Maxim's‹ von Bordeaux, Dekor aus der Zeit der Jahrhundertwende, sehr gute Küche von Francis Garçia, Spezialitäten: Neunauge Bordelaiser Art, mit Morcheln gefüllter Schweinsfuß). Le Pavillon des Boulevards, 120, Rue Croix de Seguey, ✆ 05 56 81 51 02 (aufstrebendes Restaurant abseits des Zentrums, hervorragende Küche: Hummerconsommé mit Kümmel, Rotbarben mit Speck und Rosmarinkartoffeln, Kalbskotelettes aus Bazas mit Zwiebeln). L'Huîtrière du Parlement, 3, Place du Parlemant, ✆ 05 56 52 51 72 (tolle Austernplatten). Le Chais, 12, Rue Cornac, ✆ 05 56 52 40 19 (traditionelle Küche des französischen Südwestens). Le Port de la Lune, 59, Quai de Paludate, ✆ 05 56 49 15 55 (kleine Bistrogerichte in Jazzambiance). Jean Ramet, 7, Place Jean Jaurès, ✆ 05 56 44 12 51 (Lieblingsrestaurant des konservativen Bordeaux, große Weinkarte, Blick auf den Busbahnhof, teuer). La Tupiña, 6, Rue Porte de la Monnaie, ✆ 05 56 91 56 37 (Bilderbuch-Bistro mit allen Spezialitäten der Region: Spieß von Entenherzen, Rinderfilet aus Bazas, Geflügel vom Grill, beeindruckende Weinkarte; kleine Boutique für regionale Produkte; ein Muß!). Le Noailles, 12, Allées de Tourny, ✆ 05 56 81 94 45 (Brasserie-Institution für *tout Bordeaux,* Ambiente aus den Dreißigern, preiswert). La Petite Sirène, 29, Quai des Chartrons, ✆ 05 56 51 22 60, nahe Cité de Mondiale de Vin (in skandinavischer Hand, berühmt für seinen Lachs). Les Plaisirs d'Ausone, 10, Rue Ausone, ✆ 05 56 79 30 30 (kreative Küche in einem Alt-Bordeleser Haus). Le Café bordelais, 15, Allées de Tourny, ✆ 05 56 81 49 94.

Abends: L'Alguacil, 85, Quai de Paludate (Tapas-Bar mit Stierkampf-Dekoration, geöffnet bis zwei Uhr nachts). Café-théâtre Onyx, 11–13, Rue Philippart, ✆ 05 56 44 26 12 (das älteste Café-théâtre außerhalb von Paris). Frankophile können im Sommer (Ende Juni bis September) in Gärten oder Schloßparks der Region Freiluftkino genießen. Informationen beim Office du Tourisme oder beim Centre Jean Vigo, ✆05 56 44 35 17.

Jean d'Alos, 4, Rue de Montesquieu (für viele Kenner die schönste Käsehandlung Frankreichs; bekannte Weingüter ordern hier für private Diners). Librairie Mollat, 15, Rue Vital-Carles (traditionelle Buchhandlung mit Personal in weißem Kittel; viel schöner als der Virgin Megastore in der Nähe). Marché des Grands-Hommes, Place des Grands-Hommes (Marktgalerie auf dem Gelände der ehemal. Hallen; trotz des modernen Outfits sind viele Traditionsbetriebe aus Alt-Bordeaux noch präsent). **Wein**: Badie, 62, Allées de Tourny (beste

Weinhandlung vor Ort). Vinothèque de Bordeaux, 8, Cours du XXX-Juillet. L'Intendant, 2, Allées de Tourny. Bordeaux Magnum, 3, Rue Gobineau.
Märkte: Markthallen (jeden Vormittag außer Sonntag): Les Capucins, Place des Capucins; Grand Marché Municipal, Cours Victor Hugo; Marché des Grands-Hommes, Allées de Tourny; Marché des Chartrons, Place des Chartrons; Marché de Lerme, Place de Lerme. Märkte im Freien (vormittags bis etwa 14 Uhr): Marché Neuf, Places Meynard und Canteloup (montags). Trödelmarkt, Place Meynard (dienstags bis freitags). Marché Royal, Places Meynard und Canteloup (samstags). ›Ökomarkt‹ (Marché biologique), Place de l'église St-Pierre (donnerstags). Marché Calixte-Camelle, La Bastide (donnerstags). Marché Brandenburg, Cité Lumineuse (montags und samstags). Marché Caudéran, Place des Pins-Francs (mittwochs).

Weinmuseum: Musée du Vin, 12, Cours du Médoc, ✆ 05 56 39 53 02, geöffnet: Juni - Sept. Di - Sa 10.30 -12.30, 14.30 - 18.30, So 14.30 - 18.30 Uhr, Okt. - Mai Di - Fr 14 - 18.30, Sa 10.30 - 12.30, 14.30 - 18.30, So geschl. 75 Wachsfiguren erzählen die Bordeleser Weingeschichte von den Galliern bis in unsere Tage. Außerdem können Besucher einen nach römischer Art ausgebauten Wein mit einem Tropfen heutiger Machart vergleichen.

Mai Musical: Im Mai verschiedene Musikveranstaltungen in Châteaux der Umgebung (Bustransfer). Informationen und Programm beim Fremdenverkehrsamt. Im Rahmen der Aktion ›Bordeaux à 360°‹ kann man vom Tour Pey-Berland (50 m), dem Flèche Saint-Michel (45 m) und der Porte Cailhau (23 m) einen Überblick über die Stadt gewinnen (Juli/August 14–18h, 40 FF für die drei Visiten).

Golf: Golfplatz Bordeaux-Lac, ✆ 05 56 50 92 72; Golfplatz Avenue d'Eysines, ✆ 05 56 28 56 04. **Tennis:** Bordeaux-Lac, ✆ 05 56 50 92 40. **Bowling:** 224, Avenue de la Marne, Mérignac, ✆ 05 56 47 18 60. Weitere Informationen kann man bei der Direction Municipale Jeunesse et Sports erfragen, 2, Rue Courpon, ✆ 05 56 00 41 33.

Die Vororte von Bordeaux

Dem Wort *banlieue* (Vorort) haftet in Frankreich nicht viel Positives an: Jede französische Stadt hat ihn, den Ring aus Industriewerken, ›Hypermarchés‹ und Plattenbauten. Die *banlieue* von Bordeaux ist indessen eine rühmliche Ausnahme: Im Süden ist die Stadt in den Weinberg gewachsen. Mitten in Pessac liegen renommierte Weingüter und sogar architektonische Sehenswürdigkeiten lassen sich entdecken.

Bègles

Nehmen Sie von der Innenstadt aus Kurs auf den Bahnhof St-Jean und verlassen Sie die Stadt über den Quai du Président Wilson. Rechts führt der Chemin Passerat zum **Château de France**, einem schönen Landsitz aus dem 16. Jh. mit Park und kleinem See.

Pessac

Verlassen Sie Bordeaux im Westen über die Rue de Pessac. Das Haus Nr. 192 beherbergt das **Militärmuseum** mit zahlreichen alten Uniformen und Feuerwaffen (Musée Militaire, 192, Rue de Pessac, Mi und Sa von 14–17 Uhr). Man folgt dem Cours du Maréchal-Galliéni und der Avenue Jean-Jaurès und passiert zunächst links das **Château La Mission-Haut-Brion** und spater rechts das **Château Haut-Brion** aus dem 17. Jh. (Teile von 1550). Das Château ist einer der Wallfahrtsorte des Bordelais. Schon Ende des 17. Jh. gehörte sein Wein in London zu den gefragtesten Gewächsen. Die damaligen Besitzer, die Familie Pontac, verkaufte ihn dort in ihrer Mischung aus Restaurant und Feinkosthandlung, ›New Eating House‹. 1855 erschien Château Haut-Brion als einziger außerhalb des Médoc-Gebietes gelegener Cru in der Klassifizierung (s. S. 21ff.) – und das gleich auf der obersten Stufe, als ›Premier Grand Cru Classé‹. Heute sind seine Rebstökke gänzlich von Wohngebieten umschlossen. Auffallend sind die zahlreichen Rosensträucher, die man auch bei anderen Weingütern wiederfindet. Die Rosen dienen nicht etwa der Zierde: Die alten Winzer hatten herausgefunden, daß Rosensträucher sich ähnlich wie Rebstöcke verhalten, ihre Befindlichkeit jedoch viel deutlicher sichtbar ist, und schlossen folglich vom Zustand der Rosen auf den Zustand der Reben. Wer sich auf der Avenue Pasteur rechts hält (Avenue du Pape-Clément oder Rue Condillac), gelangt zum **Château Pape-Clément**. Die Weinberge wurden im 13. Jh. von Bertrand de Goth, später Papst Clemens V., angelegt. Das heutige Anwesen stammt aus dem 19. Jh.

Dem Château Pape-Clément gegenüber liegt die **Cité Frugès** (Avenue Pasteur links in die Avenue Henri Frugès und die Rue Henri Frugès) mit 49 Häusern von Le Corbusier. 1926 beauftragte der Zuckerindustrielle Frugès den Architekten, »seine Theorien in die Praxis mit den extremsten Konsequenzen umzusetzen«. Die Resultate trafen nicht gerade auf begeisterte Zustimmung. Die Bewohner konnten dem Purismus Le Corbusiers nichts abgewinnen, verliehen den Häusern Spottnamen wie ›Zukkerwürfel‹, begannen Mauervorsprünge und Fenster mit Topfblumen zu schmücken und die Fassaden zu streichen. Einige wurden sogar mit spitzen Dächern versehen, was der Architekt mit dem Ausspruch, »wissen Sie, das Leben hat immer Recht, die Architektur hat Unrecht«, kommentierte. Im Falle Corbusiers hat es halt einige Jahrzehnte gedauert, bis das Leben Gerechtigkeit walten ließ: Heute wird die Cité Frugès als sehenswertes Beispiel gewagter und intelligenter Architektur empfunden, und immer mehr Häuser werden in den Originalzustand zurückversetzt.

Das Weinbaugebiet

Médoc: Wein zwischen Wasser und Wald

Graves, Pessac-Léognan

Sauternes und Barsac: Süßweine mit Geschichte

Premières-Côtes-de-Bordeaux: Weinorte, Burgen und Bastiden

Entre-Deux-Mers

St-Emilion und Pomerol

Blaye: Das Schloß des Troubadours

Château La Tour de By im Médoc

Durch die berühmten Weinbaugebiete • Wein-Châteaux mit wohlklingenden Namen wie Arsac, Margaux und Yquem • Mittelalterliche Städtchen wie St Emilion oder St Macaire • Echte Burgen und Schlösser wie La Brède oder Blaye

Route 1: Das Médoc

Médoc – eine Halbinsel zwischen Wasser und Wein. Auf einem gerade mal 80 km langen und 10 km breiten Stück Land zwischen Atlantik und Gironde liegen die Herkunftsorte einiger der größten Rotweine Frankreichs: Margaux, Mouton-Rothschild, Lafite ... Die Weinbautradition reicht bis zur Herrschaft Ludwigs XIV. zurück. In ganze acht Appellations d'Origines Contrôlées (kontrollierte Herkunftsbezeichnungen) ist das Médoc unterteilt: Von Süden nach Norden durchquert man die Weinbaugebiete Haut-Médoc (2100 ha), Margaux (rund 1000 ha), Moulis (300 ha), Listrac (480 ha), St-Julien (695 ha), Pauillac (950 ha), St-Estèphe (1300 ha), nochmals Haut-Médoc (die Region ist zweigeteilt) und schließlich die ›offizielle‹ Appellation Médoc (2300 ha). Ein Kiefernwald schützt die Reben vor dem nahen Atlantik. Das warmfeuchte Mikroklima an der Gironde-Mündung und die hiesigen Kiesböden sind beste Voraussetzungen für den Anbau hochwertiger Weine. Traditionelle Rebsorte des Médoc ist der Cabernet-Sauvignon (rund 52 % der Anbaufläche), gefolgt von Merlot (34 %) und Cabernet-Franc (10 %).

Wundern Sie sich nicht, wenn einige Châteaux gar nicht wie Schlösser aussehen. Theoretisch könnte sich im Bordelais auch ein Pferdestall so nennen, vorausgesetzt er verfügte über ein paar Reben. Gleichwohl gilt: Wenn man nur eine Weinbauregion besichtigen möchte oder kann, sollte man sich für die Route durch das Médoc entscheiden, denn hier gibt es die architektonisch interessantesten Weingüter in Verbindung mit einigen der besten Gewächse der Region.

Natürlich können wir hier nicht sämtliche Weingüter aufführen, deren Anzahl für das gesamte Bordelais auf etwa 8000 geschätzt wird; die Liste würde sonst spielend den Rest des Buches füllen. Neben den optisch interessanten Châteaux wie Arsac und den Klassikern wie Margaux gibt es Hunderte von kleinen, nahezu unbekannten Familienbetrieben, die darauf warten, entdeckt zu werden.

Will man sich aus der Innenstadt von Bordeaux ins Médoc orientieren, wird man vergeblich nach ei-

Route 1:
Das Médoc

nem Hinweisschild ›Richtung Margaux‹ suchen. Statt dessen muß man den Hinweisen ›Blanquefort‹ folgen. Hier steht das **Château de Blanquefort**, ausnahmsweise kein Weingut, sondern eine Burg aus dem 13. bis 15. Jh., deren Mauern nach alter Volkssage vom Gespenst des Schwarzen Prinzen geschützt werden. Wir verlassen jedoch die Route Richtung Blanquefort hinter der Bordeleser Stadtgrenze und bleiben auf der N 215 Richtung Louens, die bald zur D 1 wird. Hinter Louens nimmt man die D 208 Richtung Margaux.

Unterwegs passiert man das **Château d'Arsac** (33460 Arsac, ✆ 05 57 58 83 90, Besuch von April bis Oktober 10–18 Uhr, telefonische Anmeldung erwünscht). Ende des 19. Jh. war dies der größte Weinberg des Médoc. Wegen Reblausplage und Absatzschwierigkeiten verkam der Besitz immer mehr, die Weinstöcke wurden ausgerissen. 1954, als die Appellation Margaux geschaffen wurde, gab es hier keine einzige Rebe mehr. Schließlich richtete ein belgischer Betrieb im Schloß eine Hühnerfarm ein. 1986 setzten die dynamischen Jungwinzer Françoise und Philippe Raoux kurzerhand das Geflügel vor die Tür und erteilten dem Architekten Patrick Hernandez den Auftrag zur Gestaltung des Château. Hernandez griff tief in den Malkasten und verpaßte dem Gebäude einen Anstrich in schreiendem Königsblau. Viel Stahl und Aluminium sorgen für zeitgemäßen High-Tech-Touch. Regelmäßig locken Kunstausstellungen und Feste auch konservative Bordelesen an. Die glorreiche Appellation ›Margaux‹ dürfen die Neuwinzer aufgrund der Versäumnisse ihrer Vorgänger nicht führen. Zur Qualität des Weins ließ sich zum Zeitpunkt unserer Recherchen auch recht wenig sagen: Die ersten Tropfen wanderten gerade aus dem Faß in die Flasche.

Weiter geht es nach **Macau**, einem friedlichen Dorf am Ufer der Gironde mit einem sehenswerten Kirchturm aus dem 12. Jh. Eine Vorstadt-Idylle mit Häusern, die Namen wie ›Cantemerle‹ (Amselgesang) und ›Plaisance‹ (Vergnügen) tragen. Die Bordelesen kosten hier wochenends am Hafen frische Krevetten und Strandschnecken.

Nördlich, vor dem Dorf **Labarde**, liegt inmitten eines schönen Parks das **Château Giscours**. Hier sind die Pferde des Polo-Clubs von Bordeaux untergebracht. Die Jagd hoch zu Roß auf den kleinen Ball findet jeweils im September statt. Das Château selbst wurde zwischen 1825 und 1845 erbaut und ist mehr pompös als elegant. Die Lager kann man besichtigen (im Sommer 9–12.30 und 13.30–18 Uhr, ✆ 05 57 88 34 02). Eine kleine Kostprobe sollte man sich nicht entgehen lassen, denn die Weine von Giscours gehören zum Besten, was Margaux zu bieten hat. Am Ortsausgang liegt **Château Siran**, ein altes Besitztum der Grafen von Toulouse-Lautrec, Vorfahren des Malers (✆ 05 57 88 34 04). Nicht nur die Keller, auch einige Zimmer des Weingutes mit schönem Mobiliar des 19. Jh. und einer großen Tellersammlung stehen zur Besichtigung frei.

Die Kirche von **Cantenac** mit ihrem achteckigen Glockenturm verfügt über ein interessantes Interieur aus dem 18. Jh. (Altar, Kanzel, Statue von Johannes dem Täufer). In unmittelbarer Nachbarschaft liegt das **Château Prieuré-Lichine** (✆ 05 57 88 36 28), ein ehemaliges Benediktinerkloster. Sein ›Macher‹, der Ex-Journalist Alexis Lichine, war in den fünfziger und sechziger Jahren einer von Frankreichs wichtigsten Weinpäpsten. Seine Bücher »Guide des vins et vignobles de France« und »Encyclopédie des vins et des alcools« waren Bestseller des Genres.

Weiter nördlich, in **Issan**, wendet man sich nach Osten Richtung Gironde. Der Hafen bietet schöne Aussicht auf die Weinberge. In der Nähe liegt **Château d'Issan**, ein elegantes Anwesen aus dem 17. Jh. mit schönem Baumbestand (✆ 05 57 44 94 45). Die Besitzerfamilie Cruse stammt aus Dänemark und ist seit sieben Generationen hier ansässig.

Margaux ist eine weltweit bekannte Metropole des Weins. Das Dorf selbst ist nicht besonders interessant. Ringsum aber liegen bekannte Weingüter wie **Château Palmer**, das seinen Namen einem britischen General verdankt und einen der besten Margaux herstellt (✆ 05 57 88 72 72), **Château Lascombes** (✆ 05 57 88 70 66),

Weingüter um Margaux

Château Marquis de Terme (✆ 05 57 88 30 01) und das ausgezeichnete **Château Rausan-Ségla** (✆ 05 57 81 58 90). Die eigentliche Sehenswürdigkeit ist natürlich **Château Margaux**, ein monumentaler neoklassizistischer Bau des Architekten Combes, dessen Vorhalle, ein Säulenportikus nach antikem Vorbild, beinahe etwas zu groß geraten scheint. Ein Tempel des Weins mit eigener Küferei. Hier wird einer der raren ›Premiers Grands Crus Classés‹ produziert, neben anderen harmonischen, eleganten Weinen voller Geschmack. Als der glücklose vorletzte Besitzer Pierre Ginestet das Château für 82 Mio. Francs an die amerikanischen ›National Distillers‹ verkaufen wollte, mußte er sich von der Regierung zurechtweisen lassen: »Margaux verkaufen ist …, als würde man zulassen, daß Ausländer den Eiffelturm kaufen.« Neuer Besitzer wurde André Mentzelopoulos, Präsident der Supermarktkette ›Félix Potin‹. Was zunächst mehr wie eine finanzielle Transaktion aussah, entpuppte sich als Glücksfall. Der Geschäftsmann entdeckte auf Margaux seine Weinleidenschaft. Seit seinem Tod 1980 liegt das Schicksal dieses ›önologischen Nationalheiligtums‹ in den Händen seiner Tochter Corinne. Wer den Weinkeller besichtigen möchte, sollte sich sehr frühzeitig anmelden (✆ 05 57 88 70 28).

* * * * Relais de Margaux, 33460 Margaux, hinter Château Margaux, ✆ 05 57 88 38 30 (himmlisch ruhiges Luxushotel inmitten 50 ha Park; die meisten Zimmer haben angenehm große Bäder und sogar Ankleideräume; sehr freundliches Personal und recht gutes Restaurant).

Lion d'Or, Place de la République, 33460 Arcins (6 km nördl. v. Margaux), ✆ 05 56 58 96 79 (günstiges Restaurant mit einfacher, aber guter Küche); Juli bzw. So/Mo geschl.

In **Lamarque**, kurz hinter Margaux, setzt eine Fähre zur Zitadelle von Blaye (s. S. 137) über.

Richtung Cussac kommt man über eine große Kiefernallee zum **Fort-Médoc**. Die 1689 von Vauban

Château Margaux

erbaute Festung schützte zusammen mit der Zitadelle von Blaye und Fort-Paté Bordeaux vor der englischen Flotte. Die drei Festungen konnten die gesamte Breite der Garonne unter Feuer nehmen. Sehenswert sind die Skulpturen an der Porte Royale. Die Sonne auf dem Giebel der ›königlichen Pforte‹ symbolisiert Ludwig XIV. Von hier genießt man eine schöne Aussicht auf Blaye und die Gironde.

Von der D 2 links abbiegend, führt eine Stichstraße nach Lanessan. **Château Lanessan** (✆ 05 56 58 94 80) stammt aus dem Jahre 1878 und wird in zeitgenössischen Berichten als »Musterbeispiel geräumiger und bequemer Innenausstattung« bezeichnet. Es ist für sein Pferdemuseum mit Kutschenausstellung und Futtertrögen aus grauem Marmor bekannt (geöffnet 9.30–11.30 Uhr und 14.30–17 Uhr, im Winter Sa und So geschl.).

Zurück auf der D 2 erreicht man kurz vor dem Ort Beychevelle **Château Beychevelle**. Der Name leitet sich vom französischen *baisse voiles* (= Segel einholen) ab, was die Schiffe auf Höhe dieses Weinguts früher regelmäßig taten. Über das ›Warum‹ kursieren zahlreiche Geschichten (s. S. 114). Das Château selbst ist eine hübsche weiße Kartause aus dem Jahr 1757 mit schönen Terrassengärten zur Gironde hin (Besichtigung der Keller von 9.30–12 und 14–17 Uhr, ✆ 05 56 59 23 00).

Im Garten von Château Beychevelle

Bald darauf passiert man **Château Ducru-Beaucaillou,** ein elegantes, von zwei Türmen flankiertes Gut im Directoire-Stil des späten 18. Jh. (✆ 05 56 59 05 20). Am Ausgang von St-Julien liegt **Château Léoville-las-Cases**, dessen Rebstöcke durch ein großes steinernes Portal geschützt werden (✆ 05 56 59 25 26). Wer sich den glorreichen und teuren Léoville nicht leisten will, sollte den ebenfalls renommierten Zweitwein Clos du Marquis probieren.

Nächste Station ist **Pauillac**. Rechts am Weg liegt **Château Latour**, ein weiteres Mitglied der Weinaristokratie, das 1378 das erste Mal urkundlich erwähnt wurde. Die Geschichte des Weinguts war bereits Forschungsobjekt der Historischen Gesellschaft des Südwestens und wurde mit sämtlichen alten Briefen, Schriften und Verkaufsziffern in zwei monumentalen Bänden publiziert (»La Seigneurie et le Vignoble de Château Latour«). Besuche sind nur nach Anmeldung möglich (✆ 05 56 59 00 51). Nach einem Ausflug an den malerischen Hafen von Pauillac gelangt man zur Pauillac-Legende überhaupt: der ›Baronnie‹. Am bekanntesten ist **Château Mouton-Rothschild,** links von der D 2 gelegen. 1973 wurde sein Wein zum ›Premier Grand Cru Classé‹ geadelt. Natürlich verfügt man hier über imposante Weinkeller. Zur Besichtigung steht auch die Sammlung der von bekannten Künstlern wie Picasso, Dalí, Warhol u. a. gestalteten Etiketten und das 1963 eingerichtete Weinmuseum mit Gläsern,

Flaschen und Flacons aller Zeitalter sowie Bildern rund um den Wein (nur nach Voranmeldung von 9.30–11 Uhr und 14–16 Uhr, ✆ 05 56 59 20 20).

Nur ein paar Meter nördlich gelangt man zu einer weiteren Berühmtheit: **Château Lafite-Rothschild**. Der katalanische Architekt Ricardo Bofill hat für das Anwesen aus dem 18. Jh. – nur ein Turm erinnert an die mittelalterlichen Vorgängerbauten – imposante unterirdische Kellergewölbe geschaffen. Kreisförmig liegen die Fässer um einen Säulenkranz. Das raffiniert gelenkte Spiel des Lichts auf Wänden und Böden des Raums vermittelt das Gefühl, in einer regelrechten Gralsburg des Weins zu weilen. Ringsum lagern rund 80 000 Flaschen Familienreserve, die ältesten aus dem Jahre 1797. Die Besuchserlaubnis muß man sich geduldig über Paris ertelefonieren: ✆ 01 42 56 33 50 (s. a. S. 255!).

****Château Cordeillan-Bages, 33250 Pauillac, ✆ 05 56 59 24 24 (sehr ruhige und angenehme Zimmer mit Blick auf hoteleigene Rebstöcke; die im Hause ansässige Ecole de Bordeaux veranstaltet Weinproben, Führungen durch die Weinberge und interessante Begegnungen mit Winzern und Önologen; mit recht gutem Restaurant).

Richtung St-Estèphe zeigen drei fernöstliche Türmchen über einer weißen Fassade das ungewöhnlichste Weingut des Médoc an: **Château Cos d'Estournel** aus dem

Orientalisches Flair: Château Cos d'Estournel

Philippe de Rothschild

Wein und Kunst

Manche Menschen kaufen Bücher nur, wenn ihnen der Umschlag gefällt. Andere lassen sich von pompösen Weinetiketten zum Trinken verleiten. Ist, wo Gutes draufsteht, auch Gutes drin? Jahrzehntelang bestachen die Weinetiketten nicht eben durch brodelnde Phantasie. In Deutschland lockten feiste Mönche, in Frankreich imponierten pompöse Château-Bilder, Tradition verheißende Wappen und barocke Schriftzüge. Nur wenige Weinmacher verstanden es, ihre Etiketten zu individuellen Visitenkarten zu stilisieren. Baron Philippe de Rothschild war es, der als erster darauf verfiel, seinen Wein mit moderner Kunst zu vermählen. Der Herr aus altem Adel machte als Winzer eine Bilderbuchkarriere: 1922, mit nur 20 Jahren, übernahm er die Herrschaft auf Mouton, 1924 führte er die Flaschenabfüllung auf dem Weingut ein, 1926 ließ er das große Lager konstruieren . . . 1945 hatte er anläßlich der Befreiung Frankreichs die Idee, die Etiketten dieses Jahrgangs mit einer Zeichnung zu versehen. Es wurde ein ›V‹ für *victoire* – Sieg. Der ›Grundstein‹ für eine Sammlung von ›Etikettenkunstwerken‹ war gelegt. Miró, Chagall, Braque und Warhol verewigten sich auf den kostbaren Bouteillen. Picassos ›Bacchanale‹ zierte den 73er, den Jahrgang, in dem Mouton-Rothschild nach langem Ringen in die Reihe der Premiers Crus aufgenommen wurde. Der 82er, ein hervorragender Jahrgang, wurde von John Huston, der nicht nur Regisseur (»Der Malteserfalke«, »Unter dem Vulkan«), sondern immer auch Maler war, gestaltet. 1987 war die 65. und letzte Lese für Baron Philippe. Der Schweizer Hans Erni porträtierte ihn auf dem Etikett, Tochter Philippine unterschrieb mit einem trotzigen »Mouton ne change« – »Mouton ändert sich nicht«. Natürlich änderte sich weder die Qualität des Weins noch die künstlerische Gestaltung der Etiketten: 1988 stellte Graffiti-Künstler Keith Haring das Motiv. Was zeigt, daß man auf Mouton keinerlei Be-

Jahr 1830. »Sie sind weder griechisch noch gotisch, sie sind recht heiter und scheinen eher von chinesischer Art«, beschrieb sie Stendhal. Der damalige Hausherr Louis Gaspard d'Estournel pflegte seinen Wein im Orient gegen reinrassige Pferde zu tauschen und brachte es bald zum Beinamen ›Maharadscha von St-Estèphe‹. Neben den Pago-

Etikett von Keith Haring

rührungsängste gegenüber unterschiedlichsten Kunstrichtungen kennt.

Gute Ideen finden schnell Nachahmer: Auch auf den Flaschen anderer Produzenten prangt heute moderne Kunst oder ein ›Designeretikett‹ aus dem Graphikcomputer. Moutons ›Etikettenniveau‹ bleibt unerreicht. Wer sich einen echten Rothschild nicht leisten kann oder will, sollte sich im Bordeleser Musée d'Art Contemporain unter den Vins du Musée mit Etiketten zeitgenössischer Künstler umschauen (s. S. 67).

dendächern ist das Tor zum Weingut berühmt: Es stammt vom Wohnsitz des Sultans von Sansibar. Dem Winzer brachte die eigenwillige Architektur kein Glück: 1852 mußte er völlig verarmt im Alter von 91 Jahren sein Lebenswerk an einen englischen Bankier verkaufen (Besichtigung nur mit Voranmeldung, ✆ 05 56 73 15 50).

Vorbei am **Château Montrose** (✆ 05 56 59 30 12), dessen Weine ebenfalls zu den besten der Region gehören, erreicht man **St-Estèphe,** ein kleines, dicht um seinen Kirchturm aus dem 18. Jh. gedrängtes Dorf, von Norden her dominiert vom **Château Calon-Ségur** (✆ 05 56 59 30 08).

Das nahe **Vertheuil** wird von den Ruinen einer Burg aus dem 12. Jh. überragt. Mittelpunkt des Ortes ist die dreischiffige, ursprünglich romanische Kirche aus dem 11. Jh., die im 15. Jh. umgestaltet wurde.

Auf der Weiterfahrt Richtung St-Seurin-de-Cadourne passiert man den kleinen Fischereihafen **La Maréchale.** Im nahen St-Yzans-de-Médoc verfügt das **Château de Loudenne** über ein kleines Weinmuseum (✆ 05 56 09 05 03). Lager und Kellerei sind ebenfalls zu besichtigen.

Bégadan ist mit **Château La Tour de By** (✆ 05 56 41 50 03), **Château Patache d'Aux** (✆ 05 56 41 50 18) und **Château Vieux-Robin** (✆ 05 56 41 50 64) eine weitere exzellente Weinadresse. Die Dorfkirche kann trotz Umbauten aus dem 19. Jh. ihren romanischen Charakter nicht verleugnen.

Lesparre gehört zwar zu den größten Städten des Médoc, besitzt aber nur wenige Zeugnisse seiner historischen Vergangenheit. In der Kirche Notre-Dame (19. Jh.) lohnt die schöne Orgel aus dem Jahr 1881 den Besuch. Die viereckige Tour de l'Honneur (14. Jh.) gehörte zum ehemaligen Herzogsschloß.

Kostbare Fracht: Im Hof des Weingutes Château Latour

****Château Layauga, in 33340 Gaillan en Médoc, ✆ 05 56 41 26 83 (Sprachprobleme Nebensache: Hausherr Philippe Jorand hat lange Jahre in Münster gearbeitet; Trüffelragout mit Wachteleiern oder Hummer mit Spargel im Restaurant; schöne Zimmer im Hotel).

In **Vensac** ist noch heute eine Mühle aus dem 18. Jh. in Betrieb. Im Sommer kann man das Mahlwerk besichtigen (Juli und August Do bis So, Juni und September nur wochenends). Außerdem veranschaulicht ein ebenfalls nur von Juni bis September geöffnetes, kleines Naturkundemuseum die Lebensweise regionaler Land- und Meerestiere.

Zurück nach Bordeaux geht es über die N 215. Auf dem Weg liegt **St-Laurent-et-Benon.** Seine Kirche besitzt eine sehenswerte Fassade aus dem 14. Jh. In **Moulis-en-Médoc** kann man eine romanische Kirche mit gotischem Glockenturm bewundern. Bemerkenswert sind die Apsis mit skulptierten Konsolen außen und die merkwürdigen Kapitelle mit Monstren, wilden Tieren und volkstümlichen Szenen im Inneren. Für das Renommée der Weinberge von Moulis stehen die **Châteaux Chasse-Spleen** (✆ 05 56 58 02 37), **Maucaillou** (✆ 05 56 35 84 64) und **Poujeaux** (✆ 05 56 58 02 96). Im Süden liegt das unter japanischer Leitung stehende **Château Citran** (✆ 05 56 58 21 01), dessen Wein trotz erfreulicher Qualität offiziell als ›Cru Bourgeois Haut-Médoc‹ klassifiziert ist. Die D 1 führt von hier aus zurück nach Bordeaux.

Umgeben von Weinfeldern steht die Windmühle von Courriac bei Lesparre

Route 2: Graves und Pessac-Léognan

Das Weinbaugebiet von Graves erstreckt sich südlich von Bordeaux entlang dem linken Ufer der Garonne. Es verfügt über etwa 2700 ha Rebfläche, ist rund 50 km lang und 10 bis 15 km breit. Im Norden wird fast ausschließlich Rotwein angebaut, im Süden hat Weißwein aus Sauvignon-Blanc und Sémillon-Trauben einen wichtigen Anteil. Seit dem 9. September 1987 werden nicht mehr alle Weine dieses Gebiets unter dem Namen ›Graves‹ verkauft; rund 1100 ha im Norden verfügen seither über eine eigene Appellation und dürfen sich ›Pessac-Léognan‹ nennen. Trotzdem dürfen auch die dortigen Winzer ihre Etiketten mit Zusätzen wie ›Vin de Graves‹, ›Grand Cru des Graves‹ oder ›Cru Classé des Graves‹ schmücken.

Wie im Médoc besteht der Boden meist aus Kies und Schotter. 1855 wurde nur Château Haut-Brion in die Klassifizierung aufgenommen. 1953 und 1959 klassifizierte die INAO, das Institut für kontrollierte Herkunftsbezeichnungen, die Lagen dieser Region. 16 Lagen dürfen seitdem, ohne weitere Rangordnung, die Auszeichnung ›Cru Classé‹ tragen. Es sind die Châteaux Bouscaut, Carbonnieux, Couhins, Couhins-Lurton, Fieuzal, Haut-Bailly, Haut-Brion, Laville-Haut-Brion, Malartic-Lagravière, La Mission Haut-Brion, Olivier, Pape-Clément, Smith-Haut-Lafite, La Tour-Haut-Brion, La Tour-Martillac sowie die Domaine de Chevalier.

Abgesehen von den großen Weinadressen verfügt die Region Graves nicht über allzu viele Sehenswürdigkeiten. Nicht auslassen sollten Sie einen Besuch im Château de La Brède, der Heimat Montesquieus.

Man verläßt Bordeaux über die N 113 Richtung Toulouse. **Villenave d'Ornon** mit seiner romanischen Kirche aus dem 11. und 12. Jh. lohnt einen Abstecher. Zurück auf der N 113 nimmt man rechts die D 651. Rechts am Wegesrand liegt am Ende einer langen Allee das **Château Olivier** (✆ 05 56 21 73 31). Bevor es zum Weingut – mit eher mittelmäßigen Gewächsen – wurde, war es ein Jagdschloß des Schwarzen Prinzen. Das kleine Marktstädtchen **Léognan** hat wenig Sehenswertes zu bieten. Immerhin verfügt das Dorf über eine im 19. Jh. restaurierte romanische Kirche. Ringsum liegen zahlreiche wichtige Weingüter wie **Château La Louvière** (✆ 05 57 84 52 07), dessen Pläne angeblich von Victor Louis, dem Architekten des Grand Théâtre von Bordeaux, gezeichnet wurden, **Château Malartic-Lagravière** (✆ 05 56 21 75 08), **Château Haut-Bailly** (✆ 05 56 21 75 11), **Château Bouscaut** (✆ 05 56 30 72 40), dessen neoklassizistisches Gebäude interessanter ist als der hier produzierte Wein, und **Château de Fieuzal** (✆ 05 56 21 77 86).

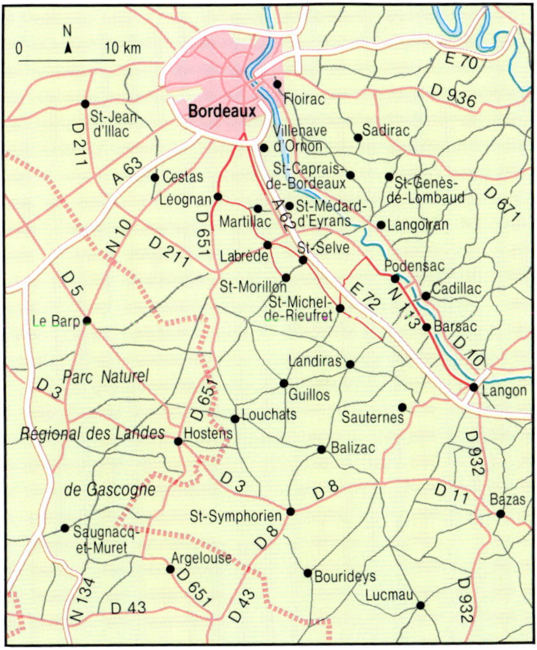

Route 2:
Graves und
Pessac-Léognan

Das **Château Carbonnieux** (✆ 05 56 87 08 28) war schon früh für seine originellen Exportmethoden bekannt: Nachdem die Benediktiner von Ste-Croix 1740 diesen Weinberg erstanden hatten, beschlossen sie, ihre Gewächse bis in die Türkei zu verschiffen. Leider verbietet der Islam nicht nur den Verzehr von Schweinefleisch, sondern auch den Genuß von Wein. Also bezeichneten die findigen Mönche ihren Weißwein kurzerhand als ›Mineralwasser aus Carbonnieux in der Guienne‹ und konnten bald mehrere Kisten davon am Hof des Sultans von Konstantinopel absetzen. Der Sultan soll verwundert darüber gewesen sein, daß sich so viele Aquitanier dem Weinbau widmen, obwohl es dort doch hervorragendes Mineralwasser gibt.

Über die D 109 geht es nach **Martillac,** in dessen Umgebung man ebenfalls gute Weingüter wie **Château La Tour Martillac** (✆ 05 56 72 71 21) findet. Die D 109 führt weiter nach **Labrède.** Das **Château de La Brède** allein ist den Ausflug ins Graves-Gebiet wert. Hier erblickte 1689 Charles de Secondat, Baron de La Brède et de

Montesquieu, das Licht der Welt. Montesquieu liebte die Ruhe des Schlosses mit dem breiten Wassergraben, schrieb hier »L'Esprit des Lois« und »Grandeur et Décadence des Romains«. Das abweisend strenge, gotische Château aus dem 12. bis 15. Jh. wirkt, als wäre hier seit den Tagen des Staatsphilosophen nichts verändert worden. Das Schlafzimmer Montesquieus hat man im Originalzustand erhalten, mit seiner Büste, seinem Spazierstock und anderen persönlichen Gegenständen. Besonders beeindruckend ist die Bibliothek mit ihrer gewölbten, holzverkleideten Decke. Gut 7000 Bände, darunter viele in lateinischer oder griechischer Sprache, und einige Manuskripte des Hausherrn, die 1939 gerade noch vor der Versteigerung gerettet werden konnten, werden hier verwahrt. Früher arbeiteten hier die bis zu 17 ›Sekretäre‹ des Gelehrten, seine wissenschaftlichen Assistenten. Der angrenzende Park gehörte zu den Lieblingsplätzen des Staatsphilosophen. Er beschrieb ihn voller Stolz in einem Brief an den Abbé Guasco: »Es wird mir eine Freude sein, Sie durch meinen Landsitz La Brède zu führen, wo Sie ein wirklich gotisches Schloß vorfinden werden, indessen geziert von bezaubernden Gartenanlagen, zu denen mir die Idee in England kam ...« (geöffnet 1. Juli bis Ende September außer Di von 14–18.30 Uhr; Ostern bis 1. Juli sowie an Wochenenden von 14–18 Uhr; Anfang Oktober bis Mitte November nur am Wochenende von 14–17.30 Uhr).

Die Kleinstadt Langon liegt malerisch an der Garonne

Moulin de la Molle, 33650 Labrède, ✆ 05 56 60 20 79 (von vielen Winzern bevorzugter Stopfleber-Erzeuger).

In **St-Morillon,** weiter Richtung Osten gelegen, stehen einige interessante Häuser aus dem 17. und 18. Jh. Château Bel-Air im Osten des Dorfes, nicht zu verwechseln mit dem bekannten Weingut in St-Emilion, ist eine Kartause aus dem 18. Jh. Über **St-Michel-de-Rieufret** (Kirche des 16. und 17. Jh.) gelangt

man nach **Podensac,** einem noch im 18. Jh. bedeutenden Flußhafen. 1887 wurde hier der Lillet, ein Aperitif aus Wein und Fruchtlikör, erfunden. Das kleine Musée Lillet verfügt über eine Sammlung alter Etiketten, Plakate und Werbemittel und stellt gelegentlich moderne Kunst aus (geöffnet im Juli/August von 9–12 und 13–19 Uhr).

Von Podensac aus führt die N 113 weiter nach Sauternes und Barsac. Erst kurz vor **Langon,** einer sehr ruhigen Stadt, in der der Schriftsteller François Mauriac (s. S. 43) einen Teil seiner Jugend verbrachte, trifft man wieder auf die Appellation Graves.

***Claude Darroze, 95, Cours Général Leclerc, 33210 Langon, ✆ 05 56 63 00 48 (alte Poststation mit überaus beeindruckender Bordeaux-Weinkarte und guter, wenn auch konservativer Küche).

Route 3: Sauternes und Barsac

Das Renommée ist so groß, wie das Gebiet klein ist: Von hier kommt der berühmteste edelsüße Weißwein der Welt. Die fünf Gemeinden Barsac, Bommes, Fargues, Preignac und natürlich Sauternes dürfen ihre Weine mit der ›Appellation Sauternes‹ schmücken. Ihre Rebstöcke wachsen auf Kies-, Tonmergel- oder Kalksteinboden und werden durch das Mikroklima im Tal des Flüßchens Ciron begünstigt (s. S. 108 f.). Rebsorten sind Sémillon (70–80 %), Sauvignon (20–30 %) und etwas Muscadelle. 1855 wurden die Sauternesweine als einzige Weißweine klassifiziert (s. S. 24). Heute hat diese Rangliste höchstens noch nostalgischen Wert.

Nach Sauternes kommt man wirklich nur auf den Spuren des Weins. Ein ehrfürchtiger Blick auf Château d'Yquem, eine ausführliche Visite im prachtvollen Château de Malle – und Spaziergänge durch kleine, verschlafene Dörfer, die trotz ihres weltweiten Renommées ganz und gar nicht vom Tourismus bestimmt werden.

Von Bordeaux aus nimmt man die N 113 Richtung Toulouse. In Barsac verläßt man die Nationalstraße und nimmt die D 109E nach Süden. Vorbei geht es an bekannten Weingütern wie **Nairac** (✆ 05 56 27 16 16), **Château Coutet** (✆ 05 56 27 15 46) und **Château Climens** (✆ 05 56 27 15 33).

Hinter Pujols-sur-Ciron biegt man auf die D 116. Das schöne Flußtal lädt zu einer kurzen Wanderung oder einem Picknick ein. Am linken Straßenrand sieht man **Château Lafaurie-Peyraguey** (✆ 05 56 31 44 44). Um nach **Château d'Yquem** zu kommen, muß man sich jetzt geradeaus halten. Das legendenumsponnene Weinschloß (✆ 05 56 63 21 05) aus dem 15. Jh. kann der Normalsterbliche nur von außen besichtigen. Aber gesehen haben muß man sie schon, diese Weinberge, und sich daran erinnern, daß ein Rebstock auf Yquem gerade mal ein Glas Wein erbringt. Das Dorf **Sauternes** verdient einen Besuch höchstens wegen seiner Reputation als Namengeber der Appellation.

Château Filhot (✆ 05 56 63 61 09) im Süden der Stadt ist von einem schönen Park umgeben, produziert aber eher mittelmäßige Weine, im Gegensatz zu **Château Suduiraut** (✆ 05 56 63 27 29) und **Château Bastor-Lamontagne** (✆ 05 56 63 27 66), beide Richtung Preignac gelegen. Kurz vor Preignac biegt man rechts ab zum **Château de Malle** (17. Jh.), einem der prächtigsten Weingüter des ganzen Bordelais. Romantische, nach florentinischem Vorbild gestaltete Gartenterrassen verstecken sich hinter dem schmiedeeisernen Tor. Im Innern der zweiflügeligen Anlage, die sich der Bordeleser Stadtrat Louis Malle im 17. Jh. bauen ließ, stehen der große Salon, die

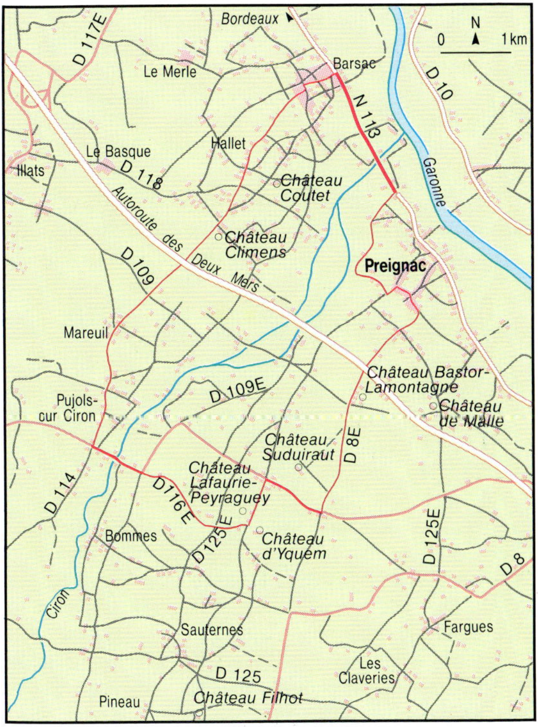

Route 3:
Sauternes und
Barsac

Sauternes – das süße Gold

»Die Sommer von einst brennen in den Flaschen von Yquem«
(François Mauriac)

Die Götter des Olymp tranken ihr sagenhaftes Ambrosia, weltliche Größen haben sich einstimmig für einen anderen Trunk entschieden: Ronald Reagan ließ ihn François Mitterrand servieren, er war gemeinsames Objekt der Begierde von General Washington, diversen russischen Zaren und Wladimir Iljitsch Lenin. Die Rede ist von Yquem. Lenin schreckte nicht davor zurück, beim Marquis von Lur-Saluces anfragen zu lassen, ob er nicht einige seiner Rebstöcke in bolschewistische Erde pflanzen könnte. Wie also, verehrter Leser, wollen Sie weiterleben, ohne zumindest einmal von diesem sagenhaften Wein gekostet zu haben, den manche als ›getrunkenes Licht‹ bezeichnen?

Yquem ist ein Sauternes, aber nicht alle Sauternes-Weine sind Yquems, auch wenn sie ihren Teil vom strahlenden Image des Sonnenkönigs der Süßweine mitbekommen ... Tatsächlich erstreckt sich die Appellation über die Gemeinden Sauternes, Barsac, Bommes, Fargues und Preignac.

Das ›Wunder von Sauternes‹ sucht man zunächst in seiner Geographie und Geologie. Die Garonne hat hier im Laufe der Jahrtausende ihre Schätze hinterlassen (»Feinheit der Kieselerde, Kraft des Kalks, Weichheit des Tons«), aber das ›Wunder‹ entsteht auch aus dem Klima, genauer gesagt dem Mikroklima: Die Wasser des Ciron, eines Nebenflusses der Garonne, sind kälter als die des Hauptstroms. Jeden Herbst hinterlassen die Morgennebel kleine Tröpfchen auf den Trauben. Wenig später geht die Sonne auf und begünstigt das Entstehen eines weiteren Mirakels: Ein biologisches ›Wunder‹ in Gestalt eines parasitären Pilzes mit Namen *Botrytis cinerea,* allgemein Edelfäule genannt. In dem Moment, in dem der Pilz die Traube zerstört, veredelt er sie. Die Sporen durchdringen die Haut der Beeren und fördern die Verdunstung von Wasser im Fruchtfleisch. Die Trauben trocknen aus, die Konzentration von Zucker und Fruchtstoffen erhöht sich. Außerdem

Bibliothek mit ihrer Sammlung seltener Erstausgaben, die Kapelle, ein Schlafzimmer und ein Büro zur Besichtigung frei. Wie schon ihre Vorgänger weiß die heutige Besitzerin, Comtesse Nancy de Bournazel, den Umstand zu nutzen, daß die Grenzen der Appellationen

steigt durch die Arbeit des Botrytis-Pilzes der Glyceringehalt deutlich an. Der Wein wirkt dadurch öliger und geschmeidiger, beim Schwenken des Glases bilden sich Schlieren.

Um wirklich vom Effekt der Edelfäule zu profitieren, muß jede Traube im idealen Reifestadium gelesen werden, sozusagen in ›Präzisionsfäule‹. Die Traubenpflücker *(vendangeurs)* gehen mehrfach durch die Rebfelder und wählen in aufeinanderfolgenden Lesen, *tries* genannt, Traube für Traube aus. Im Durchschnitt benötigt man fünf oder sechs solcher Durchgänge, die Lese dauert dann etwa 45 Tage. Es kann aber auch länger werden: 1979 war man noch am 29. November mit der Lese beschäftigt. Zum Vergleich: Im Médoc und anderswo liest ein einziger Pflücker pro Tag ausreichend Trauben, um ein oder zwei *barriques* (Eichenholzfässer für 225 l Wein) zu füllen. Auf Yquem braucht man zwischen fünf und zehn *vendangeurs* für ein *barrique,* an schwierigen Tagen sogar 90 Mann.

Der erste Regentropfen stoppt die Lese, die Trauben müssen trocken sein. Anhaltender Regen vernichtet einen ganzen Jahrgang. Der Saft ist so kostbar, daß man die hölzernen Sammelkörbe mit Wachs abdichtet. Vor der Abfüllung werden die Flaschen mit einer Lupe nach Verunreinigungen, die den göttlichen Trank beeinträchtigen könnten, untersucht.

Adel verpflichtet, auch auf Château d'Yquem: Rund um das Weingut wachsen Kamelien, da nur Blumen ohne Duft am Tisch der Comtesse zugelassen sind. Das Bouquet einer Flasche Yquem reicht halt vollkommen aus ...

PS: Vor einigen Jahren fiel ein Schatten auf Château d'Yquem. In seinen Kellern wurde eine ›Kryo-Extraktionsanlage‹ aufgestellt. Dabei handelt es sich um eine Art großer Tiefkühltruhe, mit der Trauben auf Minusgrade gebracht werden können. Durch dieses Verfahren wird das Wasser vom Fruchtfleisch der Trauben getrennt. Auch Trauben, die nicht unter optimalen Bedingungen gelesen wurden (Feuchtigkeit!), können damit verarbeitet werden. Die Finesse der handverlesenen Weine wird durch diesen Griff in die technische Trickkiste nach Ansicht vieler Fachleute nicht erreicht. Ob und wann die Maschine zum Einsatz kommt, weiß natürlich nur der Önologe des Château ...

Sauternes und Graves durch ihre Weinberge verlaufen: Man produziert nicht nur den bekannten Sauternes, sondern auch die Graves ›M. de Malle‹ und ›Château Tours de Malle‹ sowie den Bordeaux Blanc Sec ›Chevalier de Malle‹ (✆ 05 56 63 28 67, Juli/August geöff-

Edelsüße Tropfen von beachtlichem Alter – Haut Sauternes aus den 20er Jahren

net von 10–19 Uhr, sonst von 14–18 Uhr, geschlossen von Ende Oktober bis Anfang März).

In Preignac trifft man wieder auf die N 113 und kann die Rückreise nach Bordeaux antreten.

im Ort Sauternes: Le Saprien, Le Bourg, (✆ 05 56 76 60 87, geschl. So abend und Mo (hier werden Weinfreunde in Sauternes auch bekocht: im alten Haus mit Terrasse, schöne Auswahl unter den Sauternes-Weinen). Les Vignes, P. de l'Eglise, (✆ 05 56 76 60 06, geschl. Mo (rustikale Auberge mit ländlichen Speisen; Spezialität: Stopfleber mit Sauternes, preiswert).

Route 4: Die Premières Côtes-de-Bordeaux, Cadillac, Loupiac und Ste-Croix-du-Mont

Das Weinbaugebiet der Premières Côtes de Bordeaux erstreckt sich entlang der Garonne bis nach Cadillac. Von hier kommen kraftvolle Rote und oft liebliche Weißweine, die zumeist unter der Appellation Bordeaux verkauft werden. Cadillac, Loupiac und Ste-Croix-du-Mont sind die Heimat süßer Weine. Natürlich erzählt man in Cadillac den Touristen gern, daß amerikanische Straßenkreuzer den Namen der Stadt trügen, weil Antoine Laumet, der Gründer von Detroit, aus Cadillac stamme. Stimmiger scheint eine andere Version: Demnach wurde Antoine Laumet 1658 in St-Nicolas-de-la-Grave geboren und nahm vor seiner Auswanderung nach Kanada den Familiennamen Lamothe-Cadillac an. Zum 300. Geburtstag des Stadtgründers bekam die Limousine seinen Namen.

Die Appellation Côtes-de-Bordeaux-St-Macaire verlängert schließlich die Premières Côtes nach Osten. Auch hier werden hauptsächlich Rotweine ›Appellation Bordeaux‹ erzeugt.

In Bordeaux überquert man die Garonne und verläßt die Stadt Richtung Floirac/Bouliac. Dem Lauf der Garonne folgt man Richtung La Réole. Links am Weg liegt **Langoiran** mit Resten einer Festung aus

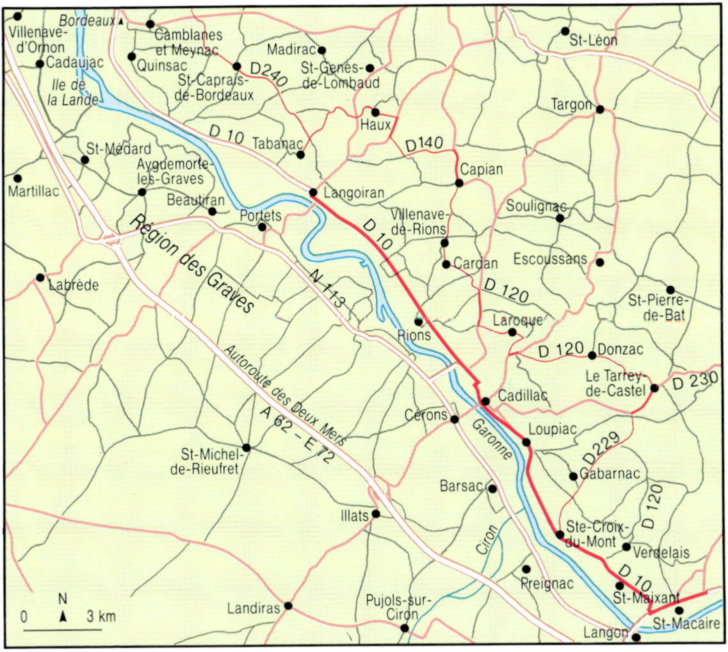

Route 4: Premières-Côtes-de-Bordeaux, Cadillac, Loupiac und Ste-Croix-du-Mont

dem 13. Jh. **Rions**, ein Stück weiter flußaufwärts, war seit dem 12. Jh. eine Festung am Rande von Aquitanien und Frankreich. Das Stadttor Porte de Lhyan (1304) vermittelt mit Pechnasen und Schießscharten noch einen Eindruck der alten Befestigungen. Auch die romanische Apsis der Kirche St-Seurin (12. Jh.) verdient einen Umweg.

Weiter der Garonne folgend, erreicht man **Cadillac,** eine 1280 gegründete Bastide (s. S. 48 f.), die samstags vormittags von einem bunten Markt belebt wird, der die Winzer und Fischer der benachbarten Weiler anzieht. Einer der besten süßen Weißweine der Region stammt vom **Château Fayau** (✆ 05 56 62 65 80), aber die Sehenswürdigkeit der Stadt ist das **Château des Ducs d'Epernon,** zwischen 1598 und 1620 im Auftrag von Jean Louis de Nogaret de Lavalette auf einem weißen Felsvorsprung errichtet. Der spätere Duc d'Epernon, Gouverneur der Provinz Guyenne (Aquitanien) und Colonel-Général der Infanterie, war einer der Günstlinge Heinrichs III. gewesen. Heute residieren hier die Maison de Vin und die Weinbruderschaft ›Connétablie de Guyenne‹. Die acht monumentalen Marmorkamine, die bemalten Decken und die Kellergewölbe des Schlosses, dessen Inneneinrichtung während der Revolution zerstört wurde, sind besonders beeindruckend (✆ 05 56 62 69 58, geöffnet April bis September von 10–12 und 14–19 Uhr, Rest des Jahres täglich von 14–18 Uhr).

Neben der Kirche St-Blaise (15. Jh.), dem Schloß gegenüber, steht die Grabkapelle der Herzöge von Epernon. Der größte Teil des Mausoleums wurde, ebenso wie die Inneneinrichtung des Schlosses, während der Revolution zerstört. Im Schloß sind Teile des herzoglichen Grabmals zu besichtigen; die Statuen befinden sich heute im Louvre.

La Maison du Jambon, Beguey, 33410 Cadillac, (150jähriger Metzgerladen mit luftgetrocknetem Bergschinken aus den Pyrenäen).

Nächste Station am Ufer der Garonne ist **Loupiac**, Heimat des Poeten Ausonius (s. S. 42), mit den Resten einer gallorömischen Villa (schönes Mosaik im Schwimmbad).

Vom Kirchplatz von **Ste-Croix-du-Mont** bietet sich der schönste Ausblick über das Tal der Garonne bis nach Sauternes. Das **Château de Loubens** (✆ 05 56 62 01 25) ge-

Cadillac: das Schloß der Herzöge von Epernon

hörte im 17. Jh. Pierre de Lancre, dem berüchtigten Hexenjäger des Baskenlandes. Eine Sehenswürdigkeit besonderer Art ist die grottendurchzogene, versteinerte Austernbank. In einer der Grotten kann man lokale Weine verkosten.

Die Basilika Notre-Dame in **Verdelais** ist seit dem Mittelalter Ziel einer bekannten Marienwallfahrt (Wallfahrten am 15. August und 8. September). Der Bau aus dem 17. Jh. rekonstruiert den romanischen Vorgänger, im Innern findet man aber ein prachtvolles, barockes Altarretabel mit Marmorskulpturen und der hölzernen Figur der wundertätigen Maria in der Mitte. Auf dem Friedhof der Stadt ruht Toulouse-Lautrec (1864–1901),

Schloßgeschichten

Ein echter Bordelese läßt gerne seiner Phantasie freien Lauf, übertreibt vielleicht mal ein wenig. Das Resultat sind schöne ›Lügengeschichten‹, die *gasconnades* genannt werden. Zwei von ihnen möchten wir hier wiedergeben:

Yquem: Die Rückkehr aus Rußland

Die Legende erzählt, daß man den nutzbringenden Effekt des *Botrytis cinerea,* die Edelfäule der Trauben zu provozieren, erst durch Zufall entdeckte. 1847 kehrte der Marquis Romain-Bertrand de Lur-Saluces verspätet von einem Jagdausflug aus Rußland zurück. Zu seiner Enttäuschung waren seine Reben vom Botrytis-Pilz befallen, was ihn nicht daran hinderte, die Trauben trotzdem vinifizieren zu lassen. Der Süßwein war entdeckt. Der Amerikaner Richard Olney, Autor eines Werkes über Yquem und Spezialist für gastronomische Literatur, zeigt sich skeptisch: »Es ist wenig wahrscheinlich, daß die autoritäre Großmutter von Romain-Bertrand, die furchtbare Comtesse Joséphine (…), eine solch absurde Verspätung der Lese toleriert hätte, wenn sie nicht von vorneherein beabsichtigt gewesen wäre. Nur die außergewöhnliche Qualität dieses Jahrgangs könnte zur Geburt der Legende geführt haben.«

Außerdem bezeugt ein Dokument vom 4. Oktober 1666, entdeckt in den *Archives Départementales* der Gironde, das auch François de Sauvage, der damalige Herr von Yquem, lange mit der Lese wartete. »In Sauternes ist es nicht üblich, vor dem 15. Oktober die Trauben zu lesen.« Richard Olney triumphiert: Die späte Lese und auch die aufeinanderfolgenden Durchgänge beim Traubenpflücken, die *tries*, sind Geheimnisse, die man seit langer Zeit kennt. Aber die Legende ist trotzdem schön ...

Beychevelle: Runter mit den Segeln!

Verwirrung rund um Château de Beychevelle im Médoc: Jeder versichert, daß ›Beychevelle‹ eine ›französierte‹ Version des okzitanischen *baishavela* ist, was ›Segel einholen‹ bedeutet. Nur weiß niemand so recht, worauf der Name anspielt. Einige meinen, daß die Schiffe etwa hier die Segel einholten, um mit Schwimmanker bis nach Bordeaux zu gleiten, andere, daß die Besitzerfamilie Fould Kaiser Napoleon I. Geld für seine Kriege zur Verfügung gestellt hatte und die Flotte in Dankbarkeit vor ihrem Anwesen die Segel strich. Alain Viaut, Sohn einer Winzerdynastie, Ethnologe, Linguist und Autor von »Contes et légendes du Bordelais«, forschte nach und fand heraus, daß es die Geschichte schon in vornapoleonischer Zeit gab. Ein möglicher Anknüpfungspunkt ist für ihn die Niederlage der französischen Flotte des Duc d'Orléans gegen eine Flotte aus Bordeaux am 14. Januar 1407 vor St-Julien-en-Médoc: »Es ist möglich, daß die Gascogner die Franzosen die Segel einholen ließen (...) zum Zeichen der Niederlage«.

Andererseits könnte die Geschichte auch aus der Zeit rühren, als der Baron von Beychevelle ein Zollrecht für die Schiffe nach Bordeaux besaß und sie vor seinem Château die Fahrt unterbrechen mußten. Zumindest dann, wenn sie nicht doch aus dem 17. Jh. stammt, als der Großadmiral Frankreichs, der Duc d'Epernon auf Beychevelle zu Hause war... (s. S. 95).

der im **Château Malromé,** etwa 3 km im Nordosten von Verdelais, die letzten sechs Jahre seines Lebens verbrachte. Sein Sterbezimmer und einige Gemäldereproduktionen können besichtigt werden (geöffnet von Mitte Juni bis Mitte September von 14.30–19 Uhr).

In **St-Maixant,** südlich von Verdelais, lebte der Schriftsteller François Mauriac in seinem Anwesen ›Malagar‹ und baute dort Wein an. 1985 richtete das Conseil régional d'Aquitaine hier ein Kulturzentrum mit Ausstellungsstücken zu Mauriacs Leben und Werk ein. Vor kurzem wurde Malagar einem ›Facelifting‹ unterzogen und erstrahlt nach Ansicht älterer Bordelaiser noch schöner als zu Mauriacs Zeiten (geöffnet Juni–September 10.30–18.30 Uhr, sonst 10–18 Uhr).

St-Macaire am Ufer der Garonne gilt als ›die Perle‹ der Region. Das vielbesuchte Städtchen hat sich sein mittelalterliches Erscheinungsbild bewahrt, mit Stadtmauern und -toren wie der Porte de l'Horloge, engen labyrinthischen Gassen mit gotischen Häusern und dem arkadengesäumten Marktplatz, Place du Mercadiou. Unter den Marktplatzarkaden befindet sich, in der alten Poststation aus den Zeiten Heinrichs IV., das Postmuseum mit seiner Briefmarkensammlung. Kuppel und Apsis der Kirche St-Saveur (12.–14. Jh.) sind mit schönen Malereien aus dem 13. Jh. geschmückt. Unter anderem sind Szenen aus der Offenbarung des Johannes dargestellt. In der Priorei ist ein kleines Museum zur Stadtgeschichte untergebracht (geöffnet im Sommer).

Information: Syndicat d'Initiative, Maison du Pays de St-Macaire, 8, Rue de Canton, ✆ 05 56 63 32 14.

Von Langon kann man über die Autobahn direkt nach Bordeaux zurückkehren.

Wer eine Tour über die Dörfer vorzieht, fährt über Ste-Croix-du-Mont, Tarrey-de-Castel, Donzac, Laroque, Cardan, Villenave-de-Rions, Capian, Haux, Tabanac, St-Caprais-de-Bordeaux und Cénac zurück nach Latresne und von dort weiter nach Bordeaux.

In einem kleinen Städtchen des Bordelais

Route 5: Entre-Deux-Mers

Entre-Deux-Mers heißt zwar ›zwischen zwei Meeren‹, das Gebiet liegt aber zwischen zwei Flüssen: Garonne und Dordogne. Die 23 000 ha Weinberge der Region entsprechen einem Viertel des gesamten Anbaugebiets von Bordeaux. Die trockenen Weißweine der Region entstammen meist der bevorzugten Rebsorte Sauvignon. Aber das Entre-Deux-Mers hat mehr als Wein zu bieten. Es ist einer der schönsten Landstriche des Bordelais: grüne Hügel, romantische Bauernhäuser, Wälder, Flüsse und Weinberge vereinen sich zu einem harmonischen Ensemble. Hier liegen einige der größten architektonischen Sehenswürdigkeiten des Bordelais wie die Abteiruine La Sauve-Majeure. Die Geschichte Aquitaniens scheint hier noch gegenwärtig, und nicht wenige der alten Legenden stammen aus dem Entre-Deux-Mers.

Bordeaux verläßt man über den Pont de Pierre und nimmt die D 113 nach Latresne, wo man die Straße nach Créon einschlägt. **Sadirac** war in gallorömischer Zeit ein Zentrum des Töpferhandwerks. In der Nähe liegen **Château de Tu-**

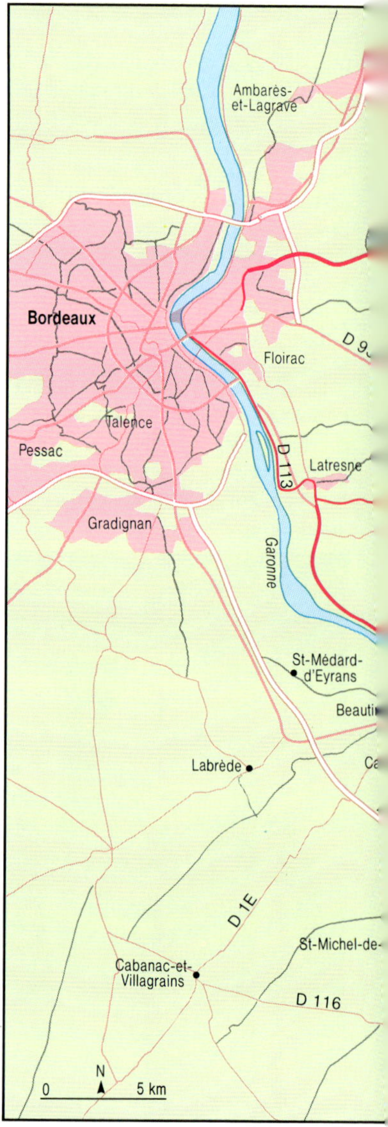

Route 5 und 6: Entre-Deux-Mers, St-Emilion und Pomerol

Lugon-et-l'Ile-du-Carney
La Lande de Pomerol
Petit-Palais
Lussac
D 670
Montagne
Fronsac
Pomerol
St-Georges
Puisseguin
D 13E
Libourne
Dordogne
D17
Parsac
Commune de Sulpice-et-Cameyrac
Vayres
St-Emilion
D 20E
D 13
D 18
D130
Commune de Beychac-et-Caillau
St-Sulpice-de-Faleyrens
Castillon-la-Bataille
D 122
Salleboeuf
Branne
D 671
Baron
St-Jean-de-Blaignac
Grézillac
D 19
D 20
Daignac
D 115E
D 11
Rauzan
dirac
Créon
Jugazan
D 127E
La Sauve
D 14
Ancienne Abbaye
Blasimon
Cessac
Targon
Frontenac
D 17
Langoiran
Capian
D 10
Sauveterre-de-Guyenne
D 139
Castelviel
Rions
D 670
Podensac
D11E
Cadillac
D 672
Cérons
N 113
route des Deux Mers
Langon
St-Macaire
Landiras

stal aus dem 15. Jh und **Château Le Grand Verdus** aus dem 16. Jh. (✆ 05 56 30 64 22). Auf Grand Verdus kann man einen guten Bordeaux- Supérieur Rouge kosten.

Oh! Légumes oubliées, Domaine de Belloc, 33670 Sadirac, ✆ 05 56 30 62 00 (Konservenfabrik mit Direktverkauf: eingelegte und konservierte Gemüse und Früchte, auch Seltenes wie Topinambur oder *Salicornes.* Besichtigung des Gemüsegartens Mitte April bis Mitte Oktober, 14–18 h.

Créon ist eine Bastide aus dem 13. Jh., deren Stadtmauern nicht mehr erhalten sind. Reste des mittelalterlichen Erscheinungsbildes hat sich jedoch die arkadengesäumte ›Place Carrée‹ bewahrt. **Château Bauduc** (✆ 05 56 23 23 58) und **Château Fontenile** (✆ 05 56 23 03 26) produzieren ansprechende Bordeaux Supérieurs.

****Château Camiac, 3 km nordöstlich über die D 121 von 33670 Créon, ✆ 05 56 23 20 85 (Zukkerbäckerschlößchen mit Zi. in verschiedenen Stilrichtungen und Rest).

Über die D 671 geht es nach **La Sauve.** Die Abtei La Sauve-Majeure, deren imposante Ruinen die Weinfelder überragen, verdankte ihren Namen dem Wald (*silva major* = großer Wald), der 1079 vom heiligen Gérard und seinen Mönchen gerodet wurde, um hier ein Benediktinerkloster aufzubauen. Zahlreiche Jakobspilger machten in La Sauve Station. Unter den kriegerischen Auseinandersetzungen des Spätmittelalters hatte auch das Kloster zu leiden. Die Zahl der Mönche ging ständig zurück, im 16. Jh. wurde der Klosterbetrieb eingestellt, lebte dann aber etwa 100 Jahre später kurzfristig wieder auf, bevor die Klostergebäude während der Revolution 1794 in ein Gefängnis umgewandelt wurden. Heute sind nur noch wenige Reste von Refektorium, Kreuzgang und Kapitelsaal erhalten. Sehr schön gestaltet sind die skulptierten, romanischen Säulenkapitelle im Chor der Kirche: Man erkennt Pflanzen, Fabeltiere, Szenen aus dem Alten Testament. Wer den Aufstieg auf den ebenfalls romanischen Glockenturm wagt, wird mit einem fantastischen Blick auf Abtei, Dorf und Landschaft belohnt. Keine Angst, die 157 Stufen sind solide. Im La Sauve-Museum sind Funde von Ausgrabungsarbeiten auf dem Kirchengelände ausgestellt.

Abteiruine La Sauve-Majeure

Im nahen Château **Turcaud** (✆ 05 56 23 04 41) kann man einen guten Entre-Deux-Mers probieren.

Die D 11 führt nach **Daignac,** einem hübschen Dorf mit Ruinen einer Mühle aus dem 13. Jh. In der Umgebung liegen die Reste der **Châteaux de Pressac** und **de Curton** (beide 14. Jh.). In **Grézillac** kann man auf **Château Bonnet** (✆

Arbeitstage zweier Weinbauern

Seit 1790 widmet sich Monsieur Icards Familie den Reben. Mit 28 ha gehört sein Weingut zu den kleineren der Region. Sein Weißer wurde von der Regionalzeitung »Sud-Ouest« (s. S. 68 f.) als »fein, nervig und sehr aromatisch« beschrieben, der Rotwein wurde als »fest und delikat« eingestuft. Für seine Kunden hat Jean-Christophe Icard ein kleines Weinbaumuseum eingerichtet.

Jean-Christophe Icard: Ein typischer Tagesablauf ...

»Mein Wecker klingelt so gegen sieben Uhr. Um acht treffe ich meine Mitarbeiter (je nach Saison zwischen zwei und vier Mann) und erteile die ersten Anweisungen. Dann beginnt die Verwaltungsarbeit: Bestellungen sichten, Briefe an die Kunden verfassen ... Auch in unserem kleinen Betrieb lassen wir uns die Arbeit natürlich von Fax und Computer erleichtern. Gegen Ende des Vormittags überprüfe ich kurz die Arbeit meiner Angestellten, die folgenden zwei Stunden vergehen mit der Bearbeitung der Bestellungen im Lager. Nach dem Mittagessen kümmere ich mich um den ›önologischen Teil‹ – meine eigentliche Leidenschaft. Hier arbeite ich mit einem Önologen zusammen, der mich bei Degustation, Verschnitt der verschiedenen Rebsorten und Flaschenabfüllung berät. Auf den Weinberg komme ich meist erst nach 16 Uhr. Dann unterstütze ich meine Angestellten bei den je nach Jahreszeit anfallenden Aufgaben: Zwischen Dezember und März führen wir den Rebschnitt durch, um die Produktivität der Pflanzen zu regulieren; später müssen wir unfruchtbare Triebe entfernen, Triebe beschneiden, die Reife der Trauben kontrollieren etc. Langeweile kommt dabei nicht auf, normalerweise kann ich frühestens nach 18 Uhr die Arbeit niederlegen. (...)

Wir sind hier ganz dem Rhythmus der Natur unterworfen; besonders der Frühling geht an die Nerven: Der kleinste Frost kann uns das ganze Jahr verderben. Anders als manche der prestigeträchtigen Châteaux haben wir hier nicht das Geld, um stundenlang Hubschrauber über den Reben kreisen zu lassen, die mit ihren Rotorblättern die Luft aufwärmen, um die Katastrophe auszuschließen! Ferien mache ich in der Regel Ende des Sommers, kurz vor der Lese, die meist Ende September beginnt. Im Ausnahmejahr 1989 haben wir sogar schon am 6. September damit begonnen. Für den neuen Jahrgang rechnen wir drei Wochen für die Lese, einen Monat Vinifikation und zwei Monate Arbeit im Lager. Wir benutzen hier sowohl Eichenholzfässer als auch Gärbehälter aus Zement und Edelstahl.

Im Gegensatz zu früher muß man viel Zeit für Marketing und Verkauf aufwenden: Meine Etiketten lasse ich von Designern gestalten, in der neuen ›Cité Mondiale du Vin‹ (s. S. 67) besuche ich Kurse in Vinifikation und Verkauf. Auf den Pariser Ausstellungen treffe ich Kollegen und Distributeure, der Export führt mich nach England, Belgien, Holland und sogar nach Dallas. Besonders die harten Fröste im Frühjahr 91 haben mich gezwungen, noch aktiver zu werden ...«

Jean-Christophe Icard, Château de l'Orangerie, St-Félix-de-Foncaude, ✆ 05 56 71 53 67

Haut-Brion gehört seit dem 16. Jh. zu den bekanntesten Weingütern. 1855 wurde es als einziges Weingut des Graves-Anbaugebietes in die Spitzenkategorie ›Grand Cru Classé‹ eingestuft. Heute herrscht Jean-Bernard Delmas, geb. 1935 auf Haut-Brion, über 40 ha Anbaufläche für Rotweine und vier für Weißweine. Trotz des großen Namens ist vieles einfach geblieben: Das Büro von Monsieur Delmas eignet sich mit seinem Kamin und dem Fliesenboden eher zum Wohlfühlen als zum Renommieren.

Jean-Bernard Delmas: Der Tagesablauf

»Gewöhnlich beginnt der Tag so gegen 8.00 oder 8.30 Uhr mit der Öffentlichkeitsarbeit. Wer kommt? Wann? Wem soll man schreiben, wem antworten? Später muß die Arbeit verteilt werden. Rund 50 Personen sind hier dauernd beschäftigt. So gegen elf Uhr begutachte ich den Weinberg. Wie entwickeln sich die Reben? Muß man Krankheiten der Pflanzen vorbeugen? Gegen Ende des Vormittags, wenn, wie man sagt, der Gaumen am ›urteilsfähigsten‹ ist, stehen einige Degustationen mit dem Kellermeister auf dem Programm. Der Nachmittag gehört oft den Besuchern oder organisatorischen Fragen, Treffen mit dem Personal oder der Klärung technischer Probleme.«

J.-B. Delmas versucht stets, die Qualität der Weine von Haut-Brion zu verbessern, führt Versuche mit anderen Rebsorten durch oder experimentiert mit den optimalen Bedingungen der Weinbereitung (Vinifikation). In Zusammenarbeit mit dem önologischen Institut hat er auf Haut-Brion ein Labor für ›klonale Selektion‹ eingerichtet: Hier sollen

Monsieur Delmas in seinem Büro

die besten Rebstöcke geklont (also gentechnisch reproduziert) werden und bis zum Jahr 2000 den gesamten Weinberg bevölkern. Auch die Vergangenheit ist auf Haut-Brion präsent: Im Park hat J.-B. Delmas das ›Musée ampélographique‹ eingerichtet, das seltene Rebsorten wie St-Macaire oder Béquignol bewahrt. Monsieur Delmas zitiert seinen Freund, den Önologen Emile Peynaud: »Er sagt, daß er sich sein ganzes Berufsleben lang amüsiert hat. Für mich gilt das gleiche: Ich habe das Glück, einem Beruf nachzugehen, der mir gefällt, und ich habe das Gefühl, ewig in Ferien zu sein ...« Wenn er gegen 19.30 Uhr nach Hause kommt, nimmt er sich Zeit, »den Tag nochmals durchzudenken und ein wenig zu redigieren«.

Jean-Bernard Delmas, Château Haut-Brion, Pessac, ✆ 05 56 00 29 30

05 57 84 52 07) einen der besten Weine der Appellation Entre-Deux-Mers kennenlernen. Das Dorf **Branne** bietet die erste Gelegenheit, der Dordogne ›Bonjour‹ zu sagen. **Rauzan,** ein paar Kilometer südöstlich gelegen, wird vom Château des Duras (12.–15. Jh.) dominiert. Das mehrfach angegriffene, restaurierte und vergrößerte Château gehörte einst Johann Ohneland. Die romantischen Schloßruinen darf man nicht besichtigen, aber der Aufstieg auf den 30 m hohen Donjon ist erlaubt.

Richtung **Blasimon** trifft man auf die **Ancienne Abbaye.** Die Ruinen der Abtei aus dem 12. und 13. Jh., Pilgerstation auf dem Weg nach Santiago, weisen romanische und gotische Elemente auf. Interessant ist besonders das Portal mit Darstellungen u. a. der Laster und Tugenden in den Archivolten. Im Norden des Dorfes konstruierten die Benediktinermönche im 14. Jh. die Wassermühle Moulin de Labarthe.

Die Bastide (s. S. 48 f.) **Sauveterre-de-Guyenne** wurde im Jahr 1281 gegründet und rechteckig mit Zentralplatz angelegt. Einige Kilometer südwestlich liegt **Castelvieil,** dessen Kirche aus dem 11. und 12. Jh. ein prächtiges romanisches Portal ziert. Die Darstellungen aus Sauve-Majeure kann man mit denen hier vergleichen. Auch die Säulenkapitelle sind reich ornamentiert. Die Weinberge von Castelvieil waren früher Blumenfelder. Später wurden die Blumen jahrelang durch Pestizide von den Reben ferngehalten. Inzwischen haben sich einige Winzer zum biologischen Weinbau entschlossen: Castelvieil ist jetzt eine der wenigen Weingemeinden, in denen man durch blumenübersäte Rebfelder wandern kann.

Zurück nach Bordeaux geht es über die D 11E und danach über die D 10 oder über St-Macaire und die Autoroute des Deux Mers.

Route 6: Libourne und Umgebung – St-Emilion und Pomerol

Auch hier lebt alles vom Wein. Rings um die Stadt gruppieren sich wichtige Anbaugebiete: Fronsac und Canon-Fronsac im Westen, Pomerol und Lalande-de-Pomerol im Norden und St-Emilion im Osten. St-Emilion mit seiner Felskirche ist bei weitem die größte touristische Attraktion der Gegend. Wer wenig Zeit hat, sollte die beiden anderen Gebiete inklusive der Stadt Libourne aus seinem Reiseprogramm streichen und schon am frühen Morgen direkt dorthin aufbrechen.

Bordeaux verläßt man über den Pont St-Jean Richtung Périgueux. Nach 29 km taucht **Libourne** auf. Dank der Dordogne verdiente die Stadt schon früh recht gut am Verschiffen der Weine ihrer Umgebung. Heute ist von ihrer einstigen Bedeutung kaum noch etwas zu spüren. Trotzdem lohnt ein Spaziergang über die Place Abel-Surchamp, der schöne Blick über den Quai Suchet, vielleicht noch ein Besuch in der Patisserie Lopez (18, Rue Gambetta), um ein Stück von dem Nußkuchen mitzunehmen, den auch die Winzer des Umlands schätzen. Östlich der Stadt liegt Fronsac, inmitten eines rund 1080 ha großen Weinbaugebietes. Während ganze sechs Gemeinden ihren Wein als ›Fronsac‹ bezeichnen dürfen, gilt die Bezeichnung ›Canon-Fronsac‹ nur für Fronsac selbst und St-Michel-de-Fronsac.

Fährt man von Libourne aus nach Norden, gelangt man in die Weinbaugebiete **Pomerol** und **Lalande-de-Pomerol**. Die sehr alten Weinberge erlebten im 12. Jh. dank des Johanniterordens eine Blütezeit. Der Hundertjährige Krieg zerstörte die Rebfelder, auch die Religionskriege kannten keine Nachsicht mit den edlen Trauben. Ein Dokument aus dem Jahr 1761 belegt die Ursprünge der heutigen Bepflanzung: Damals verkündete ein Herr Louis-Léonard Fontemoing, daß er die auf seinem Gut Tropchaud in Pomerol wachsenden Weißweinreben durch die ›roten‹ Reben Merlot und Bouchet (anderer Name für Cabernet Franc) ersetzt habe. Heute wachsen in Pomerol 70 % Merlot und 30 % Bouchet. Auf etwa 750 ha produzieren rund 185 Winzer Jahr für Jahr gut 30 000 hl Wein. Herrlichen, auf der ganzen Welt bekannten Wein, der stets für seine Farbe, Kraft und Dichte gerühmt wird. Aber sagen wir es einmal so: Pomerol sollte man besser in einem ruhigen Augenblick im Restaurant oder zu Hause direkt aus der Flasche kennenlernen. Der Besuch vor Ort lohnt wirklich nur für hartnäckige Weinfreunde. Die Region ist nicht so schön wie das Entre-Deux-Mers oder St-Emilion, die Châteaux sind bei weitem nicht so spektakulär wie im Médoc, nennenswerte Sehenswürdigkeiten gibt es nicht. Sogar der örtliche Weinbauverband kommt in seiner Hochglanzbroschüre »Pomerol Prestigieux« nur zu dem Schluß, daß eine ländliche Region wie diese dem Besucher »die Begegnung zwischen Mensch und Erde vermittelt«. Die Begegnung mit Touristen wird nicht immer gesucht. Viele Winzer scheinen der Auffassung, daß sich ihr Wein aufgrund des Renommées von allein verkauft, und sind noch weniger als anderswo geneigt, Touristen aus dem hohen Norden Zutritt zum Weingut zu gestatten. Ausnahmen gibt es für Gäste der Weinbruderschaft ›Confrérie des Hospitaliers‹ und Journalisten.

Wer über genügend Zeit verfügt und trotzdem einen Blick auf einige weltbekannte Weingüter riskieren will, nimmt die N 89 Richtung Périgueux-Lyon. Nach der zweiten Abzweigung hinter dem Hippodrom rechts kommt man zum **Château Latour,** das mit dem bekannteren Latour weder verwandt noch verschwägert ist – seinen Namen rechtfertigt es durch einen kleinen Turm. **Pomerol** selbst hat touristisch nichts zu bieten. Die Kirche aus dem 19. Jh. geht auf einen Vorgängerbau der Johanniter aus dem 12. Jh. zurück.

Wenn man vom Norden des Dorfes einen Bogen in östlicher Richtung schlägt, gelangt man nacheinander zu den renommierten Gütern **La Croix de Gay** (✆ 05 57 51 19 05), **Vraie-Croix-de-Gay** (✆ 05 57 51 64 58), **Lafleur** (✆ 05 57 51 12 43), **Château Gazin** (✆ 05 57 51 07 05) und dem bekanntesten Pomerol-Weingut überhaupt: **Château Petrus** (✆

Herbststimmung in der Umgebung von Fronsac

05 57 51 17 96). 11,5 ha mit 95 % Merlot- und 5 % Cabernet-Reben im Durchschnittsalter von 45 Jahren bringen diesen Wein hervor. Auf dem Flaschenetikett wird die Bezeichnung ›Château‹ in noblem Understatement weggelassen.

Weiter geht es Richtung Süden, vorbei an **Château Certan-Giraud** (✆ 05 57 24 70 62), dem 400jährigen **Château Certan de May de Certan** (✆ 05 57 51 41 53), **Château L'Evangile** (✆ 05 57 51 15 30), **Vieux Château-Certan** (✆ 05 57 51 17 33), **Château La Conseillante** (✆ 05 57 51 15 32) und **Château Beauregard** (✆ 05 57 51 13 36), einer schönen Kartause aus dem 18. Jh., deren Weine allerdings nicht an die Qualität der vorgenannten heranreichen. Jetzt wendet man sich wieder Richtung Westen, zurück zur N 89, und streift **Château Le Pin** (✆ 05 57 51 33 99), das mit einer Jahresproduktion von weniger als 10 000 Flaschen einen der exklusivsten Weine der Appellation hervorbringt. Auf halbem Weg zurück liegt **Château Trotanoy** (✆ 05 57 51 13 69). Wieder auf der Nationalstraße, orientiert man sich links Richtung La Lande-de-Pomerol.

Zwischen der Straße nach La Lande und der Eisenbahnlinie Bordeaux–Paris liegt das Weingut **Château de Sales** (✆ 05 57 51 04 92). Einige Teile des Gebäudes sind durchaus sehenswert, und der Winzer weiß originelle Geschichten über die historischen Vorbesitzer zu erzählen.

St-Emilion

Zum Pflichtprogramm jedes Bordelais-Reisenden gehört die Fahrt nach St-Emilion. Die kleine mittelalterliche Stadt thront förmlich über ihren Weinbergen. Schon im 4. Jh. besaß der Dichter Ausonius in diesem Gebiet einen Landsitz. Mitte des 8. Jh. kam der bretonische Eremit Aemilianus hierher und schlug sich eine Klause in den Felsen. Das Grab des Einsiedlers, der 767 gestorben war, zog viele Pilger an. Bald nach seinem Tode folgten Benediktinermönche seinem Vorbild und schnitten weitere Höhlen in den Fels. Ihre Klausen bildeten den Ursprung der berühmten Felsenkirche. Um das Kloster herum entstand der Ort, der im Laufe des 12. Jh. mit Festungswällen versehen wurde. Während seiner Blütezeit im späten Mittelalter soll er zu einer kleinen Stadt mit um die 10 000 Einwohnern herangewachsen sein. Im Hundertjährigen Krieg fiel St-Emilion mal den Franzosen, mal den Engländern zu. Dem wirtschaftlichen Aufschwung im 17. Jh., als das Städtchen sich zu einem Zentrum des Weinbaus und des Weinhandels entwickelte, waren schlechte Zeiten vorausgegangen. Religionskriege und Pest hatten die Stadtbevölkerung dezimiert. Während der Revolution diente die unterirdische Höhle im Garten der Maison Bouquey dem Anführer der Girondisten, Guadet, und seinen sechs Anhängern als Versteck. Sie wurden jedoch gefaßt und in Bordeaux exekutiert. Heute erschaudern Touristen in der dunklen und feuchten **Grotte des Girondins.**

Die Baugeschichte der Stadt wird ihren heutigen Bewohnern zum Problem: Um Baumaterial für ihre Häuser zu gewinnen, gruben ihre Vorgänger im Lauf der Jahrhunderte rund 100 km Stollen in mehreren Etagen in den Kalksteinhügel, auf dem die Stadt lagert. Der Untergrund von St-Emilion ist entsprechend aktiv. Jährlich sind Sanierungen fällig. Einige Gänge sollen für kulturelle Zwecke zur Verfügung gestellt werden, andere dienen Weingütern als Lager. Apropos Wein: Neun Gemeinden dürfen sich mit der ›Appellation St-Emilion‹ schmücken. Die Weine wurden 1955 zum ersten Mal klassifi-

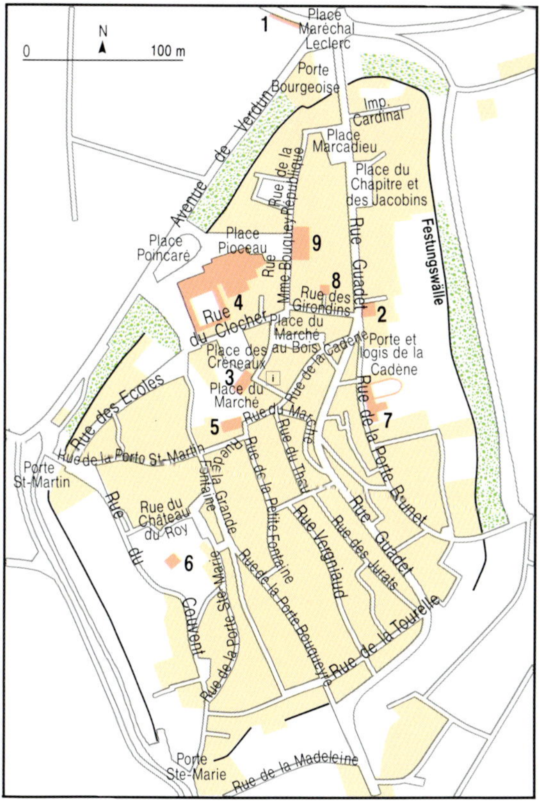

St-Emilion
1 Les Grandes Murailles
2 Gotisches Haus
3 Felsenkirche (Eglise monolithe)
4 Kollegiatskirche (Eglise collégiale)
5 Chapelle de la Trinité/ Ermitage St-Emilion
6 Donjon des Château du Roi
7 Franziskanerkloster (Couvent des Cordeliers)
8 Maison Bouquey, Grotte des Girondins
9 Hôtel de Ville

Blick auf die Place du Marché

ziert. Diese Einstufung wird, anders als in den übrigen Regionen, regelmäßig überarbeitet und erneuert.

Die Rue Guadet führt, vorbei an den **Resten eines Dominikanerklosters** *(Les Grandes Murailles)*, von der Place Maréchal Leclerc in die Ortsmitte. Hinter dem **Gotischen Haus** mit seinen schönen Arkaden zweigt die Rue de la Cadène ab und führt zur einzigartigen Sehenswürdigkeit der Stadt: der **Felskirche** *(Eglise monolithe)* aus dem 9. bis 12. Jh. Ihre Fassade, eine unregelmäßige, schmucklose Felswand, liegt zum Marktplatz hin. Durch die Tür neben dem heute verschlossenen, hochgotischen Portal betritt man den Innenraum, der mit seinen drei weiträumigen Schiffen und in den Fels gearbeiteten Reliefs eine der originellsten Schöpfungen des Mittelalters ist. Ursprünglich waren seine Wände bemalt gewesen. Während der Revolution wurde die Kirche als Salpeterfabrik genutzt. Auf dem Felsen über der Kirche errichtete man im 14. Jh. einen Glokkenturm. Neben der Eglise monolithe liegen die Katakomben, in denen die Mönche des 8. Jh. ihre Glaubensbrüder bestatteten.

Die dreischiffige **Kollegiatskirche** *(Eglise collégiale)* gegenüber stammt aus dem 12. Jh. Das Tympanon des Nordportals schmücken Szenen des Jüngsten Gerichts. Der Kreuzgang beeindruckt schon durch sei-

Straßencafé vor der Eglise monolithe

Das Weingut Château Cheval-Blanc bei St-Emilion

ne bloße Größe: Jeder der vier Flügel ist rund 30 m lang und 5 m breit.

Unter der gotischen **Chapelle de la Trinité** aus dem 13. Jh. befindet sich die **Eremitage des hl. Aemilianus.** In den zwei künstlichen Felskammern werden Bett, Tisch und Stuhl des Einsiedlers gezeigt.

Der 32 m hohe Donjon ist der imposante, die Stadt überragende Überrest des **Château du Roi,** der im 13. Jh. errichteten Festung. Hier tagt die Weinbruderschaft ›Jurade‹, eröffnet im September die Weinlese *(ban des vendanges)* und beurteilt im Mai die Weine des letzten Jahres. Vom Spätmittelalter bis 1720 diente der klotzige Turm als Rathaus.

Ruinenromantik verbreiten die Reste des **Franziskanerklosters** *(Couvent des Cordeliers,* 14. Jh.) in der Rue de la Porte Brunet. Der Bau, von dem große Partien des gotischen Kreuzgangs und der Klosterkirche erhalten sind, ersetzte gegen Ende des 14. Jh. ein älteres Kloster außerhalb der Stadt, das durch Kriegseinwirkung vollkommen zerstört worden war. In den Kellergewölben wird jetzt der Schaumwein Clos des Cordeliers hergestellt, den man im schattigen, grünen Hof des Kreuzgangs, wo einige Tische und Stühle aufgestellt wurden, probieren kann.

Für Romantiker weiterhin besonders empfehlenswert: ein Spaziergang entlang der Festungswälle am Abend.

Office de Tourisme, Place des Créneaux, ✆ 05 57 24 72 03.

****Hostellerie Plaisance, Place Clocher, ✆ 05 57 24 72 32 (Hotel mit Garten und Terrasse neben dem Glockenturm, wegen der Lage nicht immer ruhig, gutes Restaurant). ***Logis des Remparts, Rue Guadet, ✆ 05 57 24 70 43 (klassisches Hotel im mittelalterlichen Stadtkern, Terrasse). **Auberge de la Commanderie, Rue Cordeliers, ✆ 05 57 24 70 19 (durchschnittlicher Komfort, aber die günstigste Adresse der Stadt).

La Barbanne, Route de Montagne, ✆ 05 57 24 75 80

Francis Goullée, ✆ 05 57 24 70 49 (Restaurant mit mittelalterlichem Dekor, Spezialitäten: Ei mit Pilzen, Hase mit Pfeffersauce, preiswerte Menüs). Chez Germaine, Place des Créneaux, ✆ 05 57 24 70 88 (kleines Restaurant, das auch Macarons de St-Emilion, Makronen, verkauft).

Daniele Blanchez, 9, Rue Guadet, ✆ 05 57 24 72 33 (angeblich hat die Familie Blanchez vor über 60 Jahren in einem Archiv das einzig wahre Rezept für die Macarons de St-Emilion aus dem Jahre 1620 gefunden).

Natürlich gibt es auch im St-Emilion mehr beachtenswerte Weingüter, als wir hier aufzählen können. Zu den wichtigsten gehören **Cheval-Blanc** (✆ 05 57 24 70 70) und **Figeac** (✆ 05 57 24 72 26), etwa 3 km im Nordosten an der Straße nach Pomerol gelegen. Cheval-Blanc ist von außen nicht sonderlich beeindruckend, aber Figeac ist ein schönes Château aus dem 18. Jh. Auf seinem Grund stand im 2. Jh. eine gallorömische Villa, die nach ihrem Inhaber ›Figeacus‹ genannt wurde.

Richtung St-Sulpice-de-Faleyrens liegen **Ausone** (✆ 05 57 24 70 94), eines der ältesten Güter der Region, das seinen Namen im Gedenken an den Poeten Ausonius trägt, **Belair**, **La Gaffelière** (✆ 05 57 24 72 15) und **Canon-la-Gaffelière** (✆ 05 57 24 71 33). Letzteres steht seit 1984 unter der Regie des deutschen Winzers Graf Stephan von Neipperg und gehört seitdem zu

Weingüter um St-Emilion

Die Vogeljagd

Von Ringeltauben und Menschen

Gejagt wird hier alles, was Flügel hat: Mit den Füßen im Wasser stellen die Jäger im Bassin von Arcachon den Enten nach, im Médoc ist die *tourterelle* – die Turteltaube – das bevorzugte Opfer. Sogar *ortolans,* Fettammern, werden trotz strengen Verbots regelmäßig geschossen. Eine spezifisch bordeleser Tradition, die ein hohes Maß an Geschicklichkeit verlangt, ist jedoch nur die Jagd auf die Ringeltaube, *colomba palumbus,* die hier *palombe* genannt wird. Man jagt sie nicht mit dem Gewehr, sondern fängt sie lebend im Netz. Rund 3 bis 4 Mio. von Ringeltauben ziehen im Herbst am Himmel des Südwestens Richtung Spanien und Portugal. Zur Jagdsaison bricht eine Art Taubenverrücktheit aus; in diese Zeit legen viele Männer ihren Jahresurlaub. Früher schlossen sogar die Fabriken auf dem Land ihre Tore im Oktober. Ein gascogner Sprichwort schildert die drei Phasen der Jagd:

»A la Sent-Miquèu, l'appèu
A la Sent-Luc, lo gran truc
A la Sent-Martin, la fin«

Übersetzt bedeutet dies etwa: Am Michaelstag (29. September) der Lockvogel (eine gefangene Ringeltaube, die mit ihrem Gesang ihre gefiederten Brüder und Schwestern anlocken soll), am Lukastag (18. Oktober) der große Fang (das Datum markiert auch nach wissenschaftlichen Erkenntnissen die größte Wanderbewegung Richtung Süden), am Martinstag (11. November) das Ende.

Geduldig und gut getarnt warten die
Jäger im Versteck, bis sich dem Lockvogel eine Artgenossin nähert

Beinahe zwei Monate lang spielt sich das Leben unter Jägern in der *palombière* ab: eine Hütte aus Holz, mit Kiefernzweigen getarnt. Von hier aus führen Schnüre zum ›Hochsitz‹ des Lockvogels, dessen Augen mit Scheuklappen versehen werden. Die Jäger ziehen an den Schnüren, um das Tier zu bewegen, so daß es die Aufmerksamkeit der vorüberziehenden Tauben erregt. Darüber hinaus lockt das Gurren des *roucoulayre,* der das *roucoulement* der Tauben nachahmt, die Tiere an. Ziel des ganzen: Die *palombe* soll sich auf den Boden niederlassen, damit man sie mit dem Netz fangen kann.

Manchmal laden die Jäger Frauen und Kinder ein, man ißt zusammen gegrillte *entrecôte,* Kastanien und trinkt dazu neuen Wein. Wie in alten Zeiten spricht man auf der Jagd noch den okzitanischen Dialekt, nennt den Jäger nicht *chasseur,* sondern *paloumayre.* Natürlich wird die Vogeljagd von Umweltschützern heftig kritisiert. Der *paloumayre* wendet dagegen ein, daß, wer die Tradition befolgt und das Netz nicht gegen das Repetiergewehr tauscht, die Natur liebt und respektiert; auf ihre Intaktheit angewiesen, sei er damit ebensosehr Umweltschützer wie Jäger.

den besten Weingütern des Gebiets. **Château Beauséjour-Bécot** (✆ 05 57 74 46 87), **Clos Fourtet** und **Magdelaine** findet man westlich der Hauptstraße.

Richtung Norden über die D 122 fährt man an **Château Trottevieille** (✆ 05 56 00 00 70) vorbei. Man verläßt die Appellation Richtung St-Georges-de-Montagne. Sehenswert ist das **Château St-Georges** (✆ 05 57 74 62 11) mit vier Ecktürmen einer alten Befestigungsanlage, schmekkenswert ist auch der **Château Tour du Pas-St-Georges** (✆ 05 57 24 70 94). Im Ort selbst steht eine romanische Kirche (11. Jh.) auf römischen Fundamenten.

In **Montagne** dokumentiert ein Ecomusée das Leben auf dem Land und den Weinbau (neben dem Rathaus, von Mitte März bis Mitte November 10–12 und 14–18.30 Uhr).

Über Lussac und die D 21 lohnt ein kurzer Abstecher nach **Petit-Palais**. Mit ihrer reichgeschmückten Fassade ist die romanische Kirche (12. Jh.) des Dorfes eine der schönsten der Region. Die Bauherren der Kathedrale im spanischen Zamora fanden hier Inspiration. Zurück nach St-Emilion geht es südlich Richtung Puisseguin, dann Richtung Parsac.

Die D 17 führt nach **Castillon-la-Bataille.** 1453 ging hier der Hundertjährige Krieg zu Ende. 6000 Franzosen schlugen 8000 Engländer unter Führung von General Talbot. Den Sieg schreibt man der Artillerie unter dem Kommando der Gebrüder Bureau zu. Jahr für Jahr wird das historische Ereignis im Juli oder August in der Ebene von Coly mit aufwendiger Ausstattung und authentischen Kostümen nachgespielt (Auskünfte im Syndicat d'Initiative von Castillon, ✆ 05 57 40 27 58). Über die D 130 und die D 245 kommt man zurück nach St-Emilion.

Route 7: Côtes und Premières Côtes de Blaye, Côtes de Bourg

Der letzte Ausflug von Bordeaux in die Weinberge führt entlang der Dordogne und Garonne nach Bourg und Blaye. Sowohl Rot- als auch Weißweine werden hier angebaut. Als Rebsorte dominiert bei den Roten der Merlot, es folgen Cabernet-Sauvignon, Cabernet-Franc und Malbec. Die weißen Rebsorten sind Sauvignon, Colombard, Muscadelle und Sémillon. Die Weine aus Bourg und Blaye gehören zwar nicht zu den größten des Bordelais, zeichnen sich aber oft durch ein gutes Preis-Leistungsverhältnis aus. Zahlreiche historische Stätten und natürlich die große Zitadelle von Blaye machen die Region zu einem der schönsten Ziele in der Umgebung von Bordeaux.

Man verläßt Bordeaux Richtung Royan und überquert die Garonne über den Pont d'Aquitaine. Links erblickt man das **Château de Lormont:** 1368 wurde hier Richard II.

von England, der Sohn des Schwarzen Prinzen, geboren. Das Schloß wurde im 17. Jh. wiederaufgebaut und 1876 stark verändert.

Route 7: Die Weinbauregionen Côtes de Blaye und Premières-Côtes-de-Blaye sowie Côtes de Bourg

Die Schnellstraße führt direkt zur Autobahn, man muß etwa in Höhe Ambarès den richtigen Anschluß zur N 10 erwischen, die Dordogne überqueren und in St-André de Cubzac die N 137 Richtung Blaye nehmen. Kurz hinter St-André liegt das **Château du Bouilh** (18. Jh.), eine weitere Schöpfung des Grand-Théâtre-Architekten Victor Louis (✆ 05 57 43 01 45, geöffnet vom 1. Juli bis 1. Oktober Do, Sa, So von 14.30–18.30 Uhr).

Noch vor Bourg, etwa in der Höhe von Prignac, tauchen die Hinweise auf die **Höhle von Pair-non-Pair** auf. Die prähistorische Höhle mit rund 30 000 Jahre alten Zeichnungen wird von den Blayais gerne mit Lascaux verglichen. Mammuts, Hirsche und Bisons bedecken die Wände, die bekannteste Zeichnung zeigt ein Pferd mit zurückgewandtem Kopf (in der Hauptsaison täglich geöffnet von 10–11.30 und 14.30–17 Uhr).

Bourg-sur-Gironde war schon zu römischen Zeiten Festungsanlage und liegt heute nicht mehr an der Gironde, sondern an der Dordogne. Im Laufe der Jahrhunderte haben sich die Flüsse verschoben. Das Château de la Citadelle diente ursprünglich als erzbischöfliche Sommerresidenz. Im 18. Jh. wurde es im eleganten Stil der Zeit wiederaufgebaut. Nach dem Zweiten

Bourg-sur-Gironde, Château de la Citadelle

Weltkrieg wurde das Schloß, das von den Deutschen in Brand gesteckt worden war, sorgfältig restauriert. Besonders schön ist ein Spaziergang im Park.

Weiter entlang der Gironde kommt man zum **Château de Tayac.** Von hier aus genießt man einen schönen Ausblick über den Bec d'Ambès, die schnabelförmige Landspitze zwischen Dordogne und Gironde.

La Reuille, Le Rigalet und **Marmisson** sind einfache Fischerdörfer. Am Rand der von Gärten und Häusern gesäumten Straße kann man Krevetten kaufen. Nicht angeboten wird der heute rare Kaviar der Garonne-Störe. Noch nach dem Zweiten Weltkrieg fing man hier rund 1500 der kostbaren Fische und gewann so rund drei Tonnen Kaviar pro Jahr. Ab Mitte der sechziger Jahre machte sich der Stör jedoch infolge von Überfischung rar. Die letzten Störe wurden von Wissenschaftlern registriert; das seit 1981 bestehende Fangverbot soll zu einer erhöhten Population führen.

In **Plassac** liegen, nahe an der Kirche, die Grundmauern einer gallorömischen Villa. Ein kleines Museum zeigt die Ausgrabungsfunde (Gürtelschnallen, Münzen, Werkzeuge, Keramik).

Blaye

Schon die Römer errichteten auf dem Hügel, der den Mündungstrichter der Garonne überragt, eine Festung, das im 5. Jh. von den germanischen Invasoren zerstörte Castrum Blavia. Im 7. Jh. baute man hier die erste Burg, die im 8. Jh. in die Obhut von Roland le Preux, dem Helden des Rolandslieds, gegeben wurde. Das mittelalterliche Epos berichtet, daß Roland, der in der Schlacht von Roncevalles getötet worden war, auf Befehl Karls des Großen in der Abtei St-Romain begraben wurde. Nur die Grundmauern des alten Klosters sind heute noch unter der Bastion St-Romain zu sehen. Die heutige, sternförmige Festung, innerhalb deren Mauern noch die Ruinen der Burg Rudels aus dem 12. Jh. stehen, wurde zwischen 1652 und 1669 im Auftrag Ludwigs XIV. errichtet und 1689 von Festungsbaumeister Vauban erweitert. Zusammen mit Fort Paté und Fort Médoc schützte die Burg das nahe Bordeaux vor der englischen Flotte. Blaye hat nur eine Belagerung überstehen müssen: Vom 3. bis zum 12. April 1814 bedrohten die Engländer und ihre Verbündeten die Zitadelle. Napoleons Abdankung verhinderte, daß die Festung Vaubans auf ihre alten Tage zeigen mußte, was in ihr steckt. Noch heute wirkt die Zitadelle wie eine Stadt in der Stadt. Das kleine Blaye mit seinen engen Gassen scheint sich förmlich an die Festung zu schmiegen.

Die typische Sternform der Vaubanschen Festungsarchitektur sieht man besonders deutlich, wenn man mit der Fähre von Lamarque aus übersetzt. Betritt man die rund

Der Turm von Blaye und der Poetenprinz

Inmitten der Vaubanschen Festung von Blaye aus dem 17. Jh. findet man noch mittelalterliche Ruinen. Hier stand das Château der Rudel, der Herren von Blaye. Im 12. Jh. beobachtete der junge Prinz Jaufré von den Festungstürmen aus die Schiffe von nah und fern, die ruhig auf der Gironde vorüberzogen. Eines der Boote war gerade von den fernen Ufern des Orients gekommen. Jemand dort rühmte in einem Lied die Schönheit von Mélissande, der Herzogin von Tripolis. Jaufré Rudel hörte, geriet ins Träumen und brach wenig später mit einem Kreuzzug auf. Noch während der Überfahrt erkrankte er, starb in den Armen der geliebten Mélissande, die sich darauf in ein Kloster zurückzog. Sechs Gedichte haben die Jahrhunderte überstanden und singen uns das »Lied einer fernen Liebe«:

»Amors de terra lonhdana per vos totz lo còrs mi dòl«
(Geliebte in fernem Lande, für euch leidet mein ganzes Herz)

18 ha große Anlage durch die Porte Royale, liegt zur Rechten das **Château de Rudel**. Es ist der Geburtsort von Jaufré Rudel, einem der großen Troubadoure des Mittelalters (s. S. 46). Von der Aussichtsplattform seines Turms aus blickt man weit in den Norden der Stadt und das Pays Blayais. Schöner noch ist der Blick vom Belvedere der **Tour de l'Aiguillette**: die Gironde liegt einem zu Füßen, man erkennt das Fort Médoc auf der gegenüberliegenden Flußseite. An der Place d'Armes liegt der **Couvent des Minimes** (Paulanerkloster) von 1610 mit Kapelle, Kreuzgang – und Hotelrestaurant im Nebenbau. An der Porte Dauphine führt ein Spazierweg auf der südlichen Stadtmauer bis zur **Bastion de Pères**. Hier läßt sich erneut die Aussicht auf die Gironde genießen und auf den von Wassergräben umzogenen **Weinberg Echauguette**, wo jedes Jahr zahlreiche Weinfeste und -veranstaltungen stattfinden. Wer sich weiter über die Geschichte der Festung und des Umlandes informieren will, besucht, zurück an der Porte Royale, das **Musée d'Histoire et d'Art du Pays Blayais** (Museum für Geschichte und Kunst des Blayais, 9–12, 14–18 Uhr). Es ist in der Maison du Commandant d'Armes untergebracht, wo im letzten Jahrhundert die Herzogin von Berry gefangen saß, weil sie versucht hatte, die Region Vendée gegen die Herrschaft Louis-Philippes aufzuwiegeln.

Von hier aus kämpft man sich durch die Vielzahl von Souvenirläden und Kunstgewerbeshops zur Altstadt von Blaye durch, um dort die *praslines* zu kosten, eine süße Lekkerei, die der Koch des Marschalls von Plessis-Praslin im 17. Jh. erstmals bei einem Bankett vorsetzte: Ursprünglich gezuckerte, gebrannte Mandeln, wurden die ›Praslines von Blaye‹ zum Urvater unserer Pralinen – das Wort allein beweist's.

Syndicat viticole et Office de Tourisme, 11, Cours Vauban, ✆ 05 57 42 12 09.

***La Citadelle, ✆ 05 57 42 17 10, 33390 Blaye (innerhalb der Festungsmauern; schöne Terrasse und Schwimmbad, einfache Zimmer, moderate Preise). **Château la Grange de Luppé, 1,5 km im Norden von Blaye auf der D 255, ✆ 05 57 42 80 20 (Schlößchen aus dem 19. Jh. mit Park, einfache Zimmer, preiswert).

Camping municipal (innerhalb der Mauern der Zitadelle, preisgünstig, aber wenig Komfort).

Le Caneton d'Argent, 31, Rue St-Romain, 33390 Blaye, ✆ 05 57 42 81 00 (rustikales Restaurant mit klassischer Küche, recht touristisch, in Blaye trotzdem die annehmbarste Adresse, moderate Preise).

Der schönste Rückweg nach Bordeaux führt über Port-de-Lamarque (Fähre) und Margaux Richtung Blanquefort.

Blaye: Blick von der Zitadelle über die Gironde

Durch den Wald der Landes nach Dax

Der Parc Régional des Landes: Kiefernwald, Seen und Dünen

Das Freilichtmuseum Ecomusée de Marquèze

Mont-de-Marsan: Ins Land des Armagnac

Dax: Thermalbad seit Römerzeiten

Werkstatt für Harzverarbeitung im Parc Naturel Régional des Landes de Gascogne

Eine Fahrt durch die Landes, den größten Wald Europas • Zum Freilichtmuseum von Marquèze • Zu Kurorten und Thermalbädern • In die gastronomischen Zentren der Region • Nach Mont-de-Marsan, bekannt für seine Feste und *Foie Gras*

Die Landes sind ein riesiger Kiefernwald mit einigen Kanälen, Teichen, Seen und Dünen dazwischen. Rund 210 000 ha zwischen der Eyre-Mündung am Bassin d'Arcachon und dem Dörfchen Sabres wurden zum Parc Naturel Régional des Landes de Gascogne erklärt. Auf den ersten Blick möchte man es kaum glauben: Dieses riesige und etwas eintönige Waldgebiet wurde allein von Menschenhand geschaffen (s. S. 15). Im Wald der Landes gelten strenge Vorschriften: Auf gar keinen Fall darf man Feuer entzünden, selbstverständlich weder Zigarettenkippen wegwerfen noch Flaschen zurücklassen, weil sie als Brenngläser wirken könnten. Nur Holzfäller oder Harzarbeiter dürfen mit motorisierten Fahrzeugen durch den Wald fahren. Auch mit dem Fahrrad darf man von den freigegebenen Radwegen (s. S. 185 ff.) nicht abweichen. Schilder weisen die Touristen darauf hin, die Arbeit der Harzarbeiter zu respektieren und ihre Kinder stets im Auge zu behalten, da »jedes verlorene Gramm Harz eine direkte Schädigung der Arbeiter darstellt, die nach abgelieferter Menge bezahlt werden«. Wer sich über die Bestimmungen hinwegsetzt, muß mit empfindlichen Bußgeldern rechnen.

Man verläßt Bordeaux Richtung Süden über die N 10. Der Regionalpark beginnt einige Kilometer hinter dem Dorf Le Puch. In **Belin-Béliet** kam einer Legende zufolge 1123 Eleonore von Aquitanien zur Welt. An der Place de l'Eglise liegt das Informationsbüro des Regionalparks Landes/Gascogne (✆ 05 56 88 06 06). Das Centre de Graoux veranstaltet Wanderungen und Radtouren für Gruppen (✆ 05 56 88 04 62).

Wer die vielbefahrene N 10 so schnell wie möglich verlassen will, folgt ab Höhe Le Muret der N 134 Richtung Sabres. In **Pissos** sollte man der Maison des Artisans (Haus der Handwerker) einen Besuch abstatten. Früher stand das Haus im Dorf Argenosse und verfiel immer mehr. Seit seinem Wiederaufbau bieten hier Korbflechterinnen, Stickerinnen und Holzschuhmacher ihre Waren an (Juni–September von 10–19 Uhr).

Der zweite Weg nach Sabres verläßt die N 10 in Höhe Cap de Pin. **Solférino** wurde von Napoleon III. 1863 als Modelldorf zur Besiedelung der Landes geplant. Die Ingenieure Tisserand und Crouzet konstruierten in seinem Auftrag zehn Bauernhöfe, 28 Pächterhäuser, zehn Handwerkerhäuser, Schule, Kirche und Krankenstation. Die

Durch den Wald des Landes nach Dax

Pächter bekamen ein eigenes Haus und 2 ha Land, wenn sie sich verpflichteten, zehn Jahre lang jeweils 75 Tage im Jahr ehrliche Arbeit zu leisten.

In **Sabres** lohnt die auf einen romanischen Vorgängerbau zurückgehende Kirche aus dem 16. Jh. den Besuch. Besonders schön ist ihr reich dekoriertes Renaissanceportal, dessen Archivolten mit Phantasieblumen, Fischmenschen und grotesken kleinen Tieren dekoriert sind.

***Auberge des Pins, Sabres, Route de la Piscine, ✆ 05 58 07 50 47 (sympathisches Haus im Landaiser Stil).

Im Freilichtmuseum von Marquèze

Eigentliche Attraktion von Sabres aber ist der Bahnhof, denn hier fährt etwa alle 40 Minuten der Zug zum **Ecomusée de Marquèze** (mit dem PKW nicht erreichbar). Die Züge sind, wie in alten Zeiten, mit Holzbänken möbliert. Kein Wunder, denn in Marquèze findet man sich im 19. Jh. wieder. Das Museum bewahrt eine typische Bauernsiedlung der Region. Wie so viele Dörfer der Landes wurde auch Marquèze von seinen Bewohnern verlassen. 1968 kaufte der Parc Naturel Régional des Landes de Gascogne das Dorf, restaurierte die Gebäude und setzte weitere aus Dörfern der Umgebung hinzu. Das erste Freilichtmuseum Frankreichs war geboren.

Es gibt viel zu sehen: die *Maison du maître,* das Herrenhaus mit in die Fassade integriertem Vordach,

die *Maison des domestiques,* das Haus der Knechte und Mägde, eine Wassermühle, Schweine- und Schafställe (der Hühnerstall ruht wegen der ›Fuchsgefahr‹ auf Pfählen), einen Brotofen und Bienenstöcke am Ortsrand. Im Garten entdeckt man Dutzende verschiedener Obst- und Gemüsesorten. Viele stammen noch aus dem letzten Jahrhundert und sind seit langem in Vergessenheit geraten (täglich geöffnet von Juni bis Mitte September; außerdem an Wochenenden und Feiertagen von Mitte März bis Ende Mai und von Mitte September bis Ende Oktober).

i Unter ✆ 05 58 07 52 70 und 05 58 07 52 16 erreicht man das Bureau de l'Ecomusée in Sabres. Informieren sollte man sich in jedem Fall über die Öffnungszeiten des Museums und die Abfahrtszeiten der Züge. Beides wechselt von Saison zu Saison.

Das Ecomusée de Marquèze

Leben in der Grande-Lande um die Jahrhundertwende

Im Ecomusée von Marquèze hat der Besucher die Möglichkeit, in die Vergangenheit einzutauchen. Hier ist eine Miniaturlandschaft mit den traditionellen ländlichen Gebäuden zusammengestellt, eine komplette ökologische Einheit, wie sie zu Ende des 19. Jh. das Bild der Grande-Lande formte.

Hier, im zentralen Teil der Landes mit seinem sandigen, armen Boden, der im Winter sehr feucht, im Sommer extrem trocken ist, lebte die Bevölkerung weit verstreut. Die Familien siedelten meist in der Nähe eines Wasserlaufes, der die Entwässerung sicherte. Nur an Stellen, wo der Boden von etwas besserer Qualität war, sich ein Verkehrsweg befand oder eine Brücke, bildeten mehrere Familien ein *quartier,* einen Weiler. Das Land, auf dem sie lebten und das sie bewirtschafteten, gehörte z. T. ihnen selbst, doch die meisten waren Pächter eines Grundbesitzers. Seit dem Gesetz zur Aufforstung von 1857, als die Harzproduktion größere Gewinne brachte, zogen immer mehr der Eigentümer, die noch auf ihrem Land arbeiteten, in ihre neuen Häuser im Dorf und überließen die Landwirtschaft ihren Pächtern. Diese führten ein hartes Leben, ganz von der Arbeit auf dem Feld, vom Schafehüten und von der Harzgewinnung bestimmt.

Auf dem *airial,* einer Wiese im Schatten von Eichen, begrenzt von einigen Kastanienbäumen, stand das **Wohnhaus,** umgeben von den Wirtschaftsgebäuden. Der Eingang des Hauses, das in der Grande-Lande üblicherweise einen Windfang an der Giebelseite sowie drei Dachschrägen besaß, lag im Osten, so daß die niedrige Mauer der Rückfront der Wind- und Regenseite zugewandt war. Unter einem Dach lebten hier mehrere Generationen zusammen, das alte Bauernpaar, ein oder zwei ihrer verheirateten Söhne und Töchter sowie deren Kinder – die harte Arbeit erforderte viele Hände. Den Mittelpunkt des Hauses bildete der große Raum, in dem sich der Hauptkamin befand. Hier versammelte sich die ganze Familie (um den langen Tisch) zum Essen, und hier wurde auch gekocht (über dem Kaminfeuer oder auf einem kleinen zusätzlichen Herd). An den Wänden standen eine Uhr, der Geschirrschrank, manchmal noch ein Vorratsschrank und das Spülbecken, das auch zur Körperwäsche diente. In einigen Häusern nahm der ebenfalls beheizbare, hintere Küchenraum diese zentrale Funktion ein, während das große Zimmer für besondere Anlässe vorbehalten blieb. Ringsum gruppierten sich die Schlafzimmer der einzel-

Lageplan der Gebäude im Freilichtmuseum

nen Paare und der Kinder. Die Betten waren mit einem Baldachin versehen, dessen Gardinen nachts vor der winterlichen Kälte schützten, waren doch die Fenster ursprünglich nicht verglast. Außerdem stand ein Schrank im Schlafzimmer, in dem die Wäsche und – im Schrank der Hausherrin – die Aussteuer der noch nicht verheirateten Familienmitglieder aufbewahrt wurden.

Eine Treppe führte vom Wohnbereich hinauf auf den Speicher. Dort wurden die Ernten gelagert, aber auch allerlei andere nützliche Dinge wie heilsame Pflanzen, Jagd- und Fischnetze... Hier oben fanden die Kinder ihr Paradies – ungeachtet aller Spinnen, Ratten und Eulen.

Zu den Wirtschaftsgebäuden gehörte mindestens eine **Scheune**. Hier wurden die zweirädrigen Karren untergestellt und die Ackergeräte aufbewahrt. Einen Teil nahm der Ochsenstall ein, den dasjenige Familienmitglied, das für das Ochsenpaar verantwortlich war, jeden Tag mindestens zweimal aufsuchte. Unter dem Dach lagerte auf dem Heuboden das Viehfutter. An der Seite der Scheune war das Brennholz aufgestapelt, das die Männer oft am Sonntagvormittag – in jedem Fall nur bei Vollmond – geschlagen hatten.

In sicherer Entfernung vom Haus stand der **Backofen**. Hier buken die Frauen das Roggenbrot, das die täglichen Mahlzeiten aus Suppe oder Brei, Eiern, Schinken oder *confit* (eingemachtes Geflügel) begleitete. Die Vorräte wurden nur alle 8–14 Tage erneuert, denn die Bereitung des Teigs und des Ofens war sehr aufwendig. Vor Festtagen garte in dem Backofen der *pastis*, der noch heute beliebte Kuchen.

Auf dem *airial* befand sich auch ein **Schwingbrunnen,** doch das Trinkwasser holte man bevorzugt von einer Quelle. Die jungen Mädchen und Frauen transportierten es in tönernen Krügen auf ihren Köpfen zum Haus.

Zum **Vieh**, das auf dem *airial* gehalten wurde und das unter der Obhut der Frauen stand, gehörten die Hühner. Während sie tagsüber frei herumliefen, bot ihnen nachts ein kleiner Stall auf vier hohen Pfählen Schutz vor Feuchtigkeit sowie vor Raubtieren. Die gleiche Funktion konnte auch einfach ein Baum erfüllen, dessen untere Äste das Federvieh mittels einer Leiter erklomm. Das Geflügel bildete den ›Schatz‹ der Hausherrin. Hin und wieder trug sie ein Tier zum Verkauf auf dem Markt im Dorf. Der Erlös war ihr Eigentum, mit dem sie vor allem Kleidung für die Familie kaufte, den sie aber auch als Notgroschen sparte.

Die Schweine, die in einem Stall mit angegliedertem Auslauf gehalten wurden, waren der Stolz der Frauen. Die Ferkel kaufte man traditionell auf dem großen Markt zu St-Michael am 29. September. Über

Wohnhaus in Marquèze

das folgende Jahr wurden sie gemästet, um sie zur Weihnachtszeit zu schlachten und die Würste, *pâtés, confit* und Schinken herzustellen. Die *heste* war immer mit einem großen Fest verbunden, zu dem Verwandte und Nachbarn eingeladen wurden und das in einem lustigen Schmaus endete. Schließlich gab es auf dem *airial* auch einen Schafstall, in dem die Herde den Winter über untergebracht war.

Die Hauptbetätigung der Familie konzentrierte sich auf die **Feldarbeit**, denn vor allem sie garantierte die Lebensgrundlage. Das Feld (ca. 8–12 ha) war sorgsam von Gräben umgeben, welche die Entwässerung gewährleisteten, sowie von Hecken zum Schutz vor Tieren. Auf einzelnen Parzellen wuchsen hier, je nach Bodenqualität, verschiedene Kulturen. Die größte Fläche nahm der Acker ein, auf dem – in harter Arbeit – vor allem Roggen, daneben Hirse und Mais angebaut wurden.

Auf einer Parzelle des Feldes befand sich der **Gemüsegarten.** Hier wurde die Sommerfrucht gezogen, während der Garten auf dem *airial* beim Haus die Winter- und Frühjahrskulturen trug. Die Gärten, die das ganze Jahr über Pflege erforderten, wurden ausschließlich von den Frauen bewirtschaftet. Diese richteten sich dabei strikt nach den Regeln eines bestimmten Kalenders, um eine gute Ernte zu erzielen.

Ursprünglich verfügte jede Familie auch über ein **Flachs- und Hanffeld**, das im feuchten Teil des Feldes oder auch außerhalb in einer Zone mit genügend Feuchtigkeit lag. Während aus dem Hanf Seile hergestellt wurden, spannen die Mädchen und Frauen das Leinen und webten daraus Stoffe. Doch nur aus dem feinen Faden, den die Großmutter zu spinnen wußte, wurde die Aussteuer der Mädchen hergestellt, die diese allerdings selbst bestickten.

Eine Pergola auf dem Feld gestattete den Anbau von **Wein** in begrenztem Umfang. Oberhalb des Bodens waren die Pflanzen, wie auch an den Spalieren am Haus, vor den Frösten geschützt, die manchmal noch im Frühjahr in den feuchten Boden drangen. Aber für den Sonntag oder zu Festtagen konnte man sich ja auch Wein vom Wirtshaus besorgen.

Am Rande des Feldes reihten sich **Obstbäume**, deren Früchte – Kirschen, Äpfel, Birnen, Pfirsiche, Pflaumen –, frisch oder als Konfitüre, den Nachtisch sicherten.

Zum Pachtland gehörten auch **Wiesen**, die das Futter für das Vieh lieferten. Im Frühjahr gedüngt mit Asche oder Resten des Schafmists, konnte die kleine, fette Wiese in der Nähe des Hauses zweimal im Jahr (Juni und August) gemäht werden, während die feuchte Wiese am Fluß sogar drei Ernten (Juni, August und September) einbrachte. Ab St-Michael (29. 9.) durfte der Schäfer bis zum März seine Herde zum Weiden auf die Wiese treiben.

Große Bedeutung für die Pächter besaß die **Schafherde**, war doch der Mist in der Landwirtschaft als Dünger unersetzlich. So kam es, daß sich die Gespräche im Haus oftmals um die Herde drehten. Vom Frühjahr bis zum Herbst zog der Schäfer mit seinen Tieren durch die Wälder und über die Heide, begleitet von seinem gut dressierten Hund. Während er sorgsam mit geübtem Auge wachte, spann er Wolle, strickte Strümpfe für Frauen und Kinder oder Gamaschen für die Männer. Wurden die Tage heißer, trieb er die Schafe nur früh morgens und am Abend aus dem Stall draußen in der Heide. Zum *airial* kam die Herde, abgesehen vom Winter, nur zur Lammzeit im Februar/März und zur Periode der großen Erntearbeiten im Sommer, bei denen der Schäfer mithalf, während er einem Kind das Hüten anvertraute. In den Juli fiel auch die Schafschur, bei der die Männer der Nachbarschaft im Austausch Hand anlegten. Den Winter über wurden die Schafe im Stall auf dem *airial* gehalten. In dieser Zeit schnitt die ganze Familie in der Heide Pflanzen, die als Streu in den Stall gebracht wurden. Etwa einmal pro Woche erneuerten die Frauen die Streu, so daß sich nach und nach eine dicke Schicht Mist ansammelte. Dieser wurde entweder

Mit fachmännischem Schnitt ›zapft‹ der *gemmeur* (Harzarbeiter) den Baum zur Harzgewinnung ›an‹.

vor der Saat im Frühjahr oder im Herbst entfernt, wobei alle Familienmitglieder eingespannt waren. Nach der Aufbereitung, dem Mischen der verschiedenen Schichten, konnte er schließlich als Dünger auf das Feld gebracht werden.

Nicht ungefährlich war das Abbrennen der Heide im März, um das Wachstum der jungen Triebe zu begünstigen, welche die Schafe bevorzugten. Genau mußten die Männer das Feuer überwachen, damit es nicht zu einer Katastrophe kam.

Durch die Beweidung des Landes und die Brände war die Waldfläche im Lauf der Jahrhunderte zurückgegangen. Doch die Bewohner nutzten den Wald auch seit langer Zeit: Die Kiefern dienten als Bau- und Konstruktionsholz, Köhler stellten Holzkohle her, und aus den Stämmen zapfte man das Harz, das zu verschiedenen Zwecken, roh oder aufgearbeitet, Verwendung fand. Seit der systematischen Aufforstung Mitte des 19. Jh. wurde die **Harzproduktion** intensiviert. Neben dem Verkauf des Holzes, der allein ihnen vorbehalten war, brachte das Harz den Besitzern große Gewinne ein. Doch auch die Pächter, die das Harz zapfen mußten, profitierten davon, denn die Hälfte des Erlöses wanderte in ihre Kasse. Oftmals stammten fast die gesamten Bargeldeinnahmen der Familie aus dem Harzverkauf. Immer mehr Geschäfte wurden auf Geldbasis abgeschlossen, und der traditionelle Tauschhandel hielt sich nur noch in den nachbarschaftlichen Beziehungen.

Zwischen den Arbeiten auf dem Feld, auf den Weiden und mit den Schafen zogen die Männer zwischen März/April und September/Oktober in den Wald, um die Kiefern anzuschneiden, so daß das Harz in die Töpfe fließen konnte, die unter dem Schnitt befestigt wurden *(piquage)*. Fünf- bis siebenmal während dieser Saison wurde das Harz eingesammelt *(amasse)*, wozu die ganze Familie in den Wald zog. Die gefüllten Fässer brachte man dann auf dem zweirädrigen Ochsenkarren zu der Destillerie, die der Eigentümer bestimmt hatte.

In dem harten, ganz von der Arbeit geprägten Leben brachten vor allem die Familienfeiern **Zerstreuung**. So kam man z. B. am Ende des Winters nach dem Schweineschlachten zu einem Abendessen zusammen, bei dem es vergnügt herging. Auch die großen Gemeinschaftsarbeiten wie Schafschur und Dreschen klangen in einem Festmahl aus, zu dem alle Nachbarn, die geholfen hatten, geladen wurden. Im Kreise der Nachbarn versammelte man sich an langen Winterabenden, um die Maiskolben zu entkernen und spät in der Nacht Kastanien zu essen mit einem Schluck jungen Wein. Hin und wieder ging man in den umliegenden Dörfern auf den Markt, von wo die Frauen den Kindern vielleicht eine Nascherei mitbrachten. Die Männer nutzten die seltenen Ausflüge, um im Wirtshaus einen Schoppen mit Freunden zu trinken. Sonntags besuchten die Frauen regelmäßig den Gottesdienst, während die Männer, durch die Arbeit gebunden, oftmals nur an den großen Feiertagen zur Messe gingen. Die kleinen Dörfer, die z. T. nur aus der Kirche, dem Rathaus, der Schule, einem Wirtshaus sowie einem Laden und einigen Handwerksstätten bestanden, belebten sich zu den Patronatsfesten. Dann wurden nach der Messe Vergnügungen geboten, und im Wirtshaus tanzten vor allem die jungen Leute bis zum Morgengrauen. Die nächste Gelegenheit bot sich erst wieder in der Karnevalszeit... *(Dorothee Rinke)*

Schäfer in den Landes ▷

Mont-de-Marsan

Über die N 134 geht es weiter nach Mont-de-Marsan. Die Hauptstadt der Landes profitierte schon immer von ihrer günstigen Lage. Hier fließen die Douze und der Midou zur Midouze zusammen. Bereits im 14. Jh. sorgte die Verschiffung von Armagnac für wirtschaftlichen Aufschwung. Heute werden hier vor allem Mais, Trauben, Früchte und *foie gras* – Stopfleber – gehandelt. Die Stadt mit den vielen Brücken macht das ganze Jahr hindurch einen recht verschlafenen Eindruck. Ausnahme sind die Fêtes de la Madeleine in der zweiten Julihälfte mit ihren zahlreichen Stierkämpfen, Corridas wie in Spanien und *Courses landaises,* die unblutige Variante der Landes.

Das ganze Jahr hindurch sehenswert sind der Blick auf die drei Flüsse vom Pont de Commerce am Boulevard F. Candou, der Park Jean Rameau und das Musée Municipal in zwei hervorragend restaurierten Gebäuden aus dem 14. Jh., die durch eine Galerie miteinander verbunden sind. Das Museum ist zweigeteilt: Im Musée Dubalen werden prähistorische und galloromische Funde ausgestellt sowie eine Sammlung zur Fauna der Region (nur für Gruppen geöffnet). Das Musée Despiau-Wlérick im alten Festungsturm, Donjon Lacataye, widmet sich den Werken zweier berühmter Söhne der Stadt, der Bildhauer Charles Despiau (1874–1946) und Robert Wlérick (1882–1944). Letzterer schuf unter anderem die Reiterstatue des Maréchal Foch am Pariser Trocadéro.

Ein Spaziergang über die Rue Victor Hugo führt zu den Verwaltungsgebäuden im neoklassizistischen Stil; in der Rue Maubec sind noch zwei Häuser aus dem 13. Jh. erhalten.

Syndicat d'Initiative, Place de la Mairie, ✆ 05 58 75 22 23.

***Le Renaissance, Route de Villeneuve, ✆ 05 58 51 51 51 (Hotel mit Garten am See, die erste Adresse, aber günstig). *Le Midou, 12, Place Porte-Campet, ✆ 05 58 75 24 26 (einfache Zimmer im Zentrum, Restaurant).

Andignac, Domaine de Laguille, Route de Grenade (Stopfleberlieferant großer Küchenchefs, auch vorgekochte Delikatessen). Lafitte, 62, Rue Gambetta (Stopfleber nebst Enten- und Gänseteilen in allen Variationen).
Markt: Place St-Roc, Di, Sa 6–12h (um die 200 kleine Händler versammeln sich in der Markthalle; erlesene Früchte, Austern und Geflügel).

Liebhaber von Hochprozentigem werden sich von Mont-de-Marsan aus zu einem kurzen Abstecher aus Leidenschaft aufmachen. Nordöstlich der Stadt (D 933 Richtung St-Justin, dann über die D 626) liegt **Labastide d'Armagnac**, ein mittelalterliches Dorf, in dem die Zeit stehengeblieben zu sein scheint, gegründet 1291 von Bernard IV.,

Fêtes de la Madeleine in Mont-de-Marsan

dem Grafen von Armagnac. In den Gassen reihen sich hübsch restaurierte und mit Blumen verzierte Steinhäuser aneinander. Die schöne Place Royale ist von Arkaden aus dem 18. Jh. gesäumt. Die meisten Besucher reisen wegen der feinen Bas-Armagnac-Brände, die geruhsam in Fässern aus gascogner Eichenholz reifen, nach Labastide.

Armagnac: Laberdolive, 40240 Labastide d'Armagnac ✆ 05 58 44 81 32 (im Reich der Spirituosen legendärer Destillateur, empfohlen werden die Jahrgänge 79, 65, 54, 46, 35 und 23). Leon Laffite, Domaine Boingnères, 40240 Labastide d'Armagnac, ✆ 05 58 44 80 28 (telefonisch voranmelden, neben gutem Armagnac auch schöne Schnäpse, *Eaux-de-Vie)*.

Wer sich für Armagnac interessiert, sollte unbedingt die Keller der Familie Darroze besuchen: hervorragende Auswahl von Jahrgangsbränden bis zurück in die erste Hälfte des Jahrhunderts (Route Saint-Justin, 40210 Roquefort, ✆ 05 58 45 51 22)

4 km südöstlich des Dorfes kann man im **Winzermuseum** des **Château Garreau** Bekanntschaft mit Geschichte und Destillation des Armagnacs schließen (geöffnet 9 bis 2.30 und 14–18.30 Uhr, außerhalb der Saison So geschl.).

Mont-de-Marsan ist Ausgangspunkt für eine weitere ›Genußtour‹: Wenige Kilometer südöstlich liegt das kulinarische Mekka des französischen Südwestens. Feinschmecker aus Bordeaux oder Biarritz müssen mit anderthalb Stunden Anfahrt rechnen. Über die N 124 erreicht man nach 15 km zunächst **Grenade-sur-l'Adour**: Ein Dorf mit typischer Bastidenarchitektur. Ein kleiner Spaziergang unter den Arkaden am Dorfplatz, ein Blick auf die Trauerweiden, die den Lauf des Adour säumen, lohnen als Pause, bevor es über die schmale Metallbrücke weitergeht in die Kulinariker-Hochburg Eugénie-les-Bains.

****Pain, Adour et Fantaisie, 7, Place Tilleuls, 40270 Grenade-sur-l'Adour, ✆ 05 58 54 18 80 (auch nach dem Weggang des bekannten Cuisinier Didier Oudill nach Biarritz, s. S. 222, hält die Adresse wacker Niveau, und die mal provenzalisch, mal regional inspirierten Spezialitäten sind nicht zu kostspielig. Schöne Terrasse an den Ufern des Adour, gut ausgestattete Zimmer; Menu 180–300 FF, Zimmer 400– 700 FF; Mo u. So abends geschl.). Hôtel de France, Place Tilleuls,

Armagnac

Das Brennen von Armagnac ist eine alte gascogner Tradition. Die Trauben für den international begehrten Stoff reifen in den Départements Landes, Gers und Lot-et-Garonne, Rebsorten sind u. a. Folle-Blanche oder Ugni-Blanc. Im traditionellen *alambic*, dem Destillierapparat, wird er gebrannt – einmal nur, nicht zweimal wie der bekanntere Bruder Cognac. Beim schonenden Brennen behält der Armagnac all seine wichtigen Aromastoffe. Das Destillat ist nach dem Brennen noch farblos und erreicht einen Alkoholgehalt von 52° bis 72°. Seine Reifung vollzieht sich in ›grobkörnigen‹ Eichenholzfässern aus der Gascogne, deren Holz dunkler ist als das der Limousin-Eiche der Cognac-Fässer. Deshalb nimmt der Armagnac schneller und intensiver Farbe an, muß allerdings auch länger lagern, damit die bitteren Elemente, die die traditionelle Destillation nicht herausfiltern konnte, verschwinden. Anschließend werden die Brände unterschiedlichen Alters und verschiedener Rebsorten verschnitten. Resultat ist ein Armagnac mit 42° und dem charakteristischen rustikalen Pflaumenaroma. Je nach Reifezeit wird der Armagnac unter den Bezeichnungen XXX (jünger als zwei Jahre), VSOP (vier Jahre) oder Napoléon (mindestens fünf Jahre) verkauft. Brände, die jünger als fünf Jahre sind, sollte man beim Einkauf meiden, denn nach der Flaschenabfüllung verändert sich der Armagnac nicht mehr. Besonders bei kleinen Herstellern findet man noch Jahrgangs-Armagnacs. Die besten Brände kommen aus der Appellation mit Namen ›Bas-Armagnac‹; es folgen ›Ténarèze‹ und ›Haut-Armagnac‹.

✆ 05 58 45 19 02 (rustikale Auberge mit bodenständiger Landküche; Menu 150–220 FF; Mo u. So abends geschl.).

Das 467-Seelen-Dorf **Eugénie-les-Bains** ist heute Frankreichs wohl nobelstes Heilbad. Eugénie, die Frau Napoleons III., hatte das Bad 1861 eingeweiht. Das nach dem Zweiten Weltkrieg verkommene Kurhotel wurde zu einem extravaganten ›Schloß‹ im Kolonialstil renoviert, in das Michel Guérard einzog, einer der größten Köche der ›Grande Nation‹.

In den siebziger Jahren machte Guérard sich als Erfinder der Nouvelle Cuisine einen Namen. Paul Bocuse vermarktete deren Grundgedanken später erfolgreicher als der Schöpfer selbst.

Gastronomische Verdienste erwarb Michel Guérard auch mit seiner ›Cuisine Minceur‹, einer Küche nach dem Motto ›Schlank werden, ohne zu leiden‹. Zwei Feinschmeckermenüs mit je maximal 500 Kalorien pro Tag werden für die Kurgäste angeboten. Kostprobe: getrüffelte Lauchsuppe mit Morcheln, Jakobsmuscheln und Langustinos mit Chicoree, danach Himbeersoufflée. Leider gibt es das alles nicht auf Krankenschein. Wer kalorienmäßig nicht gebunden ist, wählt unter herrlichen Spezialitäten wie kaltem Braten von Gänseleber mit Linsen, geräuchertem Hummer oder Ente Mandarin-Art, serviert mit einer Sauce aus Mandarinen und Aprikosen sowie etwas exotischem Szechuan-Puder. Für das schmalere Portemonnaie hat Michel Guérard vor kurzem das Restaurant La Ferme aux Grives und das Hotel Maison Rose eröffnet, wo man rund um einen großen Kamin ländliche Gerichte der Region entdecken kann. (****Michel Guérard/Les Prés d'Eugénie, 40320 Eugénie-les-Bains, ✆ 05 58 05 06 07; Menu ca. 400–600 FF, Zimmer 450–2000 FF)

Zurück nach Grenade und von dort auf die D 924 oder über die kleinen Dorfstraßen zwischen Eugénie, Buanes und Montsoué fährt man nach **St-Sever**. Zentrum der alten Stadt auf einem Hügel über dem Tal des Adour ist die Benediktinerabtei. Sie wurde im 10. Jh. gegründet, mehrfach zerstört und wiederaufgebaut. Ihr heutiges Aussehen verdankt sie den Restaurationsarbeiten des 19. Jh. Im Chor sollte man die schön gearbeiteten Säulenkapitelle aus dem 11. und 12. Jh. mit ihren Tier-, Menschen- und Pflanzendarstellungen beachten. Einige zeigen biblische Szenen wie ›Daniel in der Löwengrube‹ oder das ›Bankett des Herodes‹.

Danach bietet sich ein Bummel durch das Städtchen St-Sever, etwa durch die Rue du Général-Lamarque mit ihren Bürgerhäusern aus dem 18. Jh. an. Hier befindet sich auch das im 13. Jh. gegründete Jakobinerkloster. Heute beherbergt es ein archäologisches und architektonisches Museum.

**Relais du Pavillon, an der Kreuzung D 933 und D 924

Am Adour

(kleines Haus mit Schwimmbad und Garten, Restaurant, günstig).

Dubernet, 31, Rue Lafayette (hier gibt es nicht nur Stopfleber, sondern auch Spezialitäten wie landaiser Pastete, Wildpastete und Confit). Lafitte, Montaut (Mutterhaus der bekannten Lafitte-Boutiquen des Südwestens, Stopfleberspezialist, erstaunlich angemessene Preise).

Für Liebhaber süßer Sachen ist ein Ausflug nach 40800 Aire-sur-l'Adour unerläßlich: Die dortige Patisserie Bernard Collineau, 40, Rue Gambetta, ✆ 05 58 71 60 52, ist eine der besten des ganzen Südwestens.

Dax

Die D 32 führt über Mugron und Montfort-en-Chalosse (das Handwerksmuseum zeigt Mobiliar aus dem 17. und 18. Jh.) nach **Dax**. Neben Aix-les-Bains gehört die Stadt zu den bekanntesten Thermalbädern Frankreichs. Schon Kaiser Augustus begleitete seine Tochter nach Dax, die mit Bädern ihr Rheuma kurieren wollte. Richard Löwenherz ließ hier eine Festungsanlage errichten, die 1891 geschleift und restlos zerstört wurde.

Heute noch lebt die Stadt fast ausschließlich vom Kurbetrieb. Die heiße Quelle, **Fontaine de la Néhé,** liegt nahe der Esplanade du Général de Gaulle und stößt täglich 2400 Kubikmeter 64 °C heißen Heilwassers aus. Südlich der Quelle liegt das **Musée Borda** in einem Stadtpalais aus dem frühen 17. Jh. Reichhaltige Sammlungen zur Frühgeschichte und zum regionalen Brauchtum sind hier zu besichtigen (Musée Borda, 27, Rue Cazade, geöffnet April bis Oktober Di bis Sa 15–19 Uhr, Rest des Jahres nur Di, Mi, Fr).

Die **Kathedrale** (17. Jh.) an der Place Roger Duclos, ein neoklassizistischer, düster wirkender Bau, zeigt im Innern ein reich geschnitztes Chorgestühl aus dem 16. Jh. Beachtenswert ist außerdem die ›Apostelnpforte‹ *(Portail des apôtres)*, ein Rest des gotischen Vorgängerbaus aus dem 13. Jh. Auf dem gewaltigen Mittelpfeiler des Tores ist Jesus, umringt von den zwölf Aposteln, dargestellt.

Gleich hinter der Kirche befindet sich das **Rathaus** *(Hôtel de Ville)* auf dem Gelände des ehemaligen Bischofspalastes. Einige Reste wie die Treppe des Vorgängerbaus, des Hôtel de Chièvres, wurden in die moderne Architektur integriert.

Der **Jardin Public** am Rathaus lädt zur Ruhepause ein, oder man wendet sich zurück in Richtung Fontaine zum **Parc Théodore Denis,** der sich innerhalb der Reste der alten Festungswälle befindet (4. Jh.). Inmitten dieses Parks liegt die Arena, in der im August die Corridas stattfinden. Kurgäste spazieren

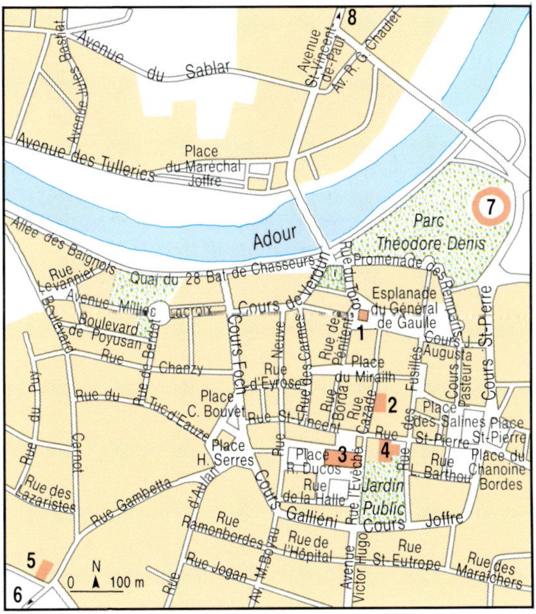

Dax
1 Fontaine de la Néhé
2 Musée Borda
3 Kathedrale
4 Hôtel de Ville
5 St-Vincent-des-Xaintes
6 Luftfahrtmuseum
7 Arena
8 St-Paul-lès-Dax

Course Landaise

Mensch gegen Tier – ein Kräftemessen für die Stärksten und Mutigsten des Ortes. Seit Jahrhunderten schon pflegen die Gascogner nach spanischem Vorbild ihre Leidenschaft für Stierspiele. Erste Berichte tauchen bereits in Chroniken aus dem Jahr 1547 auf. Um 1900 herum tauschte man die Stiere gegen Kühe aus – *vaches landaises*, die mit spanischen, portugiesischen oder Rindern der Camargue gezüchtet wurden.

Bei den *courses landaises* muß die Kuh nicht um ihr Leben fürchten: keine Piken, keine Banderillen, keine Toreros mit stolzgeschwellter Brust. Statt dessen jagen eine Handvoll junger Männer ein Band oder eine Kokarde, die sich zwischen den Hörnern der Kuh befindet. Sieger ist, wer dem Tier als erster das Band entreißt. Dabei kann die Kuh ihre menschlichen Gegner schon mal flott durch die Arena scheuchen: Die *vaches landaises* sind zwar kleiner und magerer als ein richtiger Stier, aber wesentlich wendiger und schneller. Unfälle sind trotzdem selten, schließlich werden die Kuhhörner meist mit Kugeln abgestumpft. Sämtliche Spieler sind ›Hobbykuhkämpfer‹, Profis gibt es nicht, mitmachen kann jeder, sogar Touristen. Man muß nur sehr hartnäckig darum bitten …

gern die Ufer des Adour entlang und genießen die schöne Aussicht vom Pont de l'Adour.

Im Südwesten des Zentrums, Richtung Peyrehorade, liegt die **Eglise St-Vincent-des-Xaintes** (1893 an der Stelle der ältesten Kirche der Region erbaut). Sie birgt im Chor ein gallorömisches Mosaik aus dem 3. Jh.

Im nahen **Luftfahrtmuseum** *(Musée de l'aviation),* in zwei Fliegerhangars untergebracht, sind Dokumente, Fotos und Modelle zur Geschichte des Fliegens ausgestellt (Anfang März bis Ende November, Besichtigung nur mit Voranmeldung im Tourismusbüro).

Am rechten Ufer des Adour, nördlich des Stadtzentrums und über die N 124 zu erreichen, liegt die Kirche **St-Paul-lès-Dax** (11. Jh.). Den Chor ziert an der Außenseite ein marmorner Fries mit Darstellungen aus dem Alten und dem Neuen Testament; im Innern findet man beeindruckende, reich gestaltete Säulenkapitelle.

Office de Tourisme, Place Thiers, ✆ 05 58 90 20 00.

***Splendid, Cours du Verdun, ✆ 05 58 56 70 70 (hübsches Art-déco- Hotel). Beausoleil, 38, Rue du Tuc-d'Eauze (einfach und günstig, aber charmant; Terrasse).

Au Fin Gourmet, 3, Rue des Pénitents, ✆ 05 58 74 04 26 (solide regionale Spezialitäten: gefüllter Entenhals, Steinpilze, Omelettes; preiswert). L'Auberge des Pins, 86, Avenue F. Planté, ✆ 05 58 74 22 46 (preisgünstige regionale Kost, 14 Gästezimmer).

La Boutique des Landes, Markthallen von Dax, Place Roger Duclos, (regionale Spezialitäten wie *foie gras* und eingemachte Entenmägen). Roger Junca, 22bis, Place de la Fontaine Chaude, 40100 Dax (gute Adresse für *confit* und Stopfleber). Lafitte, 49, Rue des Carmes, (Feinkostkette, dieselbe Qualität wie in Mont-de-Marsan und St-Sever).

Die Côte d'Argent und das Bassin d'Arcachon

Badeorte und Surfer-Treffs von Soulac bis Capbreton

Arcachon: Hauptstadt der Austernzüchter

Die Düne von Pilat

Mit dem Fahrrad an der Atlantikküste

Strand in Soulac-sur-Mer

Zu den Surfparadiesen an der ›Silberküste‹ • Austernparks und Vogelreservate im Bassin d'Arcachon • Aufstieg auf die höchste Düne in Europa • Fahrradtouren entlang der Küste und durch den Wald der Landes

›Silberküste‹ hat man ihn genannt, diesen fast unendlichen Strand, der sich von der Pointe de Grave bis nach Arcachon erstreckt. Sieht man vom Bassin d'Arcachon einmal ab, ist die Côte d'Argent eine Landschaft aus Sand, Seen und Wäldern, nur durchbrochen von den langsam verfallenden Bunkern des Atlantikwalls, die wie riesige Zähne hier und da die Strände durchbrechen. Kulturelle Sehenswürdigkeiten gibt es so gut wie keine, hierhin kommt man zum Baden, Schwimmen, Surfen, Segeln, Campen.

Wir stellen die Silberküste von Norden nach Süden vor und laden zu einem kurzen ›Spaziergang‹ um die Bucht von Arcachon ein.

Von Soulac-sur-Mer bis zum Bassin d'Arcachon

Soulac-sur-Mer

Badeort mit Campingplätzen und Ferienhäusern an der äußersten Spitze des Médoc, zwischen Gironde und Atlantik. Der schöne, breite Strand ist nur in der Hochsaison überlaufen. Die romanische Benediktinerkirche Notre-Dame-de-la-Fin-des-Terres, die im 18. Jh. unter dem Sand der Dünen begraben war, stammt aus der Zeit, als die aus dem Norden kommenden Jakobspilger hier Station machten. Von der Pointe-de-Grave-le-Verdon kann man mit einer Fähre in den für Austern, Muscheln und sommerliches Nachtleben bekannten Badeort Royan übersetzen. Nur wenige Kilometer südlich liegt Talmont mit seiner schönen romanischen Kirche Ste-Radegonde.

Office municipal du tourisme, Rue de la Plage, 33780 Soulac-sur-Mer, ✆ 05 56 09 71 25.

Le Gurp und Montalivet-les-Bains

Die zwei erst in den letzten zwanzig Jahren gewachsene Ferienorte südlich von Soulac-sur-Mer liegen inmitten von Kiefernwäldern. Die beiden Zentren des französischen Nudismus verfügen über Restaurants, Supermärkte und Tenniscourts.

Für Nudisten: Euronat, 33590 Grayan l'Hôpital, ✆ 05 56 09 33 33. Naturissimo C.H.M., Avenue de l'Europe, 33930 Vendays-Montalivet, ✆ 05 56 09 30 47.

Nicht-Nudisten finden auf der Avenue de l'Océan in Montalivet mehrere Hotels.

Hourtin-Lac/Plage/Port

Familienfreundlicher Ferienort an Frankreichs größtem Binnensee, dem Lac d'Hourtin-Carcans, für ungeübte Schwimmer wesentlich geeigneter als der Strand. Kanäle verbinden ihn mit anderen Binnenseen. In Hourtin-Port gibt es einen kleinen Jachthafen und ein Westernfort für Kinder (Möglichkeiten zur Kinderbetreuung). Wegen des großen Angebots an Campingplätzen dürfen Wohnmobile weder an Stränden noch im Ortsbereich parken.

Die Kirche Notre-Dame-de-la-Fin-des-Terres in Soulac

**Le Dauphin, Place Eglise, ✆ 05 56 09 11 15 (einfache Gerichte des Südwestens für wenig Geld, mit Blick auf Garten und Schwimmbad).

Camping municipal de Carcans-Plage, ✆ 05 56 03 41 44. Airotel Côte d'Argent, Hourtin-Plage, ✆ 05 56 09 10 25 (ADAC-empfohlener Platz für 600 Touristen, 500 m vom Strand).

Sport: Segelschule UCPA in Hourtin-Port, ✆ 05 56 09 20 69.

Abendstimmung bei Arcachon ▷

Carcans und Maubuisson

Ansammlung von Feriendörfern und Appartementhäusern. Typischer Badeort mit zahlreichen Sportzentren an Maubuissons ›Base de Bombannes‹. Immerhin 15 km schöner Sandstrand bei Carcans-Plage.

Sportzentrum: UCPA, Base de Bombannes, Maubuisson, ✆ 05 56 03 31 01; **Surfen:** Verleih von Surfbrettern am Strand ›Plage de Carcans-Maubuisson‹.

Lacanau-Océan

Die Surfhochburg, in der noch einige Sommervillen vom Beginn des 20. Jh. stehen, ist sozusagen der ›Strand von Bordeaux‹. Lacanaus Surfwettkämpfe zählen für die Weltmeisterschaft. Während der Veranstaltungen muß man lange im voraus reservieren. Der nahe See (Lac de Lacanau, 2000 ha) wird nicht nur von Sportlern, sondern auch noch von Aalen und Hechten bevölkert.

Office de Tourisme, Place de l'Europe, ✆ 05 56 03 21 01.

**Etoile d'Argent, ✆ 05 56 03 21 07 (preisgünstige Menüs und Zimmer).

Les Grands Pins, Lacanau-Océan, ✆ 05 56 03 20 77. Du Tedey, am See, ✆ 05 56 03 00 15. De Talaris, Lacanau-Médoc, ✆ 05 56 03 04 15.

Golf: Golf du Domaine de l'Ardilouse, ✆ 05 56 03 25 60. **Pferde:** Club Hippique, Route de Bordeaux, ✆ 05 56 03 52 74. **Surfen:** Surf-City, Résidence Casino, Bd. de la Plage, ✆ 05 56 26 33 92.

Das Bassin von Arcachon

Das Bassin d'Arcachon ist der mit Abstand interessanteste Teil der Côte d'Argent. In Arcachon hält die wohlhabende Bordeleser Wein-Society in schwülen Sommern oder an ereignislosen Wochenenden hof. Ein Wochenendhaus in der Ville d'Hiver (der Winterstadt) oder einen Liegeplatz im Jachthafen sollte man schon haben, um dazuzugehören. Den Touristen hat man schließlich schon die Ville d'Eté überlassen. Die Natur scheint hier noch intakt: Die ›Ile aux oiseaux‹ mitten in der Bucht gibt Scharen von Vögeln die Möglichkeit, in Sicherheit vor den Flinten der Jäger zu überwintern. Uralt wirkende Pfahlbauten dümpeln im Bassin, und kleine *pignots* (Holzstecken) markieren die Fahrrinnen der *pinasses,* der charakteristischen Boote des Bassins. Natürlich gehört zu Arcachon auch die Austernzucht. Am wohlsten fühlen sich die Schalentiere an der Öffnung zum Meer, nahe der großen Sandbank, denn hier wird das Wasser permanent durch die Gezeiten erneuert. Selbst Baumwollpflanzen siedelten sich bei der Eyre-Mündung an – nachdem eines Tages ein Schiff mit Orient-Baumwolle im Bassin gekentert war.

Wir umrunden das Bassin von Norden aus und beginnen in **Cap-Ferret,** einem außerhalb der Hochsaison netten Badeort mit einigen vornehmen Villen und riesigem, feinen Sandstrand. Vom Leuchtturm aus (52 m) hat man den schönsten Blick auf das Bassin bis zur Düne von Pilat. Bootsfahrten nach Arcachon oder zur Vogelinsel werden angeboten. Die ›Tramway du Cap-Ferret‹ verbindet den Ort mit dem Ozean.

Office de Tourisme, 12, Avenue Océan, ✆ 05 56 60 63 26 (nur in der Saison geöffnet).

Auberge de Jeunesse, 87, Avenue de Bordeaux, ✆ 05 56 60 64 62, 33970 Cap-Ferret.

Les Sables d'Or, 33970 Cap-Ferret, ✆ 05 56 60 62 73 (zwischen Bassin d'Arcachon und Atlantik). Camping du Truc Vert, Route Forestière du Truc-Vert, 33950 Cap-Ferret, ✆ 05 56 60 86 40 (etwa 300 m vom Strand, mit Disco und gelegentlichen Musikveranstaltungen)

Le Miradour, La Pointe, ✆ 05 56 60 64 19 (Saal mit Terrasse; großzügige Meeresfrüchteplatten).

Nimmt man die Straße nach Norden Richtung Bordeaux, passiert man rechts die **Villa Algérienne.**

Rettungsschwimmer am Strand

Wassersport

Alles begann im Biarritz der fünfziger Jahre. Einige Studenten hatten in den Vereinigten Staaten das Surfen kennengelernt und brachten es nach Biarritz, wo sie einen ›Spot‹, eine Stelle mit surfbaren Wellen, entdeckt hatten. Wer heute Mitte August in Lacanau campen oder ein Zimmer mieten möchte, sollte sechs Monate im voraus reservieren. Lacanau ist die französische Etappe der Surfweltmeisterschaften – und nach Meinung einiger Profis eine der schönsten. Auch La Salie, Montalivet, Seignosse, Hossegor, Biscarrosse, Vieux-Boucau sind beliebte ›Surf-Stationen‹ und in der Saison dementsprechend voll. Besonders im Frühling und im Herbst, wenn der Wind tüchtig bläst, drängeln sich die Wellensurfer an den Stränden; September und Oktober sind für ordentlichen Seegang berüchtigt – dann stellen sich die Teilnehmer des Surfwettbewerbs von Biarritz auf ihre schwankenden Planken.

Der Golf der Gascogne sorgt für ansehnliche Wellen – nichts für Ungeübte. Wer es etwas ruhiger angehen möchte, kann auf zahlreichen kleinen Seen dem Windsurfen frönen. Letzteres ist in der Region inzwischen zu einem echten Rivalen für die beiden traditionellen ›Jugend-Favoriten‹ Rugby und Fußball geworden. Schon im Grundschulalter stehen die Bordelesen auf dem Brett, das für manche die Welt bedeutet; die Initiation vollzieht sich oft im Sportzentrum ›Base de Bombannes‹ (✆ 05 56 03 31 01) am See von Maubuisson. Wer dem Surfen nichts abgewinnen kann, mietet hier ein Kajak oder macht sich mit dem ›Bodyboard‹, auf dem man liegt statt steht, vertraut.

Gut erhalten ist noch die Kapelle des 1965 zerstörten Gebäudes im maurischen Stil. Vorbei geht es an **L'Herbe,** einem kleinen Fischerdorf.

Lège-Cap-Ferret liegt an einem 35 km langem Strand und verfügt über die entsprechenden Sportmöglichkeiten. Im Nachbardorf **Arès** gibt es eine romanische Kirche und einen Austernhafen.

Les Réservoirs, Piraillan, 33950 Lège-Cap-Ferret, ✆ 05 56 60 51 15 (in Nähe eines Sees). Les Mimosas, ✆ 05 56 26 05 99 (600 m vom Bassin entfernt). Les Viviers, Claouey, 33950 Lège-Cap-Ferret, ✆ 05 56 60 70 04 (beliebter Platz im Wald, nahe am Bassin).

Segeln: Club nautique de Claouey, 33950 Lège-Cap-Ferret, ✆ 05 56 60 73 15. **Surfen:** Ski-Surf, 10, Chemin du Barail, ✆ 05 56 60 22 22.

Auch in **Andernos-les-Bains** laufen regelmäßig Austernboote in den Hafen ein. Schöne Aussicht auf das Bassin bietet die Hafenpromenade an der Place Louis-David.

**Auberge le Coulin, 3, Avenue d'Arès, ✆ 05 56 82 04 35 (wochentags preiswerte Menüs, einfache Zimmer).

Fontaine-Vieille, ✆ 05 56 82 01 67 (in der Nähe des Bassin, Platz für über 800 Personen, Tennis, gelegentliche Musikveranstaltungen).

Weiter auf der D 3 liegt **Audenge.** Hier hat man die Salinen in Fisch-

Blick über Cap-Ferret und das Bassin d'Arcachon

zuchtbecken umfunktioniert, Austernzucht findet natürlich ebenfalls statt.

Über die D 3 und die D 650 kommt man zum **Parc ornithologique du Teich** im Eyre-Delta. Hier kann man auf 120 ha rund 250 Vogelarten in ihrer natürlichen Umgebung beobachten: Krickenten, Wildgänse, Störche, Reiher, Kraniche ... Ferngläser sind unbedingt zu empfehlen (und werden an der Kasse verliehen). Zwei ausgeschilderte Wanderwege (2,4 km und 3,4 km lang) durchqueren das in vier Zonen geteilte Gelände: Im Parc des Artigues trifft man auf verschiedene Entenarten und in der Region beheimatete Vögel. Schwäne und Enten sind im Parc de la Moulette zu Hause. Der Parc de Causseyre bildet mit seinen 100 ha das Herzstück des Geländes. Hier ist der Einsatz der Ferngläser gefordert, um zahlreiche Vogelarten in freier Wildbahn zu bewundern; einige davon sieht man auch im Parc Claude-Quancard (geöffnet März bis September 10–18 Uhr, sonst nur am Wochenende, von 13–18 Uhr).

Nahe am Park stößt man auf ein merkwürdiges Verkehrsschild: ein schwarzer Falter inmitten eines roten Dreiecks, versehen mit der Aufschrift »langsam fahren, Schmetterlinge«. Hier liegt das **Serre aux Papillons** (Schmetterlingshaus) mit seinen tropischen Faltern (geöffnet Juni bis August 10–19 Uhr, Ostern bis Mitte September 13–18 Uhr, Wochenende 10–19 Uhr).

Bootshütten in Gujan-Mestras

Gujan-Mestras ist ein weiteres Zentrum der Austernzucht mit sieben Austernhäfen. Sehenswert sind vor allem der lebhafte Port de la Barbotière und der Port de la Molle. Mitte August findet in Gujan-Mestras ein großes Austernfest statt, mit Schlemmerständen, Musikanten und Spielen. Die Schüler des ›Meeres-Gymnasiums‹ am Pont-Barbotière haben dann Ferien. Sonst erlernen sie dort so gut wie alle Berufe, die etwas mit Salzwasser zu tun haben. Bootskunde, Schiffsmotoren, Fisch- und Muschelzucht stehen auf dem Stundenplan. Die Schule verfügt sogar über einen kleinen privaten Hafen und ein Zuchtbecken.

Office du Tourisme, 41 Av. de Lattre-de-Tassigny, ✆ 05 56 66 12 65.

Camping de la Plage, Av. de la Plage, ✆ 05 56 66 12 15 (ausreichend ausgestatteter Platz).

La Hume an der D 652 lebt nicht von Austern, sondern von den Kindern der Touristen. Es gibt gleich eine ganze Sammlung von Ferienparks: Wasserspiele in Aquacity (geöffnet von Anfang Juni bis Mitte September von 10–19 Uhr), Schiffsmodelle und einen Minihafen von 150 m² im Marinoscope (von Mai bis September von 10–19 Uhr) und Schafe, Esel und Pferde zum Streicheln im Parc Animalier La Coccinelle (geöffnet Mitte Mai bis Mitte September, bis Mitte Juni von 14–18 Uhr, in der Saison von

Fischer beim Netzflicken

10–19 Uhr). Nicht nur für den Nachwuchs gibt es das *Village Médieval,* ein rekonstruiertes mittelalterliches Dorf, in dem authentisch gewandete Handwerker Proben ihrer Kunst geben (geöffnet von Mitte Juni bis Mitte September von 10–19.30 Uhr). Wenn nur das mittelalterliche Dorf nicht wie ein großer Souvenirladen wirken würde ...

Arcachon

Einige Kilometer weiter westlich liegt Arcachon. Nach einer Legende geht die Gründung der Stadt auf das Jahr 1520 zurück: Der Mönch

Die Vogelinsel von Arcachon

»Man könnte sagen, sie ist ein Paradies, das dem Mississippi-Delta entwischt ist.«
(Jean Eimer, ehemaliger Redaktionsleiter beim Sud-Ouest-Dimanche)

Die Einheimischen bezeichnen sie als magischen Ort: rund 100 ha voller Schilf, Baumwollpflanzen, Heidekraut und Gras. Der Name *île aux oiseaux* stammt natürlich von den Vögeln *(oiseaux)*, die hier seit Jahrhunderten leben. Alte Chroniken berichten, sie seien so zahlreich gewesen, daß sie beim plötzlichen Auffliegen die Sonne verdunkelten. Heute könnte die Insel auch *île aux lapins* heißen: Vor Jägern geschützt, haben sich die Kaninchen hier beträchtlich vermehrt. Lange Zeit war die Insel Weideland für Pferde. Von der Plage du Piquey aus, genauer gesagt von der Pointe-aux-Chevaux (Pferdespitze), durchquerten sie halb schwimmend das Wasser, um an die würzigen Gräser zu kommen, denen der Meereswind einen besonderen Geschmack gibt. Anfang des Jahrhunderts wurde die Insel während eines Unwetters überflutet, die Pferde ertranken. Nur die Vögel, meist Enten und Krickenten, blieben ...

Wahrzeichen der Insel sind heute die beiden *cabanes tchanquées – tchanques* waren in der Sprache der Gascogne die hölzernen Stelzen, auf denen die Schäfer das sumpfige Gelände durchquerten –, zwei Häuser auf Stelzen, die den Weg ins Vogelparadies bei Arcachon zu bewachen scheinen.

Thomas Illyricus beobachtete zwei Schiffe in Seenot und betete für ihre Rettung. Die Wogen glätteten sich sofort, und eine Marienstatue wurde an Land gespült. Der Mönch errichtete daraufhin eine Marienkapelle auf der Düne, in deren Umfeld sich bald eine Stadt bildete. Die Wahrheit klingt weniger edel: Mitte des letzten Jahrhunderts verband eine Eisenbahnlinie Bordeaux und La Teste, die von den Brüdern Pereire aufgekauft wurde. Sie verlängerten die Eisenbahnlinie bis nach Arcachon und entschieden, hier touristische Aktivitäten zu entwickeln. 1861 kauften sie unter recht zweifelhaften Umständen das Gelände, auf dem später die Winterstadt entstand. Auch sonst investierte das Brüderpaar recht kräftig: in den Bahnhof, das maurische Casino, ein Grand-Hotel ... So kam es, daß ein Dorf von gerade mal

112 Einwohnern ein Jahrzehnt später schon 6000 Badegäste pro Saison beherbergte.

Der schönste Teil der Stadt ist die **Ville d'Hiver,** die ab 1870 entstandene ›Winterstadt‹. Einige bekannte Architekten der damaligen Zeit konnten hier ihre extravaganten Phantasien ausleben und wählten mal italienische Eleganz, mal englischen Kolonialstil oder Schweizer Châlet-Elemente. Vom Bahnhof bzw. Office de Tourisme an der Place Roosevelt nimmt man die Avenue Regnault bis zum Parc Mauresque. Hier stand das maurisch inspirierte Casino (1863, leider 1977 durch einen Brand zerstört). An der Allée Moulin Rouge liegt die Villa Toledo mit schönem Holzbalkon. Der Straßenname erinnert an Toulouse-Lautrec, der ein Haus am Strand besaß und dort nackt zu baden pflegte. Wegen der Proteste der Nachbarn ließ er einen Zaun errichten, den er sorgsam mit unanständigen Zeichnungen verzierte. Der Zaun wurde von den Nachbesitzern verbrannt, die dafür sicher noch heute von ihren Erben verflucht werden. Typisch für die Ville d'Hiver sind außerdem die Villa Trocadéro (6, Allée du Docteur-Festal), die Villa Faust auf der gleichnamigen Allée, die Villa Brémontier (1, Allée Brémontier), die Villa Eugénie (4, Allée Brémontier) und die Villa Shakespeare (23, Av. Victor Hugo).

Am Boulevard de la Plage liegt das Château Deganne, das heute als **Casino** fungiert. Nebenan prä-

Jachthafen von Arcachon

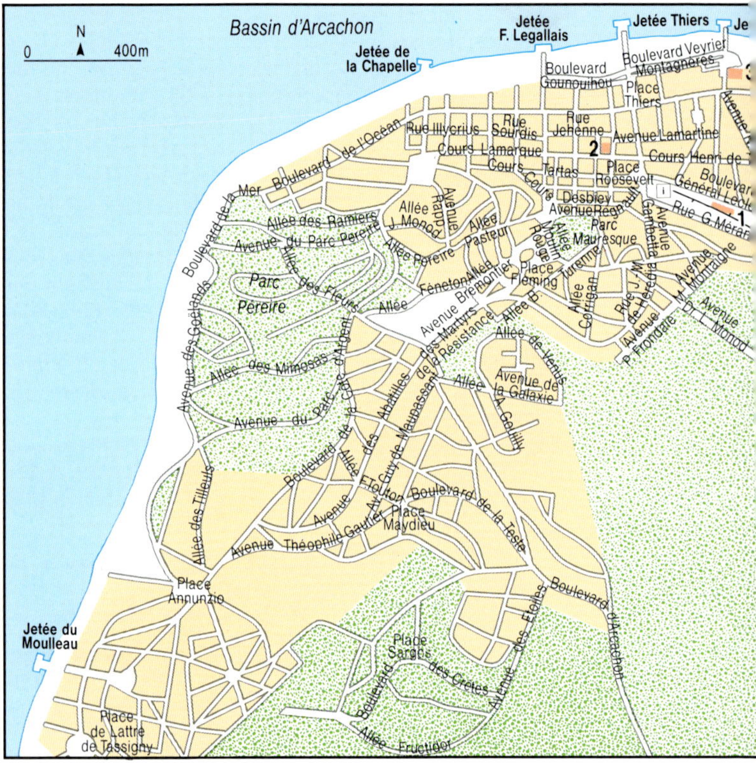

sentiert das kleine **Musée-Aquarium** einige tropische Fische, aber auch solche, die im nahen Bassin vorkommen (Rue du Professeur-Jolyet; Juni/August 9.30–20, Rest des Jahres 10–12 und 14–19 Uhr). Entlang des Strandboulevards wird an den verschiedenen Piers zu Bootserkundungen des Bassin d'Arcachon eingeladen. Von Juni bis September kann man vom Pier Thiers mit dem Boot zu den Austernbänken, der Sandbank d'Arguin am Eingang des Bassins oder zur Vogelinsel (s. S. 174) aufbrechen. Wer nicht zwischen den Anlegestellen baden möchte, sollte auf die Plage Pereire hinter dem gleichnamigen Park ausweichen.

Office de Tourisme, Place Roosevelt, ✆ 05 56 83 01 69 (hier: Monatsübersicht ›Arcachon Magazine‹).

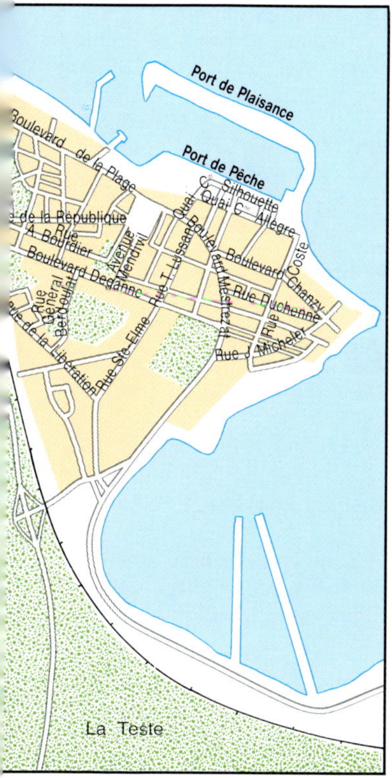

Arcachon
1 Bahnhof
2 Hôtel de Ville
3 Casino und Musée-Aquarium

Bahnhof mit Fahrradverleih: Boulevard du Général Leclerc, ✆ 05 56 83 03 23. **Motorrad-/ Fahrradverleih:** Locabeach, 326, Boulevard de la Plage, ✆ 05 56 83 39 64. **Taxi:** ✆ 05 56 83 30 03. **Autovermietung:** Europcar, 4, Boulevard Mestrezat, ✆ 05 56 83 29 96. **Ausflüge mit dem Boot:** ✆ 05 56 54 83 09/05 56 54 60 32.

***Hotel Sémiramis, 4, Allée Rebsomen, ✆ 05 56 83 25 87 (ruhiges Hotel in der restaurierten Villa Thérésa). ***Hotel Les Mimosas, 77bis, Avenue de la République, ✆ 05 56 83 25 87 (Nähe Place de Verdun, nicht allzu weit vom Meer, 21 recht simple Zimmer). **Marinette, 15, Allée J.-M. de Heredia, ✆ 05 56 83 06 62 (ruhiges Hotel der gemäßigten Preiskategorie).

Les Abatilles, ✆ 05 56 83 24 15 (gut ausgestatteter Platz inmitten eines Kiefernwäldchens).

Chez Yvette, 59, Boulevard du Général Leclerc, 33120 Arcachon, ✆ 05 56 83 05 11 (Meeresfrüchte aus dem Bassin, nicht billig). F.O.M.A., 14bis, Quai du Capitaine Allègre, 33120 Arcachon, ✆ 05 56 83 74 05 (Abkürzung für ›Fond d'Organisation du Marché de l'Aquitaine‹; ideale Adresse, um Austern aus Arcachon auf traditionelle Art zu genießen: mit kleinen Würstchen und einem Glas Entre-Deux-Mers).

Golf: Golf d'Arcachon, 35, Boulevard d'Arcachon, ✆ 05 56 54 44 00. **Kanu, Kajak:** Club de l'Aviron, Quai Goslar, Port de Plaisance, ✆ 05 56 83 32 18. **Segeln & Bootsverleih:** Arca-Boat, ✆ 05 56 83 62 91; Arcachon Shipchandler, ✆ 05 56 83 23 69. **Tauchen:** Club de Plongée Bassin d'Arcachon, 46, Boulevard Mestrezat, ✆ 05 56 83 98 95. **Surfen:** Auskünfte beim Fremdenverkehrsamt.

Eine Villa in Arcachon: bevorzugtes Urlaubsdomizil der Bordelesen

Von Pyla-sur-Mer bis Capbreton

Düne von Pilat

Europas höchste Düne liegt hinter dem Feriendorf **Pyla-sur-Mer.** Die **Düne von Pilat** ist 2,7 km lang, 500 m breit und aus feinstem Sand – nur wie hoch sie ist, scheint niemand so genau zu wissen: Die Schätzungen schwanken zwischen 105 und 122 m. Richtig herrlich ist die Aussicht, wenn man die Düne pünktlich zum Sonnenuntergang ersteigt. Der Aufstieg ist sogar gratis, allerdings muß man zuvor seinen Wagen auf dem ›Dünenparkplatz‹ mit gesalzenen Gebühren abstellen.

Camping: La Dune, Route de Biscarrosse, ✆ 05 56 22 72 17. Pyla Camping, ✆ 05 56 22 74 56 (hinter der Düne, wegen naher Diskotheken etwas laut). Aerotel Panorama, ✆ 05 56 22 10 44 (in unmittelbarer Dünennähe, organisierte Kinderfreizeit, ruhig).

Kurse im Drachen- und Gleitschirmfliegen: Aile Delta-Parapente, Route de Biscarrosse, ✆ 05 56 32 97 09.

Biscarrosse-Plage

Wie der Name schon sagt, hat sich auch Biscarrosse-Plage ganz dem Strand verschrieben, der hier an

militärisches Sperrgebiet grenzt. Wassersportler aller Art fühlen sich in ihrem Element. Abends geht man ins Casino: in der Rue du Grand Vivier 10.

Office de Tourisme, Avenue Plage, ✆ 05 58 78 20 96.

**Auberge Régina, 2, Avenue de la Libération, ✆ 05 58 78 23 34 (simples, aber günstiges Hotel inmitten der Kiefern).

Le Vivier, ✆ 05 58 78 25 76. La Rive, ✆ 05 58 78 12 33 (schöner Platz mit guten Sanitäranlagen).

Biscarrosse

Das Örtchen ist herrlich zwischen zwei großen Seen gelegen. Im **Musée de l'Hydraviation** kann man die Geschichte der Atlantikflüge nacherleben, die hier stattgefunden hat (332, Avenue Louis-Bréguet, ✆ 05 58 78 00 65, im Sommer täglich 10–19 Uhr, im Winter 14–18 Uhr). Einige Schritte weiter, im **Naturama,** werden Steine und Insekten ausgestellt (244, Rue Louis-Bréguet, ✆ 05 58 78 72 01; geöffnet im Juli/August 10–19 Uhr).

Die Einwohner von Biscarrosse arbeiten größtenteils im ›Centre d'Essais des Landes‹, einem zivilen und militärischen Raketenforschungszentrum. In geraden Jahren ist am ersten Samstag im Juli eine Teilbesichtigung möglich. Austernfest am zweiten Samstag im April, Volksfeste im Juni und gelegentli-

Auf der Düne von Pilat

Austern – Huîtres

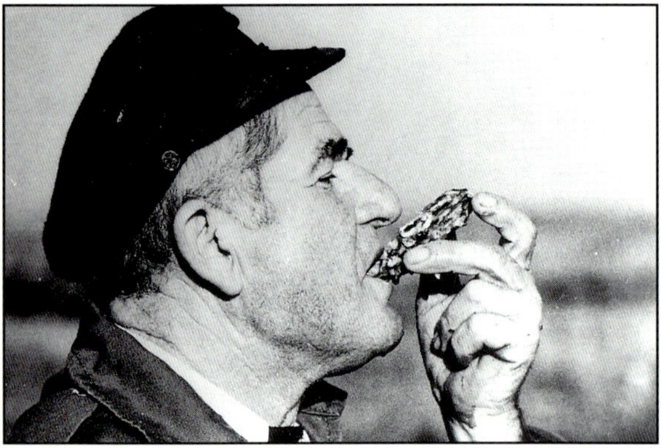

Irgendwann zwischen Ende Mai und Anfang Juli nehmen die Wasser des Bassins von Arcachon eine milchige Färbung an. Dann geben die Austern ihre Eier frei – und jede einzelne enthält bis zu drei Millionen davon.

Schon die Römer liebten die »Austern aus Burdigala, deren herrliche Qualität sie am Tische der Kaiser Platz nehmen ließ«, wie es Ausonius formulierte. Im 17. Jh. erinnerte sich der Präsident des Parlaments von Paris, Jacques-Auguste de Thou, in seinen Memoiren an die Austern, die man ihm in La Teste offerierte, »von so angenehmem (...) Geschmack, daß man glaubt, Veilchenduft einzuatmen, wenn man sie ißt«. Die Leute aus der Region gingen schon immer handfester mit ihnen um: König Heinrich IV. verdrückte mühelos 25 Dutzend als Hors d'Œuvre. Sein Ruf bestätigte damals den auch heute noch verbreiteten Glauben an die aphrodisische Wirkung der Auster.

Spaziert man an den Austernparks vorbei, nimmt man als erstes die Pfähle im Wasser wahr. Sie ›zerschneiden‹ die Strömung und dienen als Aufhänger für ein Drahtgeflecht, das die Austern vor ihren vielen Feinden schützt: Krabben, Seesterne, Goldbrassen ...

Austern sind empfindlich, fürchten den Frost genauso wie die brennende Sonne. Mehr als 800 *ostréiculteurs* – Austernzüchter – wachen deshalb bei Arcachon über ihr Wohlergehen und überprüfen von ihren schmalen Booten aus den Zustand der Austernbänke. Früher waren solche Maßnahmen unnötig, das Meer ging verschwenderisch mit seinem Reichtum um: Man pflückte die Austern einfach von ihren natürlichen Bänken ab. Die paradiesischen Zustände gingen Mitte des letzten Jahrhunderts zu Ende, Austern machten sich rar. Der Maurer Michelet aus Arcachon hatte 1865 die Idee, die Austernbrut auf halbrunden Ziegeln anzusiedeln, die man zuvor in einem Bad aus Sand, Kalk und Kupfersulfat behandelt hatte. Im Juni/Juli stapelt man die Ziegel und setzt sie in 2 m langen Kiefernholzkäfigen in die *chenaux* – Rinnen mit fließendem Wasser inmitten des Bassins – aus. Bis zum Frühjahr dürfen sich jetzt die Austernlarven an den Ziegeln entwikkeln, dann werden sie mit einem runden Messer behutsam abgelöst und in den Austernbänken plaziert, wo sie ein weiteres Jahr wachsen dürfen. Mit 18 Monaten werden sie getrennt und nach Größen sortiert, dann geht es für die nächsten drei Jahre wieder zurück in die Parks. Einige Tage bevor sie ihr Leben im Mund eines Feinschmeckers beenden, werden die Austern in die *dégorgeoirs* umgefüllt. Hier reinigen sie sich von Sand und Schlamm, außerdem wird in den *dégorgeoirs* regelmäßig das Wasser abgelassen, um die Austern zu ›lehren‹, Wasser länger zu halten und damit – schon wegen des Transports – länger zu überleben. Letzte Station einer Austernexistenz ist dann die *bourriche* – eine kleine hölzerne Transportkiste.

Genießerische Austernschmecker zieht es regelmäßig zu den sieben Häfen von Gujan-Mestras, den Austernmessen in Andernos oder Claouy und Gujan im Juli und August, den engen Straßen von l'Herbe, die noch aus der Zeit zu stammen scheinen, in denen man die Austern in ihren natürlichen Bänken fischte und nicht züchtete.

Die traditionelle Austernsorte *Gravette* erwies sich als zu empfindlich und wurde 1920 durch die *Portugaise* ersetzt, die wiederum in den siebziger Jahren einer in Kanada erprobten japanischen Art, der *Gigas,* weichen mußte. »Im Grunde«, meint Austernzüchter Jean Vidal, »akklimatisiert sie sich und bleibt mehr oder minder immer dieselbe, exquisit mit einem Tropfen Zitrone. Ich mag sie auch mit einem heißen Würstchen oder einer *crépinette* (eine flache, oft getrüffelte Wurst) oder – warum nicht? – mit etwas Stopfleber.« Und natürlich trinkt man dazu einen Bordeaux, auch wenn sich heute niemand daran erinnert, daß man im 19. Jh. den süßen Sauternes zu Austern empfahl. Wer keinen jungen Sauternes wagen will, weicht auf den sicheren Begleiter aller Muscheln aus: einen kühlen, duftigen Entre-Deux-Mers ...

che Rugbyspiele locken weitere Besucher an.

Office de Tourisme, Place Marsan, ✆ 05 58 78 80 92 (geöffnet Juli/August).

Parentis-en-Born

1954 stieß man im See unweit des recht verschlafenen Dorfs auf Öl. Ein mäßig interessantes **Musée du Pétrole** erklärt Fördertechniken und Ölqualitäten. (Avenue du lac, ✆ 05 58 78 41 03, geöffnet Mai–September 10–12 und 15–18 Uhr). Im Juli und August finden Volksfeste statt, wie *Courses landaises* (s. S. 160), und ›Nuit des Bandas‹.

Syndicat d'Initiative, Place du Gal. de Gaulle, ✆ 05 58 78 43 60.

Poste, Avenue. 8 Mai 1945, ✆ 05 58 78 40 23 (satt werden für wenig Geld).

Mimizan

Im Gegensatz zu anderen Küstenorten sind hier noch einige historische Häuser erhalten. Baden und Surfen kann man sehr schön am Etang d´Aureilhan.

Office de Tourisme, 38, Av. Maurice-Martin, ✆ 05 58 09 11 20

Au Bon Coin, am See gelegen, ✆ 05 58 09 01 55 (teures, aber gutes Restaurant mit schöner Terrasse, charmante Zimmer). **Bellevue, 43, Av. M. Martin, ✆ 05 58 09 05 23 (preiswerte Menüs, Kindermenü, mittlere Zimmerpreise). **Plaisance 10, Rue Cormorans, ✆ 05 58 09 08 06 (preiswerte Menüs und Zimmer).

Mimizan-Plage

Der vom Hauptort getrennte lebhafte Badeort besitzt schöne, bis zu 100 m breite, bewaldete Strände. An ihrem Rande wird FKK toleriert. Für Kinder ist der See bei Mimizan-Ville zum Baden geeigneter. Auf dem Weg hierhin liegen die Ruinen

einer **Benediktinerabtei** des 11. und 12. Jh. Nur der Glockenturm ist recht gut erhalten. Gegenüber befindet sich das **Stadtmuseum.**

**Emeraude de Bois, 68, Av. Courant, ✆ 05 58 09 05 28 (familiäres, preiswertes Haus, 10 Minuten vom Zentrum). **Mermoz, 16, Av. Courant, ✆ 05 58 09 09 30 (einfaches Hotel mit kleinem Garten und preiswertem Restaurant).

Surfen: Maeva Suef Club, ✆ 05 58 09 34 93

Aerotel Club Marina, ✆ 05 58 09 12 66 (Platz mit angeschlossenem Fitneßcenter nahe Villengegend, junges Publikum).

Bei Mimizan-Plage

Lévignacq

Mitten im Wald liegt das traditionelle Dorf im landaiser Stil mit einer Kirche aus dem 14. Jh. (sehenswertes Holzgewölbe des 18. Jh.).

Vieux-Boucau-les-Bains

Eine weitere Surf-Station. Zahlreiche Immobilienprojekte sollen den Ort zu einem großen Ferienzentrum entwickeln. Vom nahen Lac de Léon (14 km) kann man Bootsfahrten auf dem Courant d'Huchet unternehmen, einem Fluß von 8 km Länge mit reizvoller Ufervegetation (Abfahrt um 14, 15 und 16 Uhr, ✆ 05 58 48 75 39, im Juli/August ist Reservierung unerläßlich).

****Relais de la Poste, 40200 Magesq (10 km östlich von Soustons), ✆ 05 58 47 70 25 (ein Hort des guten gallischen Traditionalismus: Stopfleber mit Weintrauben, tellergroße Seezungen, Taubenbrust mit Pfifferlingen, nicht billig).

Hossegor

Der Ferienort mit seinen alten Villen aus der Zeit der *années folles*

(s. S. 218f.) hat viel Atmosphäre bewahrt. Er erstreckt sich rund um den Lac d'Hossegor, einen Salzwassersee. Früher plätscherte hier ein Seitenarm des Adour. Die Düne mit dem reißerischen Namen ›Dune de Super-Hossegor‹ bietet Aussicht auf See, Meer und Gebirge.

Office du Tourisme, Place Louis-Pasteur, ✆ 05 58 43 72 35.

***Les Hortensias du Lac, Avenue Tour du Lac, ✆ 05 58 43 99 00 (ruhiges, modern ausgestattetes Haus, mittlere Preise). Les Huîtrières du Lac, 1187, Avenue de Touring-Club de France, ✆ 05 58 43 51 48 (frische Austern- und Fischspezialitäten; einfache Zimmer, teils mit Blick auf den See; preiswert). Le Surf, Avenue de Touring-Club de France, ✆ 05 58 43 66 05 (besseres Fast-Food-Lokal; einfache Tagesspezialitäten vom Grill und der beste Cheeseburger der Küste; in der Region unheimlich beliebt).

Capbreton

Hier haben die Stadtväter beschlossen, mit Unmengen von Beton ganz auf den Tourismus zu setzen. Die ersten Erfolge dieser Politik sind überdeutlich sichtbar. Wie durch ein Wunder sind im winzigen Zentrum (Rue du Général-de-Gaulle) ein paar Häuser aus dem 15. Jh. erhalten geblieben. Auch ein ›Ökomuseum der Fischerei und des Meeres‹ hat man eingerichtet: im Gebäude des städtischen Spielkasinos (geöffnet in der Saison 10–13 und 15–19 Uhr, im Juli/August sogar 20.45–23.30 Uhr). Der Lieblingsstrand der Surfer liegt im Norden von Capbreton, Richtung Seignosse.

Office du Tourisme, Avenue G. Pompidou, ✆ 05 58 72 12 11.

***Hotel Atlantic, Avenue de Lattre de Tassigny, ✆ 05 58 72 19 14 (27 Zimmer mit durchschnittlichem Komfort, Schwimmbad).

Le Regalty, Port Plaisance Mille Sabords, ✆ 05 58 72 22 80 (manchmal recht interessante Fischspezialitäten, Terrasse zum Hafen).

De la Pointe, ✆ 05 58 72 14 98 (im Süden des Ortes gelegen, durchschnittlicher Komfort).

Bootsfahrt auf dem Courant d'Huchet

Mit dem Fahrrad an der Atlantikküste: Tips und Anregungen

Tourenvorschläge • Entlang der Küste von Soustons nach Mimizan • Durch den Regionalpark der Landes • Radtouren im Gironde-Gebiet

Wer mit dem Campingwagen an die Atlantikküste aufbricht und in Erwägung zieht, sein Fahrrad mitzunehmen, sollte nicht zögern. Längs der Küste wie im Landesinneren von Gironde und den Landes bieten sich zahlreiche Möglichkeiten, in die Pedale zu treten. Zwischen vielen Badeorten und Stränden sind abseits der Straßen Radwege *(pistes cyclables)* angelegt; im Hinterland verbinden kleine Sträßchen die malerischen, alten Dörfer miteinander, ziehen sich befestigte Sandwege durch die weiten Kiefernwälder. Die Tourismusbüros der einzelnen Orte informieren über das ständig wachsende Wegenetz und unterbreiten Routenvorschläge. Außerdem gibt es in zahlreichen Orten Fahrradverleihe, so daß auch dem Radler, der sein eigenes Gefährt nicht mitbringen kann, das Vergnügen nicht verwehrt bleibt.

Im Süden der Landes lassen sich die Eigenheiten des grünen Hügelgebietes längs dem **Adour** z. B. auf Rundwegen ab Aire-sur-l'Adour, St-Sever und Dax erleben. Die Tourismusbüros geben Karten aus.

Auch das **Bas Armagnac** unterscheidet sich deutlich von den Landes der Wälder weiter im Norden. Radtouren ab Labastide d'Armagnac, St-Justin, Villeneuve-de-Marsan und Mont-de-Marsan führen durch die hügelige Landschaft, die berühmt ist für ihre Gastronomie und, natürlich, den Armagnac.

Eine besonders lohnende Strecke zieht sich von Soustons über fast 60 km die **Côte landaise** entlang bis nach Mimizan. Auf dem ersten Drittel bis nach Léon verläuft sie auf der alten Eisenbahnlinie, die als *piste cyclable* ausgebaut worden ist. Am Rande des schmalen, gut asphaltierten Weges zeugen die alten Bahnhöfe noch von der Vergangenheit. Zum Teil verfallen sie heute leider, zum Teil werden sie bewohnt wie in Vieux-Boucau.

Die Piste beginnt am westlichen Ortsausgang von Soustons am Südende des Sees. Sie kreuzt die Straße nach Hossegor (*piste cyclable* – mit Abzweig zum Strand von Soustons – über Seignosse-Le Penon, Hossegor, Capbreton bis nach Labenne), dann die D 652, die

Route des Lacs, die sich bis zum Bassin von Arcachon hinaufzieht. Parallel zu dieser Straße, jedoch in einigem Abstand, verläuft der gut ausgeschilderte Radweg nun an den kleinen Badeorten Vieux-Boucau, Messanges und Moliets vorbei bis nach Léon. Er führt durch schattige Kiefernwälder, die zu jeder Jahreszeit einen besonderen Reiz besitzen: Schon früh im Jahr blühen zwischen den geraden, hohen Stämmen die Ginsterbüsche in leuchtendem Gelb. Ihnen folgen im Sommer die frischen grünen Farne, bis im Herbst dann ein Teppich aus blühender Heide den Boden überzieht. Stellenweise lichtet sich der Wald, und kleine Haine aus Korkeichen nehmen seinen Platz ein. In der Nähe von Ortschaften fährt man an Feldern entlang, auf denen überwiegend Mais angebaut wird, den im Sommer große Sprenganlagen bewässern. Wer glaubt, in Küstennähe müsse die Landschaft flach sein, sieht sich getäuscht. Große Hügel erheben sich in den Wäldern, so daß man manchmal ganz schön in die Pedale treten muß. Es sind ehemalige Dünen, die heute völlig bewachsen sind.

Ab Moliets bietet die D 328, die in einem Bogen nach Vielle nördlich von Léon führt, eine reizvolle Alternative. Sie überquert in Piche-

Radwege von Soustons bis Mimizan

Radsportzentren im Regionalpark der Landes ▷

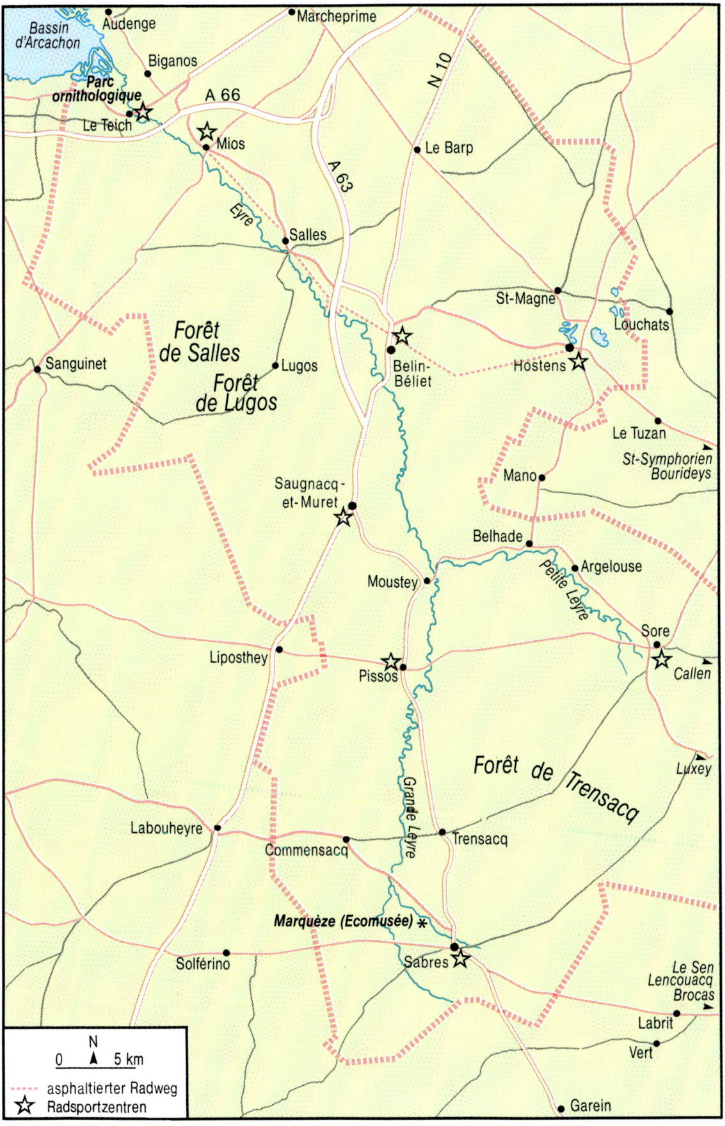
Bassin d'Arcachon
Audenge
Marcheprime
Biganos
Parc ornithologique
A 66
Le Teich
Mios
N 10
Le Barp
A 63
Eyre
Salles
St-Magne
Louchats
Forêt de Salles
Sanguinet
Lugos
Belin-Béliet
Hostens
Forêt de Lugos
Le Tuzan
St-Symphorien Bourideys
Mano
Saugnacq-et-Muret
Belhade
Argelouse
Moustey
Petite Leyre
Sore
Liposthey
Pissos
Callen
Luxey
Forêt de Trensacq
Grande Leyre
Labouheyre
Commensacq
Trensacq
Marquèze (Ecomusée)
Solférino
Sabres
Le Sen Lencouacq Brocas
Labrit
Vert
Garein
N
0 5 km
asphaltierter Radweg
Radsportzentren

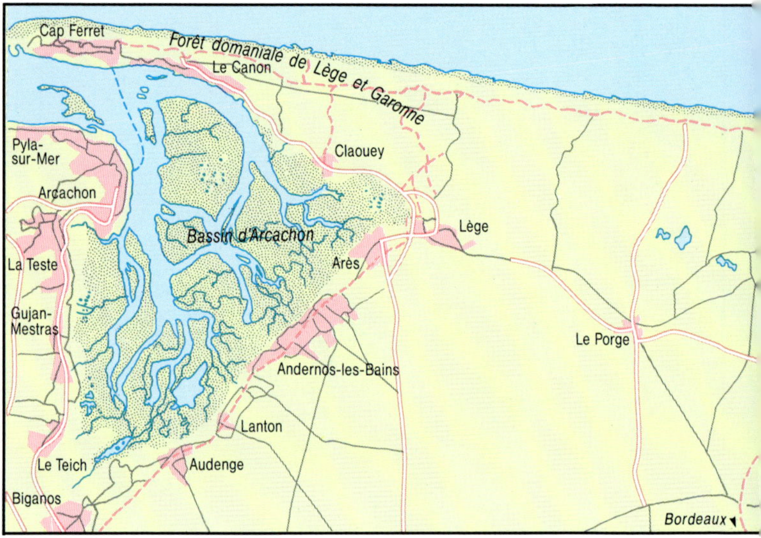

Radwege von Arcachon bis Hourtin

lèbe den Courant d'Huchet, einen kleinen Bach mit dschungelhaftem Uferbewuchs. Ganz in der Nähe ist am Straßenrand ein altes Waschhaus zu sehen.

Im Norden von Léon findet die Piste nach Mimizan ihre Fortsetzung in einem schmalen Weg, der von der D 328 abzweigt. Sie taucht nun, mal besser, mal schlechter erhalten, völlig in die Wälder der Landes ein. Gekreuzt wird sie von den Straßen, die von den Orten an die Strände führen, zunächst zum Strand von St-Girons, dann in der Nähe von Lit-et-Mixe zum Strand am Cap de l'Homy, bis man Contis-Plage erreicht. In der näheren Umgebung von Mimizan gibt es ein gut ausgebautes Radwegenetz.

Nördlich von Mimizan erstreckt sich an der Küste das Sperrgebiet des Centre d'Essais des Landes. Erst von Biscarrosse aus führt wieder ein Radweg zum Strand sowie nach Parentis und Sanguinet (unbefestigt) an der Ostseite der Seen.

Im Landesinneren hingegen bietet der **Parc Naturel Régional des Landes de Gascogne** neben seinen zahlreichen Freizeitangeboten (Kanu-Kajak, Reiten, Wandern, Windsurfen, Fischen, Bogenschießen) vielfältige Möglichkeiten zum Radfahren. Über kleine Straßen lassen sich die alten Dörfer entdecken, und im Schatten der Kiefern kann man längs der befestigten Waldwege vielleicht sogar einen Hirsch oder

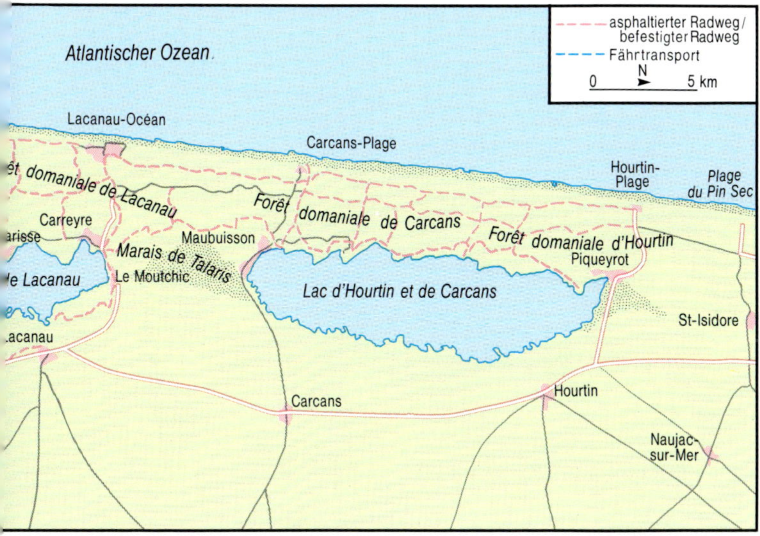

Rehe sichten. Zentren des Radtourismus sind vor allem Sabres, Hostens, Saugnac und Belin-Béliet, während man in verschiedenen anderen Orten (z. B. Mios, Pissos, Salles, Sore) auch einen Fahrradverleih findet.

In Sabres, bekannt durch das nahegelegene Ecomusée von Marquèze und seine romanische Kirche, kann man bei der Elf-Tankstelle Fahrräder leihen. Man findet außerdem Routenvorschläge für acht Rundwege (22–85 km) in der Umgebung vor. Die ehemaligen Braunkohleabbaustätten von Hostens bilden heute eine reizvolle Seenlandschaft mit vielfältigen Freizeitmöglichkeiten. Die Domaine départemental de loisirs (Fahrradverleih) unterbreitet vier Tourenvorschläge von 20–80 km Länge. Längs der alten Eisenbahnstrecke führt ein Radweg bis zum 30 km entfernten Mios. Ein weiteres Zentrum für Freiluftaktivitäten ist Saugnac-et-Muret. Hier offeriert das Atelier-gîte neben dem Fahrradverleih Informationen zu zehn Ausflügen zwischen 18 und 90 km Länge. In Belin-Béliet an der Eyre, ehemals bedeutende Station auf dem Pilgerweg nach Santiago de Compostela vor der Durchquerung der Landes, heute Sitz der Parkverwaltung, verleiht das Centre d'animation du Graoux Fahrräder an seine Gäste und hält neun Tips für Touren von 30–102 km Länge bereit, die organisiert oder individuell unternommen werden können. Für einen Nachmittag oder Tag hat man die Wahl zwischen Routen mit verschiedenen Schwerpunkten: Kirchen und Kapellen, Seen, das Tal der Eyre ... Ein Weg führt bis nach Sanguinet an den größten der Küstenseen, ein anderer zum Parc ornithologique du Teich am Bassin von Arcachon. Wer sich gar mehrere Tage Zeit nimmt, kann auf einem Rundweg von ca. 300 km den Parc Régional entdecken, die Grande Lande, ihre ›Quartiers‹ und Marktflecken, das Tal der Eyre, das Bassin mit seinen Austernhäfen.

Nördlich des Bassin d'Arcachon finden Radler im weitverzweigten Wegesystem der **Gironde** weitere zahlreiche Möglichkeiten, ihrem sportlichen Hobby nachzugehen.

In Biganos, noch im Parc Naturel Régional des Landes de Gascogne gelegen, nimmt eine Route ihren Ausgang, die die reizvollen Austernfischerhäfen Audenge, Lanton, Andernos-les-Bains und Arès an der Nordostseite des Beckens miteinander verbindet.

Auf der gegenüberliegenden Landspitze leiten Radwege von den Fischerorten Le Canon, Claouey und dem Südrand von Lège auf die Route über, die sich von Cap Ferret die Küste hinaufzieht. Auf diesem Weg kann man sogar das ca. 38 km entfernte Lacanau-Océan erreichen. Dort, in den

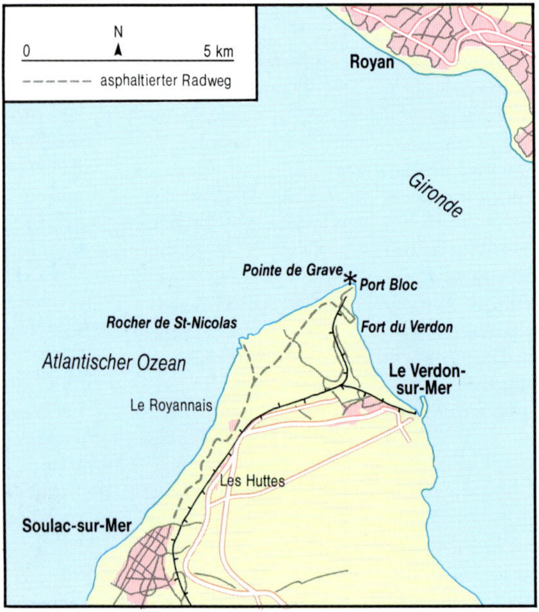

Radwege von Soulac bis zur Pointe de Grave

Wäldern zwischen der Küste und den Seen von Lacanau und Hourtin-Carcans, erstreckt sich ein dichtes Radwege-Netz. Langstrecken-Radler können der Piste von Lacanau bis nach Bordeaux folgen oder Ausflüge ins Weinbaugebiet des Médoc unternehmen.

Erwähnt werden muß schließlich noch das Routenstück von Soulac-sur-Mer hinauf zur Pointe de Grave, wo die Festung von Le Verdon an der Gironde-Mündung einen Ausflug wert ist.

Radsportfreunde können also bei einem Urlaub an der Atlantikküste durchaus auf ihre Kosten kommen. Und auch für diejenigen, die Erholung in erster Linie am Strand oder im kulturellen Bereich suchen, mag ein Ausflug auf zwei Rädern eine willkommene Abwechslung und angenehme Bereicherung sein.

Um das Vergnügen nicht zu trüben, sollte man allerdings auf Straßen, die nicht ausschließlich für Radfahrer angelegt sind, den Autos Respekt zollen. Vorsicht vor Diebstahl ist stets geboten. Wer unbedingt querfeldein auf Entdeckungstour gehen will (Naturschutz!), sollte bedenken, daß Waldwege gerade in dieser Region plötzlich sehr sandig werden können …

(Dorothee Rinke)

Den Wald der Landes kann man auf asphaltierten und unbefestigten Radwegen erkunden

BAR AU CLOU

Bayonne und das baskische Hinterland

Bayonne: Das Viertel St-Esprit, die Altstadt, Museen und Parks

St-Jean-Pied-de-Port: Station der Jakobspilger

Ins Land der Basken: Über Espelette nach Aïnhoa und Sare

Bayonne: das Tor zum Baskenland

Bayonne

Kulinarischer Streifzug durch die Stadt des Schinkens und der Schokolade • Bummel durch die Arkaden der Rue du Pont-Neuf • Zur Kathedrale Ste-Marie • Petit Bayonne mit Museen und Gärten

»Nichts in meiner Erinnerung ist wichtiger als die Gerüche in diesem alten Viertel zwischen Nive und Adour, das man Petit-Bayonne nennt: Alle Waren der kleinen Händler vermischten sich, um einen unnachahmlichen Duft zu komponieren: der Stoff der Sandalen (die man hier nicht espadrilles *nennt), gefertigt von alten Basken, die Schokolade, das spanische Öl.« (Roland Barthes)*

Schon der Weg nach Bayonne ist eine Sehenswürdigkeit: Man überquert den Adour über den Pont St-Esprit, gleich darauf die Nive und erhascht bereits die ersten Blicke auf historische Arkaden, betagte Häuser und Reste alter Festungsmauern. Fluß und Nebenfluß teilen Bayonne in drei Zonen auf: die ›Oberstadt‹, Grand Bayonne, Petit Bayonne am rechten Ufer der Nive und St-Esprit auf der anderen Seite des Adour. Wer aus Bordeaux oder von der Côte d'Argent kommt, hat den Eindruck, von einem Augenblick auf den anderen ins Baskenland einzutauchen. Unter vielen Arkaden sind Graffiti in Euskara – Baskisch (s. S. 38) – zu lesen. Auf der einen oder anderen Parkbank plaudern ältere Bayonner in einer Sprache, von der man beim ersten Hinhören nur weiß, daß es weder Spanisch noch Französisch sein kann. Mit etwas Glück kann man in den Arenen von Bayonne die *forces basques* (das Fest der starken Basken, s. S. 39ff.) bewundern.

Nicht nur den Vasconen, den Vorfahren der Basken, gefiel die Bayonner Region: In römischer Zeit stand am Zusammenfluß von Adour und Nive ein Feldlager mit Namen Lapurdum. Wikinger und Normannen zerstörten Teile der Stadt, bevor sie 1152 wie ganz Aquitanien unter englische Herrschaft fiel. Im Laufe der Zeit hatte die Stadt den neuen Namen ›Baiona‹ gewonnen, den man auf das baskische *ibaïon* (Zusammenstrom von Flüssen) zurückführt. Ähnlich wie in Bordeaux war die Zugehörigkeit zu England ein Glücksfall: Der Handel mit Wein und Stoffen, aber auch mit Harz und Teer aus den Landes blühte. Während des Hundertjährigen Krieges kämpfte die Flotte von Bayonne Seite an Seite mit englischen Schiffen. 1451 fiel Bayonne nach einer Belage-

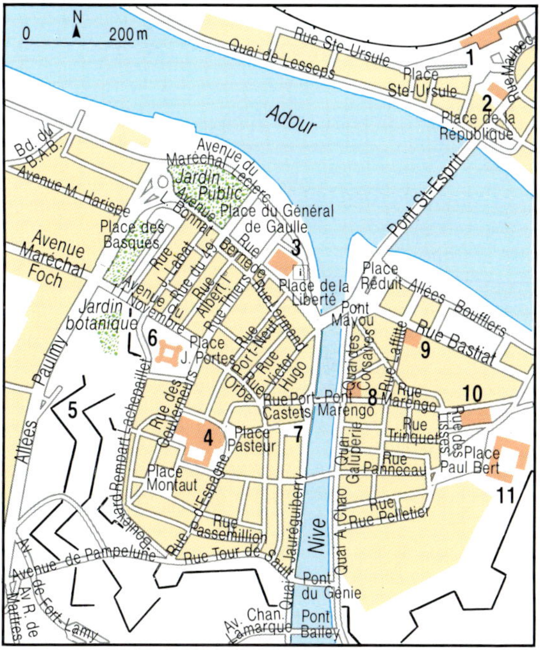

Bayonne
1 Bahnhof
2 St-Esprit
3 Hôtel de Ville, Theater
4 Kathedrale Ste-Marie
5 Festungsmauern
6 Château Vieux
7 Markthallen
8 Musée Basque
9 Musée Bonnat
10 St-André
11 Château Neuf

rung zurück an die Truppen des französischen Königs Karl VII. Die Stadt litt unter dem Verlust des englischen Marktes. Aufwärts ging es erst wieder 1578, als man den Adour kanalisierte und damit den zwischenzeitlich versandeten Hafen wieder aufleben ließ. Das 18. Jh. wurde Bayonnes goldenes Zeitalter: Wieder blühte der Handel mit Spanien, Holland und den Antillen. Die Bayonner Korsaren erlangten einen beträchtlichen Ruf, aber auch die Waffenindustrie florierte. 1703 wurde die französische Infanterie mit dem von hiesigen Waffenschmieden ersonnenen ›Baionnette‹ ausgestattet. Aus Spanien kam die Schokolade nach Bayonne. Die Franzosen erkannten die Möglichkeiten dieses neuen Produkts und gründeten 1761 die erste Gesellschaft der Schokoladenhersteller.

Schon bald wurde Bayonne eine der Hauptstädte für Kakaoimport und -verarbeitung in der Alten Welt und machte spanischen Städten Konkurrenz. 1865 schrieb Brillat-Savarin: »Die spanische Chocolade ist vortrefflich, aber man läßt keine mehr dorther kommen, weil nicht alle Fabriken gleich gut arbeiten und man die schlechte Choco-

Bayonner Schinken

Einst war er der Stolz der Metzgerzunft von Bayonne, heute bürgt der Name allein nicht mehr für Qualität: *Jambon de Bayonne* wird nicht mehr nur im Baskenland, sondern auch im fernen Paris oder im noch ferneren Deutschland produziert. Und das auf die unterschiedlichste Weise, nur gesalzen werden alle diese Industrieschinken recht kräftig. Wer seinen *jambon* im Supermarkt oder im Zentrum von Bayonne eingeschweißt in einen Plastikklumpen kauft, wird den echten Schinkengeschmack kaum auf die Zunge bekommen. Abhilfe verspricht das rote Label ›Jambon de Bayonne‹, das, dank ausgesuchtem Fleisch und überwachter Trocknung, eine Mindestqualität garantiert. Wer ausgezeichneten Schinken nach alter Art genießen will, muß schon auf den seltenen *Jambon Ibaïona* zurückgreifen: Hier stammt der Schinken von ausgewählten Schweinen der Rasse ›Large-White‹, die nur mit Weizen, Gerste und Mais gefüttert werden. Mehr als zwölf Monate trocknen die Schinken in der guten Bergluft der Pyrenäen vor sich hin – mit etwas Bauernbrot, Butter und einem Glas rotem Irouléguy eine Köstlichkeit.

lade doch aufbrauchen muß, wenn man sie einmal hat.«

Zu Zeiten Napoleons begann der Niedergang Bayonnes. Die englische Seeblockade behinderte den Handel, Wellingtons Truppen belagerten die Stadt. Die industrielle Revolution wurde schlicht und einfach verschlafen.

Erst in den letzten dreißig Jahren gelang der Stadt ein Wiederaufstieg: zur industriellen Hauptstadt der Adour-Region. Zementindustrie und Eisenhütten liegen rund um den Industriehafen, in den bis zu 20 000 t schwere Schiffe einlaufen können. Schwefel aus Lacq und Futtermais aus den Landes werden von hier aus exportiert.

Das Viertel von St-Esprit

Hier kommen, unterhalb der Zitadelle von Vauban, die Reisenden am Bahnhof an. Während der Inquisition ließen sich in diesem Viertel die aus Spanien und Portugal geflohenen Juden nieder. Sehenswert ist allein die **Eglise St-Esprit** aus dem 15. Jh. Die dreischiffige Kirche verfügt über eine schöne Holzskulptur, die die Flucht nach Ägypten darstellt (ebenfalls 15. Jh.). Von der Mitte des Pont St-Esprit genießt man einen hervorragenden Blick auf die Stadt, ehe es über die Place du Réduit und den Pont Mayou nach Grand Bayonne geht.

Grand Bayonne

Über den Pont Mayou gelangt man von St-Esprit auf die Place de la Liberté, einen recht belebten Platz mit dem Rathaus und dem Stadttheater (1842). Durch die Rue du Port-Neuf (Fußgängerzone) geht es zur Kathedrale. Die gesamte Straße wird von romantischen Arkaden gesäumt. Bei ›Cazenave‹ (Nr. 19) kann man ein Glas heißer Schokolade schlürfen. Den Brocken von Bayonner Schinken, die hier im Zentrum oft wie anderswo die Postkarten ausgestellt werden, sollte man eher mißtrauen. Die besseren Adressen liegen in den Außenbezirken (s. S. 200). Ein kurzer Abstecher nach links führt zu einem schönen, alten Fachwerkhaus an der Ecke Rue Orbe und Rue de la Monnaie.

Die **Kathedrale Ste-Marie** im Zentrum der Altstadt wurde vom 13. bis zum 16. Jh. errichtet und ist deutlich durch die nordfranzösische Gotik bestimmt. Im 19. Jh. wurde die während der Revolution schwer beschädigte Kathedrale restauriert und durch den Nordturm und die Spitzdächer beider Türme erweitert. Das Nordportal wird durch einen massiven, bronzenen Türklopfer mit einem phantastischen Tierkopf, der den Ring in seiner Schnauze hält, geziert. Dieser Ring wird verschiedentlich als ›Anneau d'Asile‹ (›Asylring‹) gedeutet: Ein verfolgter Krimineller, der einen

Die Reste der alten Festungsmauern in Bayonne

Kathedrale Ste-Marie

Finger durch den Ring steckte, war in Sicherheit. Beeindruckend sind die farbigen Fenster (16. Jh.) und das reich skulptierte, gut erhaltene Doppelportal der Sakristei (13. Jh.). Im südlichen Querschiff lohnt besonders der Blick ins Gewölbe: ein zuweilen angestrahlter Schlußstein trägt das ›Bayonner Schiff‹. In leuchtenden Farben gehalten, symbolisiert es mit Takelwerk und Segeln, Schlössern und Mannschaft die mittelalterliche Seemacht Bayonne. Von hier aus gelangt man zum Kreuzgang (14. Jh.), einem der größten in Frankreich. Vom Südflügel genießt man einen schönen Blick auf die Kathedrale und die oben erwähnten Fenster.

Die **Rue d'Espagne** war früher die Hauptstraße der Stadt. Häuser mit schmiedeeisernen Balkonen und Fachwerk, den typischen Bayonner Fassaden, säumen die Straße, die zu den Resten der alten Stadtmauern führt. Türme und Mauerreste sieht man z. B. auf der Rue Tour-de-Sault. Weiter geht es über die **Remparts Lachepaillet,** die Festungsmauern. Unter den Spaziergängern liegen die alten Wallgräben. Die Befestigungen stammen aus Zeiten Franz' I. und wurden 1680 vom bekannten Festungsbauer Vauban erneuert. Am Ende der Stadtmauern liegt das mittelalterliche **Château Vieux.** Eine Besichtigung ist nicht möglich, aber man kann sich mit dem Gedanken an die historischen Persönlichkeiten trösten, die hier, zumindest kurzzeitig, zu Gast waren: Alonso von Navarra, der Schwarze Prinz, Du Guesclin, Don Pedro von Kastilien, Ludwig XI., Franz I., Karl IX., Ludwig XIV. ...

Zurück geht es über die Rue Orbe, Richtung Nive. Rechts am Nive-Quai liegen die **Markthallen.** Über den Pont Marengo gelangt man nach ›Petit Bayonne‹.

Petit Bayonne

Hinter dem Pont Marengo liegt, genauer lag das **Baskische Museum** (Musée Basque, Ecke Quai des corsaires). 1989 stellte man fest, daß die Böden der **Maison Dagourette** aus dem 16. Jh. durch und durch verfault waren. Von einem Tag auf den anderen wurde das Museum geschlossen, ein Wiedereröffnungstermin steht noch nicht fest. Von Zeit zu Zeit taucht das Gerücht auf, die Ausstellungsstücke würden ins Château Neuf verlagert. Wünschenswert wäre es, denn die Sammlungen traditioneller Kostüme und Mobiliars, die zahlreichen Dokumente zur Bayonner Stadtgeschichte und baskischen Schriftstellern, die Rekonstruktion einer baskischen *auberge*, die Pelota-Abteilung und die vielen liebevoll zusammengetragenen Ausstellungsstücke zu so unterschiedlichen Themen wie Hexerei, Walfang und Schokolade sind wirklich sehenswert. Immerhin hat das Kulturministerium in Aussicht gestellt, das einzige Museum baskischer Kultur retten zu wollen. Aber wann?

Links über die Rue Jacques-Laffitte geht es zum **Musée Bonnat.** Es ist nach seinem Stifter, dem Maler Léon Bonnat (1833–1922) benannt, der seine kostbare Kunstsammlung seiner Heimatstadt vermachte. Will man chronologisch vorgehen, sollte man den Besuch im zweiten Stock beginnen: Hier findet man religiöse Kunst des 14. und 15. Jh. sowie einen Rubens-Saal. Das 17. und 18. Jh. ist mit Werken von van Dyck, Goya, David und Ingres vertreten. Die erste Etage ist mit Werken von Delacroix, Degas und Bonnat dem 19. Jh. gewidmet. Teile von Bonnats Sammlung von 1800 Zeichnungen vom 15. bis zum 19. Jh. werden von Zeit zu Zeit ebenfalls hier ausgestellt. Im Untergeschoß schließlich ist die Antikensammlung mit griechischen und römischen Statuen untergebracht (Musée Bonnat, 5, Rue Jacques-Laffitte, ✆ 05 59 59 08 52. Geöffnet vom 15. Juni bis zum 10. September au-

Straßencafé auf der Place de la Liberté

ßer Di 10–12 und 15–19 Uhr, Fr bis 21 Uhr. Außerhalb der Saison innerhalb der Woche nur nachmittags).

Hinter dem Museum geht es weiter zur Rue Bastiat, der man bis zum **Château Neuf** folgt. Die Festung wurde 1460–89, nach dem Hundertjährigen Krieg, aufgebaut und war, ebenso wie das Château Trompette in Bordeaux, zur Einschüchterung der anglophilen Bayonner gedacht. Hinter dem Château liegt der hübsche **Parc de Mousserolles.**

Syndicat d'Initiative, Hôtel de Ville, Place de la Liberté, ✆ 05 59 59 31 31.

Loustau, 1, Place de la République, ✆ 05 59 55 16 74 (5 Min. vom Zentrum, am anderen Ufer des Adour, einige Zimmer bieten Blick auf Fluß und Stadt). Hotel des Basses-Pyrénées, 12, Rue Tour de Sault, ✆ 05 59 59 00 29 (simple und saubere Zimmer; der Treppenaufgang liegt im Festungsturm; einfaches baskisches Restaurant; charmant und preiswert!).

La Chêneraie, Richtung Orthez, ✆ 05 59 55 01 31 (vom ADAC empfohlenes Gelände an künstlichem See – Baden verboten!, gelegentlich Musikveranstaltungen).

Cheval Blanc, 68, Rue Bourgneuf, ✆ 05 59 59 01 33 (Monsieur Tellechea ist ein Nachwuchskochtalent; regional angehauchte Spezialitäten: Bohnencreme mit Krebsen, gefülltes Huhn nach Baskenart; Preise für das Gebotene günstig). François Miura, 24, Rue Marengo, ✆ 05 59 59 49 89 (Spezialitäten: mit Schweinsfuß gefüllter Tintenfisch, Taubenvariationen; günstig). Euskalduna, 61, Rue Pannecau, ✆ 05 59 59 28 02 (rustikales Altstadtbistro einer baskischen Patronne, viele regionale Spezialitäten).

Daranatz, 15, Arkaden der Rue Port Neuf (traditionsreiche Confiserie mit bemerkenswertem *touron* aus gemahlenen Mandeln). André Hargous, 1, Avenue du 8 Mai 1945 (echter Bayonner Schinken, nach alter Art mit Salz, Kräutern, Paprika, Pfeffer und Zucker mariniert). Maison Montauzer, 17, Rue de la Salie (*Jambon Ibaïona,* eine Abart des Bayonner Schinkens; Montauzers Schweine verbringen ein Jahr an der Bergluft und werden nur mit Mais, Getreide und Gerste gefüttert).
Märkte: tägl., am lebhaftesten Do und Sa, in der Markthalle gegenüber dem Musée Basque.

Tennis: Aviron Bayonnais, Av. André Grimard, ✆ 05 59 63 33 13; Basque Country Club, Av. de l'Union, ✆ 05 59 52 22 55. **Kajak:** Club Leo Lagrange, Porte de Mousserolles, ✆ 05 59 59 33 79; Eaux Vives, 3, Rue des Cordeliers, ✆ 05 59 59 85 84. **Pelotakurse** bei der Fédération Française de Pelote Basque, Trinquet Moderne, ✆ 05 59 59 22 34.

Anglet

Anglet ist mit Bayonne und Biarritz praktisch zu einem Stadtkomplex verschmolzen, der nur durch einen Gürtel von Supermärkten und Tankstellen durchbrochen wird. Das einstige Fischerdorf profitierte in der Vergangenheit etwas von Glanz und Glorie seiner Nachbarn. Die beeindruckendsten Baudenkmäler der Stadt sind das Hotel **Château de Brindos** sowie das **Rathaus** von 1938, ein schönes Beispiel moderner Architektur, die regionale Elemente aufgreift.

Die Legende vom ›Chambre d'amour‹ zieht noch immer Besucherscharen an: In einer Grotte beim Cap St-Martin ertranken, von der Flut überrascht, die beiden unglücklichen Liebenden Oura und Hedera. Ihr steinernes ›Liebeszimmer‹ *(Chambre d'amour)* wurde zu ihrem Grab ...

Anglet (das ›t‹ wird gesprochen) bietet einen bekannten Golfplatz (Golf de Chiberta), eine Kunsteisbahn und eine Pferderennbahn. Die Strände sind recht beliebt, Surfer bevorzugen die Plage des Sables d'Or. Im Sommer ist Anglet überlaufen von Touristen, denen Biarritz zu teuer ist und Bayonne nicht nahe genug am Atlantik liegt.

Office de Tourisme, 1, Av. de la Chambre d'Amour, ✆ 05 59 03 77 01.

Flughafen Parme-Anglet, Verbindung nach Paris, ✆ 05 59 23 90 67.

Château de Brindos, nahe Flughafen, am See von Brindos, ✆ 05 59 23 17 68 (pflanzenüberwuchertes Schlößchen in absoluter Ruhe, teurer Luxus). Villa Clara, 149, Boulevard des Plages, ✆ 05 59 63 83 68 (charmantes Haus aus den Zwanzigern, 200 m vom Strand, einst eine der ganz vornehmen Adressen; Terrasse, Schwimmbad).

Am Strand Chambre d'Amour in Anglet

Quartier Chiberta, 19, Route des Vignes, ✆ 05 59 63 86 49 (sogar Surf- und Tennisunterricht).

Camping de la Chambre d'Amour, Route de Bouney, ✆ 05 59 03 71 66. Camping Fontaine-Laborde, Av. Fontaine-Laborde, ✆ 05 59 03 89 67. Camping de Parme, Nähe Flughafen, ✆ 05 59 23 03 00 (Animation).

Fischen: Yacht Club Adour-Atlantique, 118bis, Avenue de l'Adour, ✆ 05 59 63 16 22. **Golf:** Golf de Chiberta, 104, Boulevard des Plages, ✆ 05 59 63 83 20. **Tennis:** Centre El Hogar, Rue de Hausquette, ✆ 05 59 63 90 30. **Surfen & Wassersport:** Kurse der Jugendherberge, Verleih von Surfbrettern an der Plage des Sables d'Or.

Die Baskenmütze – Béret Basque

Sie macht den Südwesten gleich: Fast alle Männer der Region scheinen die ebenso runde wie flache Mütze zu lieben. Auch Nobelpreisträger François Mauriac trug sie gern während seiner Spaziergänge auf dem familiären Gut Malagar. Und war dann von den Bauern der Region kaum zu unterscheiden …

Paradoxerweise ist die Baskenmütze gar nicht baskisch, sondern kommt aus dem Béarnais. Zumindest das Wort stammt daher: *béret* ist die lokale, okzitanische Version des lateinischen *birrum*, was in etwa ›Kopfbedeckung‹ heißt. Schäfer steckten sie früher mit vier hölzernen Nadeln zusammen und gaben ihr über dem Knie die Form. Schneller geht es in der Fabrik: Zentren der Weltproduktion sind die Pyrenäendörfer Nay und Oloron Ste-Marie. Seit vor über 400 Jahren die Urform der Baskenmütze in ein Relief der Kirche von Sarrance gemeißelt wurde, hat man alle möglichen Variationen gesehen: rotes Béret für Kinder, schwarzes Béret für Alte, Béret für Sportler, Aristokraten, Politiker … Junge Leute aus der Region tragen sie höchstens noch, um sich einen militärischen Look zu geben. Süßmäuler weichen auf die Schokoladenspezialität gleichen Namens aus (ein *béret basque* ist auch ein Boden aus *génoise* – leichtem ›Genueser‹ Grundteig, der mit etwas Rum getränkt und mit Schokomousse dekoriert wird), die man in Bordeaux bei Dastarac in der Rue Fondaudège Nr. 9, bei Lemoine am Cours de Verdun 118 oder in den besten Patisserien von Bayonne, Biarritz und St-Jean-de-Luz findet. Nur auf den Köpfen der echten Männer der Region, der Jäger, Austernzüchter und Bauern, sitzt sie fest und unverrückbar wie eh und je. Schließlich schützt sie vor Wind, Sonne und Regen …

Ausflüge ins baskische Hinterland

Über Cambo-les-Bains zum Pilgerort St-Jean-Pied-de-Port • In ursprüngliche Dörfer zwischen Berg und Grün • Besichtigung der Grotten Isturits und Oxocelhaya • Ausflug ins Gebirge mit der Zahnradbahn nach La Rhune

Große Baudenkmäler oder riesige Hotelkomplexe wird man im *Pays Basque* nicht finden, dafür aber ursprüngliche Dörfer zwischen Berg und Grün, in denen die Zeit kaum eine Rolle zu spielen scheint. Die Region zwischen Cambo-les-Bains und St-Jean-Pied-de-Port heißt ›Unter-Navarra‹ (Basse-Navarre), gehörte früher zum selbständigen Königreich Navarra und fiel im Laufe der Geschichte mal den Spaniern, mal den Franzosen zu. Die französischen Könige von Heinrich IV. bis Karl X. pflegten sich stets auch als Könige von Navarra titulieren zu lassen. 1512 wurde ›Ober-Navarra‹ von den Spaniern annektiert, der ›untere Rest‹ blieb den Franzosen.

Nach St-Jean-Pied-de-Port

Von Bayonne aus nimmt man die D 932 bis nach **Cambo-les-Bains.** Das für sein mildes Klima und seine Heilquelle bekannte Baskendorf erwarb sich seit dem 16. Jh. einen soliden Ruf als Kurort. 1728 war Marie-Anne de Neubourg, die Witwe des spanischen Königs, hier zu Gast. Um die Jahrhundertwende wurde Cambo wegen seines günstigen Klimas zu einem Kurort für Lungenkranke. Prominentester Gast

Niemals ohne die typische Kopfbedeckung

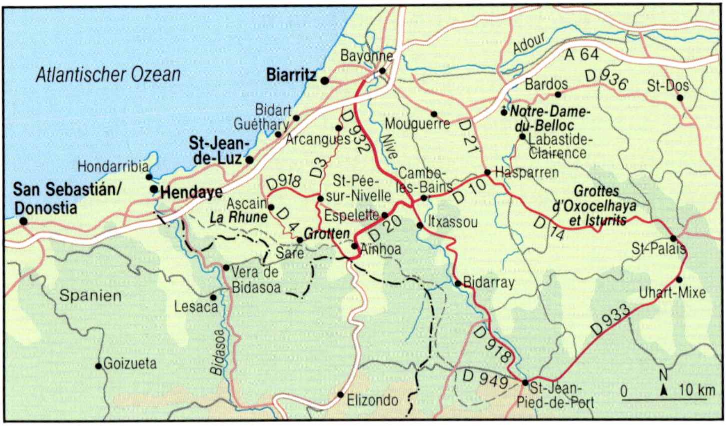

Ausflüge ins baskische Hinterland

war der Schriftsteller Edmond Rostand (1868–1918, »Cyrano de Bergerac«, »Chantecler«), der hier seine Villa Arnaga errichten ließ. Die schöne Villa im baskischen Stil mit französischen Gärten und einem Aussichtspavillon mit Blick auf den Mont Ursaya ist heute ein Museum mit Dokumenten und Briefen der Familie Rostand sowie den Originalzeichnungen für die Kostüme von »Chantecler« (geöffnet vom 24. 3.–30. 4. von 14.30–18 Uhr, vom 1. 5. bis 30. 9. von 10–12 und 14.30–18.30 Uhr und vom 1. 10. bis 31. 10. von 14.30–18 Uhr).

Vorbei am Aussichtspunkt **Mont Urzumu** und dem idyllischen ›Kirschendorf‹ **Itxassou** (Kirschenfest im Juni) fährt man Richtung Bidarray. Rechts zweigt der Rolandsweg von der Straße ab, auf ihm gelangt man zu einem je nach Legende von Rolands Schwert oder den ausschlagenden Hufen seines Pferdes durchlöcherten Felsen. **Bidarray** selbst ist ein relativ unbedeutendes Dorf mit einer romanischen Kirche und einer Brücke (14. Jh.), von der sich einer Sage nach der Teufel gestürzt haben soll, weil er die Sprache der Einheimischen nicht verstand.

Man folgt dem Lauf der Nive auf der D 918 und gelangt nach **St-Jean-Pied-de-Port.** Im Mittelalter war die 716 gegründete Stadt letzter ›Rastplatz‹ der Jakobspilger vor der Pyrenäenüberquerung, auf dem Weg nach Roncevalles, wo 778 die von Roland kommandierte Nachhut Karls des Großen vernichtend geschlagen worden war. Trotz des Tourismus hat es die ehemalige Hauptstadt von Unter-Navarra geschafft, ihren mittelalterlichen Charakter nahezu unverändert zu bewahren. Die Bewohner der umliegenden Dörfer besuchen das Städtchen am liebsten montags, wenn an der Place des Remparts Tiermarkt (8.30–10.30 Uhr) abgehalten wird und am Nachmittag eine Pelota-Partie steigt (s. S. 206). Wer es den Pilgern nachtun will, betritt die Stadt im Nordosten durch die Porte St-Jacques. Die Rue de la Citadelle führt zur Nive und wird von Häusern aus dem 16. und 17. Jh. gesäumt, darunter das Bischofshaus (1584). Links liegt die gotische Kirche Notre-Dame-du-Bout-du-Pont (14. Jh.), rechts die Rue d'Eglise mit einem Pelota-Museum (Juli und August geöffnet). Von der steinernen Brücke aus genießt man den schönsten Blick auf die Kirche. Die Rue d'Espagne führt weiter zum gleichnamigen Stadttor, durch das die Jakobspilger St-Jean verließen. Einen Markt findet man an der Place Charles-de-Gaulle im Westen der Stadt.

Von der Kirche oder der Porte St-Jacques aus kann man zur Zitadelle (17. Jh.) hinaufsteigen. Das Gebäude selbst ist nicht zu besichtigen, bietet aber einen herrlichen Blick über das Umland.

Office de Tourisme, 14, Place Charles-de-Gaulle, ✆ 05 59 37 03 57. Das Office veranstaltet Führungen.

Der Bahnhof liegt im Norden der Stadt, nahe Avenue Renaud. Jeden Freitag von Ostern bis September (9.37 Uhr) wird ab dem Bahnhof von Bayonne eine Fahrt »Baskenland mit dem Zug entdecken« angeboten.

St-Jean-Pied-de-Port

In Bidarray: Pont d'Enfer, ✆ 05 59 37 70 88 (günstige Küche und Zimmer, kleiner Garten). **In St-Jean-Pied-de-Port:** ****Les Pyrénées, 19, Place du Général-de-Gaulle, ✆ 05 59 37 01 01 (Firmin Arrambide ist der Meister der baskischen Küche; Spezialitäten u. a.: mit Stockfisch gefüllte Paprika, gegrilltes Täubchen mit Knoblauch). ***Central, Place Charles-de-Gaulle, ✆ 05 59 37 00 22 (Terrasse an der Nive; akzeptable Preise).

Etienne Brana, 3bis, Avenue du Jai-Alai (fabelhafte Schnäpse, bekannt ist Branas Birnengeist; sein *prune* – Pflaumengeist –, *framboise* – Himbeergeist – und der Marc d'Irouléguy – ein Tresterschnaps – stehen ihm in nichts nach). Pierre Oteiza, Rue d'Espagne (guter Bergschinken, Wurstspezialitäten der Region).

Mountainbikes: Cycles Garazi, Place St-Laurent, ✆ 05 59 37 21 79. **Pferdeverleih:** Club Pottoka, Quartier Eyheraberry, ✆ 05 59 37 14 88.

Die Pelota

Als ich nach Saint-Jean-Pied-de-Port kam, klebte an allen Ecken ein blauweißes Plakat: Morgen, Sonntag:

La Pelote

La Pelote ist für den Basken, was für den deutschen Stammtischler der Skat, für den Spanier der Stierkampf, für den Franzosen das Manille-Spiel: Leib- und Magenzweck seines Hierseins. »Man sollte die Basken in einem Turm bei Silber und Gold konservieren!« sagte eines Tages ein Bewunderer des Landes. »Ja«, erwiderte ein Baske. »Aber es muß ein Pelotenspiel im Turm geben!« Ein Ballspiel – aber was für eins!

Im kleinsten Dorf steht ›le fronton‹: eine viereckige graue Steinmauer, sie steht frei, oben ist sie zierlich geschwungen, davor ein freier Platz. Auf dem springen die Spieler umher, die ›pelotari‹, sie schlagen, entweder mit der Faust oder mit der chistéra, einem schnabelartigen, gehöhlten Schläger, den kleinen steinharten Ball an die Mauer, von der er mit scharfer Wucht zurückspringt. Es spielen vier oder sechs Mann: zwei oder drei auf jeder Partei. Es wird abwechselnd geschlagen: Partei A gibt, der Ball springt zurück, Partei B hat ihn aufzufangen und zurückzuschleudern, wiederum A und so weiter. Die Schärfe, mit der sie schlagen, wird nur noch von der Behendigkeit übertroffen, mit der sie den kleinen, fliegenden, grauen Punkt auffangen und zurückschleudern. Die Anstrengung für den ganzen Körper ist sehr groß: das Spiel ist Tanz, Sport, Athletik und Kopfarbeit in einem. Eine Pelote –? Hin.(...)

Nachmittags um vier Uhr steigt die Pelote. Ausverkauft. Kein Wunder in einem Lande, wo an jedem vierten Haus zu lesen steht: Défense de jouer à la pelote! – denn keine Mauerwand bleibt von den Jungen verschont, die einmal Matadore des Landesspiels werden wollen. (...)

Die beiden Parteien treten an. Zwei spanische Basken: ein Kleiner und ein Langer, und auf der andern Seite Léon Dougaïtz, der Franzose, mit Partner. Der Mann sieht aus wie ein Maurerpolier, er hat einen unternehmenden, weichen Schnurrbart, trägt weißes Hemd, Espadrillen, aber wie alle diese Spieler kein béret. Sein Partner ist ein stämmiger junger Mensch. Es wird ohne chistéra, mit den bloßen Händen, geschlagen. Die Spieler treiben, um die Gelenke zu ölen, die ersten Bälle an die Mauer. Anfangen? Anfangen.

Eine Kapelle spielt. Léon gibt. Er steht mit der Nase zur Mauer, einen Meer von mir entfernt, und schlägt den kleinen Ball mit einer unbegreiflichen Wucht an den Stein. Der Ball flitzt zurück, hinten wird aufgepaßt, sie boxen ihn vor. Und nun spielen sie.

Sie springen vor und zurück, manchmal bewegen sie sich kaum, und besonders Léon, der vorn spielt, scheint gar nicht aufzupassen, wann der Ball kommt. Daß er ihn trifft, darum ist ihm wohl nie bange – aber ob der Schlag auch kräftig genug sein wird? Der Schlag kann einen Ochsen töten – es wird so leicht, so elegant geschlagen. Sie tragen keinen Schutz an ihren Händen.

Das Publikum paßt auf wie die Schießhunde. Wenn der Ball von hinten nach vorn fliegt, drehen sich alle Gesichter mit genau der gleichen Wendung nach vorn: es sieht aus, als wären alle diese Köpfe auf Stöcke gesetzt und von einem Mechanismus bewegt. Sie kritisieren sehr genau, und ein bißchen Lokaleitelkeit ist wohl auch im Spiel. Neulich haben die Spanier gewonnen – wird's Léon ihnen geben? Léon gibt's ihnen. Dabei ist er keine Kanone, sondern nur gute Feldartillerie –, aber der einzige, der mit Kopf spielt. »Bravo, Léon –!« Sein Gesicht bleibt glatt und gleichgültig, sein Hemd ist naß, der Schweiß hat den groben Stoff in durchsichtige Seide verwandelt, ein Schuh ist durchgestoßen und wird unter allgemeinem Hallo ersetzt … weiter, weiter! (…)

Kurt Tucholsky, *Das Pyrenäenbuch* (1927)

Nach dem Besuch in St-Jean-Pied-de-Port nimmt man die D 933 Richtung Norden bis St-Palais. Ab hier folgt man der D 14 bis Méharin und dann den Hinweisen zu den **Grotten ›Isturits‹** und **›Oxocelhaya‹.** Archäologen haben in den vielen Räumen und Gängen der Höhlen über 40 000 Jahre alte Wandmalereien, Knochen und Werkzeuge gefunden (geöffnet von März bis November).

Die D 14 führt ins lebhafte Agrarstädtchen **Hasparren,** wo man das Haus des Schriftstellers Francis Jammes (1868–1938) besichtigen kann, der sich vom Baskenland inspirieren ließ (Maison Eyartzea, geöffnet Mitte Juni bis Mitte September 10–12 und 15–18.30 Uhr). Hinter der Dorfkirche steht eine römische Stele mit einer interessanten Inschrift. Sie besagt, daß es sich bei dem Volk südlich der Garonne nicht um Gallier gehandelt haben kann, und gilt damit als wichtiger Hinweis für die Besiedlung des Gebiets durch Vasconen, die Vorfahren der Basken, in dieser Zeit.

Wer es nicht eilig hat, nach Cambo zurückzukehren, kann seinen Ausflug Richtung Nordosten über die D 10 nach **Labastide-Clairence** fortsetzen. Die Bastide wurde 1312 errichtet, um die Nordwestgrenze Navarras zu sichern. Im Nordwesten von Labastide-Clairence liegt die jedem guten Basken bekannte **Abtei Notre-Dame-du-Belloc.** Etwa 40 Mönche leben hier, verwalten eine Bibliothek mit regionaler Literatur, lesen Messen in baskischer Sprache, betreiben eine kleine Druckerei und stellen nicht zuletzt den traditionellen Schafskäse her (Abbaye du Belloc, Urt, 64240 Hasparren, geöffnet von Mo bis Sa 8.30–11.45 und 14.30–18.15 Uhr, So 8.30–10.15 und 11.30–12.30 Uhr).

Auf dem Rückweg nach Cambo-les-Bains fährt man über Hasparren und benutzt die D 22 und die D 10.

Am Straßenrand werden baskische Kuchenspezialitäten angeboten

Über Espelette nach Aïnhoa und Sare

Auch dieser Ausflug führt zunächst über die D 932 von Bayonne nach Cambo-les-Bains (s. S. 203). Das Stadtgebiet von Cambo kann man südlich umgehen und rechts in die D 918 einbiegen. Nach wenigen Kilometern kommt man nach **Espelette.** Entlang der weißen Bauernhäuser trocknen Ketten von Paprikaschoten, die *piments d'Espelette.* Die Paprikaproduktion ist seit einigen Jahren genossenschaftlich organisiert. Bekannt ist das Dorf auch für die Zucht von *pottoks,* Pferden, die früher in englischen Minen eingesetzt wurden.

Euzkadi, 64250 Espelette, ✆ 05 59 93 91 88 (schöne kleine Zimmer, Garten und Schwimmbad hinter dem Haus, baskische Küche, Regionales zum Mitnehmen; günstig; lange im voraus reservieren).

Hinter Espelette fährt man auf der D 20 Richtung **Aïnhoa.** Diese Ende des 12. Jh. von Prämonstratensern gegründete Bastide bot früher den Jakobspilgern Unterkunft. Ihre Hauptstraße wird von typisch baskischen weißen Fachwerkhäusern mit roten oder grünen Fensterläden gesäumt. Die Hauptträger der Häuser sind zuweilen mit Inschriften zur Geschichte der Besitzerfamilien geschmückt (z. B.: die Maison Gorritia, 100 m von der Kirche auf

Freundlicher Blumenschmuck im Baskenland (Ascain)

der rechten Seite, mit einer Inschrift von 1662). Die Kirche verfügt über ein vergoldetes Altarretabel und zweistöckige Galerien, eine Besonderheit auch in vielen anderen baskischen Kirchen: Hier saßen die Männer des Dorfes beim Gottesdienst.

***Ithurrica, Place du Fronton, 64250 Aïnhoa, ✆ 05 59 29 92 11 (charmante ehemalige Pilgerstation aus dem 17. Jh. mit Garten; Spezialitäten: Spieß von Entenherzen, Taube mit Knoblauch; schöne Zimmer; für das Gebotene akzeptable Preise). **Oppoca, Rue principale, 64250 Aïnhoa, ✆ 05 59 29 90 72 (rustikale Auberge mit Terrasse).

Von Aïnhoa aus führt die D 305 und später die D 4 nach **Sare**. Auch dies ist ein typisch baskisches Dorf mit hübschen Häusern aus dem 17. und 18. Jh. Sare war früher eine Hochburg des Schmuggels, noch heute erzählen der Bürgermeister und die Angestellten des Fremdenverkehrsamtes den Touristen mit Vorliebe Schmuggelgeschichten. Sehenswert sind die festungsartige Kirche und die Place du Fronton.

Sechs km weiter über die D 306 liegen die **Grotten von Sare,** von denen man sagt, daß sie Kaiserin Eugénie sehr gefallen haben sollen (geöffnet von Ostern bis Oktober 9–18 Uhr). Hier beginnen mehrere Spazierwege durch die reizvolle Landschaft.

Syndicat d'Initiative (im Rathaus), ✆ 05 59 54 20 14.

***Arraya, ✆ 05 59 54 20 46 (schönes Haus von 1819 mit baskischer Küche; teuer, aber recht gut).

Man fährt weiter über die D 4 Richtung Ascain. Auf dem Weg kann man am Col de St-Ignace die Zahnradbahn ins Gebirge, nach **La Rhune,** nehmen. In 900 m Höhe hat man fantastische Aussicht auf Baskenland, Atlantik und die Pyrenäen. Trainierte Wanderer können La Rhune von St-Ignace aus auch zu Fuß erklimmen. Mit etwas Glück begegnet man unterwegs einer Herde *pottoks* (kleiner baskischer Pferde).

Auch in **Ascain** bezaubern wieder die typisch baskischen Häuser und eine mittelalterliche Kirche (erweitert im 16.–17. Jh.). Im Hôtel de la Rhune schrieb Pierre Loti seinen Roman »Ramuntcho«, in dem er die Geschichte eines Pelota-Spielers erzählt, zu dem der berühmte Ascainer Pelota-Spieler J.-P. Borda, genannt Otharré, das Vorbild abgegeben haben soll.

Hinter Ascain gelangt man über die D 918 nach **St-Pée-sur-Nivelle.** Auch hier sieht man die typischen Häuser aus dem 17. und 18. Jh. Im Osten des Dorfes liegen die Ruinen einer Festung (14.– 15. Jh., abgebrannt 1793). Sie war als ›Château des Sorcières‹ (Hexenschloß) bekannt, da im Jahre 1609 ein gewisser Pierre de Lancre, Ratsmitglied von Bordeaux, von hier aus in Sachen Hexerei ermittelte und zahlreiche Frauen und Männer auf den Scheiterhaufen schickte.

Die D 3 führt nach **Arcangues.** Ein kleiner Marktflecken mit einem 1900 wiederaufgebauten Château. Ausgerechnet der Friedhof bietet ein sehenswertes Pyrenäen-Panorama. Wer der D 3 weiter folgt, ist in wenigen Minuten in Bayonne.

In der Umgebung von Sare

Die baskische Küste

Biarritz: Das Seebad der Belle Epoque

Bidart und Guéthary: Malerische Häfen

St-Jean-de-Luz: Von der Walfangstation zum Badeort

Ciboure und Hendaye: Grenzstädte mit Geschichte

Steilküste der Corniche basque

Ein Bummel am Strand von Biarritz, vorbei an mondänen Hotelpalästen der Belle Epoque und ins Villenviertel • Fahrt entlang der baskischen Küste zu kleinen Fischerdörfern und malerischen Häfen • Entlang der imposanten Steilküste der Corniche basque bei Hendaye

Die Côte Basque zwischen der Mündung des Adour und der Mündung der Bidassoa gehört wohl zu den reizvollsten Küstenabschnitten Frankreichs. Von Biarritz bis Hendaye reiht sich Badeort an Badeort. Die sauberen, weißen Baskenhäuser und kleinen Fischereihäfen versucht man zu erhalten. Die Strände sind hier nicht so ausgedehnt wie an der Côte d'Argent. Dafür lockt das landschaftlich äußerst reizvolle Hinterland zu Ausflügen, Spaziergängen und Wanderungen (s. S. 203 ff.).

Biarritz

Der Name hat fast mythische Qualitäten. Biarritz steht immer noch für pure Belle Epoque. Man denkt an Könige und Staatsmänner, die hier ihre Sommerfrische hatten, prachtvolle Hotels, feinsandige Strände und mondäne Casinos. Aber der Ferienort von heute hat natürlich wenig mit der ›Stadt der zwei Felsen‹ (*bi* = baskisch für Zwei, *arri* = Fels) von einst gemein. Die mondänen Fassaden des 19. Jh. bröckeln, billige Bars mit Plastiksonnenschirmen und Postkartenverkauf treten an ihre Stelle. Und trotzdem: Der Charme der prachtvollen Villen und felsigen Küstenstreifen ist noch zu spüren. Noch ist die Verwandlung eines verschlafenen Nestes in ein klassisches Seebad nachvollziehbar: Im Mittelalter gab es an dieser Stelle der Atlantikküste nur einen kleinen Fischereihafen. Die Einwohner gingen von Zeit zu Zeit in der Bucht von Biscaya auf Walfang, bis im 17. Jh. die Wale ausgerottet waren. Biarritz wurde noch unbedeutender als zuvor. Vielleicht hat gerade dies, in Verbindung mit der guten Meeresluft, die ersten Besucher angezogen. Fest steht, daß schon Victor Hugo und seine Mätresse Juliette Drouet in Biarritz gerne eine Nacht verbrachten. In den fünfziger Jahren des letzten Jahrhunderts hatte Biarritz das Glück, zum Lieblingsbad von Kaiserin Eugénie zu avancieren. Gekrönte Häupter aus ganz Europa zogen nach, in ihrem Gefolge Schauspieler, Diplomaten und Poeten. Der Erste Weltkrieg unterbrach das luxuriöse Gesellschaftsspiel, doch danach hielt Biarritz' Ruhm bis in die dreißiger Jahre an: Die Schauspieler blieben, Modemacher ersetzten die gekrönten Häupter. Der Zweite Weltkrieg fügte Biarritz empfindliche Schäden zu: Die Deutschen verminten den Strand (was kurioserweise kaum jemanden vom Baden abhielt), und die Alliierten bombardierten am 27. März 1944 die Stadt.

Heute ziehen Golfplätze, Surfwettbewerbe, Musikfestivals und der Charme der Vergangenheit das internationale Publikum an.

Entlang der See…

Idealer Ausgangspunkt für einen Spaziergang durch Biarritz ist das **Musée de la Mer** an der Esplanade de la Vierge: Karten, Skelette von Meerestieren, Walschädel etc. erwarten den Besucher, der von einem riesigen Eisbären in Empfang genommen wird. Im Untergeschoß des Meeresmuseums gibt es ein Aquarium, in dem allerlei Wasserbewohner des Golfe de Gascogne umherschwimmen. Die zweite Etage mit ihren Schiffsmodellen ist den verschiedenen Techniken des Fischfangs gewidmet. Auf der Terrasse werden um 10.30 und 17 Uhr die Seehunde gefüttert (Musée de la Mer, Esplanade de la Vierge, Plateau de l'Atalaye, täglich 9–12 und 14–19 Uhr).

Direkt dem Museum gegenüber liegt der **Rocher de la Vierge,** der Jungfrauenfelsen. Ein Stück Stein

Biarritz
1 Musée de la Mer
2 Rocher de la Vierge
3 Plateau de l'Atalaye
4 Ste-Eugénie
5 Port des pêcheurs
6 Casino Bellevue
7 Casino Municipal
8 Hôtel de Ville
9 Hôtel du Palais, St-Alexandre-Newsky, Leuchtturm
10 Musée du Vieux Biarritz
11 Aussichtspunkt

mitten im Meer, über eine Brücke zu erreichen, hübsch bepflanzt und mit ein paar – zumindest in der Vorsaison – verschwiegenen Bänken und Nischen ausgestattet. Die Aussichtsplattform gewährt den schönsten Blick auf Stadt und Strand. Auf einer Anhöhe zur Linken ragt die pittoreske **Villa Belza** (1880) wie eine einsame Festung auf. Fast fühlt man sich an Norman Bates Hotel in »Psycho« erinnert.

Weiter geht es über das **Plateau de l'Atalaye** mit seinen Villen und Hotels aus dem 19. Jh. Von hier aus beobachtete man vor ein paar Jahrhunderten die vorbeiziehenden Wale. Die Kirche **Ste-Eugénie** auf dem gleichnamigen Platz wurde zwischen 1898 und 1906 errichtet und ersetzte eine 1856 im Auftrag Kaiserin Eugénies erbaute Kapelle. Von hier aus kann man zum **Port des pêcheurs,** dem 1780 angelegten, ›neuen‹ Fischereihafen, heruntersteigen. Die Felsen, die sich vor dem Betrachter aus dem Meer erheben, tragen Namen wie ›la Surprise‹, ›Couloum‹, ›le Basta‹ oder ›Jargin‹.

Entlang der Küste kommen wir zum **Casino Bellevue** (1887). Der Spielsaal hat an Bedeutung verloren, der größte Teil des Gebäudes besteht aus Appartements und Kongreßzentrum. In der Mitte der Grande Plage, des großen Strandes, liegt das **Casino Municipal,** ein etwas heruntergekommener Art déco-Bau von 1929 mit Touristencafés.

Von hier aus wenden wir uns nach rechts zur Avenue Edou-

Am Strand von Biarritz

ard VII. An der linken Straßenseite liegt der Eingang zum **Hôtel du Palais** (Avenue de l'Impératrice). Das massig wirkende Hotel liegt inmitten des alten kaiserlichen Besitzes, dort, wo einst die Villa Eugénie stand. Jene wurde 1881 verkauft und 1894 zum Casino und Hotel Palais Biarritz umgewandelt, bevor sie 1903 größtenteils niederbrannte. Das heutige Luxushotel entspricht der historischen Vorlage bis auf einen erweiternden Flügel. Der Charme der Belle Epoque wird in Halle, Speisesaal und einigen Salons konserviert. Auf der anderen Straßenseite sieht man die orthodoxe Kirche **St-Alexandre-Newsky** (1890–1892) mit ihrer blauen Kuppel, die dank Spenden der russischen Kolonie gebaut wurde. Direkt hinter dem Palais bietet das Thalassotherapie-Institut Louison Bobet im Hotel Miramar (mit eigenem Strand) seine Kuren gegen Streß, Rückenschmerzen und Bewegungsschäden an.

Folgt man der **Avenue de l'Impératrice,** sieht man links und rechts die schönsten Villen der Jahrhundertwende und der *années folles:* die Villa Casablanca (Ecke Rue des Vagues, 1922–1923), die anglonormannische Villa Edouard VII. (Nr. 9, 1930), die Villa Mirasol (Nr. 13, 1907 gebaut für den Couturier Stanislas O'Rossen), die mittelalterlich inspirierte Roche Ronde (Nr. 15), die Villa Cyrano (Nr. 18, 1901), die Rafale (Nr. 34), die Villa Castel Adour (Nr. 54) und die Villa Paz (Nr. 58).

Luxus der Belle Epoque: Hôtel du Palais

Belle Epoque und Années folles

1838 wurde zum schicksalhaften Jahr für das damals noch recht kleine Seebad Biarritz: Die spanische Aristokratenfamilie de Montijo verbrachte erstmals ihre Ferien an der baskischen Küste. Jahr für Jahr kehrten die Montijos nach Biarritz zurück, unter ihnen auch ein junges Mädchen namens Eugénie. Damals ahnten die Gastgeber aus Biarritz wohl kaum, daß besagte Eugénie 1853 die Gemahlin von Napoleon III. werden sollte. Natürlich überzeugte sie den Kaiser, mit ihr an den Lieblingsort ihrer Kindheit zurückzukehren. Der imperiale Gatte konstruierte gleich eine ganze Sommerresidenz im E-Grundriß (für Eugénie) und schnell noch einen Bahnhof dazu, Biarritz-la-Négresse, um die Anreise zu erleichtern. Im Gefolge des Königs fanden die gekrönten Häupter und sonstwie vom Schicksal Begünstigten ihrer Zeit in Biarritz den idealen Ort für Sommerfrische und Amüsement. Der Kaiser empfing hier Prosper Mérimée, den Schriftsteller und Freund der Familie, sowie König Leopold I. von Belgien und führte mit dem preußischen Gesandten in Paris, einem gewissen Bismarck, lange Gespräche auf den Strandpromenaden. Bismarck fand nebenbei noch Zeit, sich auffallend häufig mit der Fürstin Orlow, der Frau des russischen Botschafters, zu treffen. Nach dem deutsch-französischen Krieg von 1870, in dessen Verlauf Napoleon III. in deutsche Gefangenschaft geriet, beschwerte sich der Reichskanzler schriftlich darüber, daß er in den Friedensverhandlungen mit Frankreich vergessen habe, für sich das Recht einer Rückkehr nach Biarritz auszuhandeln. Das vornehme Leben ging trotz Napoleons Sturz weiter. Die kosmopolitische Gesellschaft der Belle Epoque reiste aus Rußland, England, Frankreich an.

Am Ende der Avenue liegt die **Pointe St-Martin** mit dem 44 m hohen Leuchtturm (1834). Über 248 Stufen gelangt man zur Aussichtsplattform (geöffnet von Ostern bis Ende September 10–12 und 14–18.30 Uhr, außerhalb der Saison 14–17 Uhr). Unterhalb des Leuchtturms führen kleine Treppen zu Felsterrassen und zum Strand hinunter.

Im Zentrum

Mittelpunkt der Stadt ist die **Place Clemenceau.** Der Teesalon der Patisserie Miremont (Haus Nr. 1) lädt mit klassischem Ambiente und Meerblick zum Verweilen ein. Hier nahm schon die gute Gesellschaft von 1900 ihren Nachmittagstee. Ebenfalls am Platz liegt die Bouti-

Neben der Möglichkeit zu einem Bad im Meer gab es Polo- und Golfplätze, Fechthallen und Gelegenheit zu einer Pelota-Partie. Wer sich auf sein Glück verließ, konnte im Casino Municipal oder dem Casino Bellevue in kurzer Zeit viel Geld unter die Leute bringen. Beim Einkaufsbummel durch die Boutiquen der damaligen Nobelschneider Worth oder Poiret benötigte man dafür etwas länger..., was freilich niemanden kümmerte. Schließlich war man in guter Gesellschaft, umgeben von Hoheiten wie Nathalie von Serbien, der Nichte der Königin Viktoria, Frederike von Hannover, oder Alphons XIII. von Spanien, der in Biarritz die Frau seines Lebens traf und dort mit allem standesgemäßen Prunk die Verlobung feierte.

Nach dem Ersten Weltkrieg wehte wieder ein freudiger Wind über Biarritz: Couturier Jean Patou erlaubte sich seine kleinen Verrücktheiten, nutzt an Sonnentagen einen weißen Wagen mit schwarzem Chauffeur und fuhr an Regentagen mit einem schwarzen Wagen und weißem Chauffeur vor. Auch die Großen der Welt waren noch präsent. Eintragungen der Gästebücher stammten vom Prince of Wales und dem Herzog von York, dem späteren George VI., Winston Churchill und Léon Blum. Zu den Mächtigen gesellten sich Schauspieler wie Charlie Chaplin und Sacha Guitry, Maler wie Picasso und Van Dongen, Schriftsteller wie Rudyard Kipling, Paul Valéry und Francis Jammes. Europa versuchte zu vergessen und gab sich der Leichtigkeit der *années folles* hin. In den Salons der Villa Belza tanzte man Charleston bis zum Morgengrauen ...

Heute ist die Villa Belza mehr oder minder gelungen restauriert und hat dadurch viel von ihrem Charme verloren, die alte Plage des Fous (Strand der Verrückten) heißt einfach und zutreffend Grande Plage (großer Strand). Nur die Straßennamen erinnern an die große alte Zeit: von der Avenue de l´Impératrice zum Boulevard Prince-de-Galles ...

que von Jean Patou, der in Biarritz eine Villa besaß. Biegt man an der Südseite des Platzes in die Avenue Victor Hugo und dann rechts in die Rue Broqueurs ein, kommt man zum **Musée du Vieux Biarritz:** ein kleines Privatmuseum in einer einstigen anglikanischen Kirche mit Briefen, Fotos, Zeichnungen und Plakaten zum Thema ›Alt-Biarritz‹.

An der Ecke Avenue Edouard VII. und **Rue Gardères** liegt die Villa Bellairs (1867), die recht typisch für die große Zeit des Seebads ist. Sehenswert sind auch die

Rocher de la Vierge ▷

Nr. 10, das Hotel Plaza (1928), die Maison Basque (Nr. 3, 1927) und die Villa Duchatel (Nr. 19, 1879). Die rechte Straßenseite wird ähnlich wie in Bayonne von Arkaden gesäumt, hinter denen sich mehr oder minder luxuriöse Boutiquen verstecken. Einige sehenswerte Villen aus Biarritz' bester Zeit findet man auch auf der rechts abzweigenden **Avenue de la Reine Victoria** (Nr. 27, Nr. 12). Die beiden Straßen bilden ein amüsantes Stilgemisch mit barocken, gotischen, maurischen und Art déco-Elementen, kräftig unterfüttert von viel Beton, der eigentlich nur aus der Zeit nach der Bombardierung der Stadt stammen kann.

Office de Tourisme, Square d'Ixelles, ✆ 05 59 24 20 24.

Flughafen: Parme-Anglet, ✆ 05 59 23 90 67. **Bahnhof:** Gare S.N.C.F., 3 km außerhalb des Stadtzentrums im Quartier de la Négresse, ✆ 05 59 55 50 50. **Autovermietungen:** an Flughafen und Bahnhof, z. B.:Avis ✆ 05 59 23 67 92. **Taxis:** ✆ 05 59 63 17 17.

****Le Palais, 1, Avenue de l´Impératrice, ✆ 05 59 41 64 00 (ein echtes Stück Belle-Epoque-Luxus, Golfplatz neben dem Haus). ****Miramar, Avenue de l´Impératrice, ✆ 05 59 41 30 00. Institut de Thalassotherapie Louison Bobet, 11, Rue Louison Bobet, ✆ 05 59 24 20 80 (modernes Luxushotel, das mit einem Thalassotherapiezentrum zusammenarbeitet). ***Château du Clair de Lune, Route d'Arbonne, 48, Avenue A. Seeger, ✆ 05 59 23 45 96 (schönes altes Haus mit großem Park, 3 km vom Stadtzentrum, daher wesentlich günstiger als ein Haus mit vergleichbarem Komfort in Strandnähe). **Hotel Argi-Eder, 13, Rue Peyroloubilh, ✆ 05 59 24 22 53 (einfach, zentral).

Le Biarritz, 28 Route d'Harcet, ✆ 05 59 23 00 12 (500 m vom Strand entfernte Campingwiese mit Bäumen). Direkt nebenan gelegen: Le Splendid, ✆ 05 59 23 01 29.

Restaurants sind in Biarritz generell sehr teuer. Im nahen Bayonne speist man weit günstiger. Le Grand Siècle (im Hôtel du Palais), 1, Avenue de l'Impératrice, ✆ 05 59 24 09 40 (bestes Luxusrestaurant der Stadt, nicht nur hotelübliches Gourmet-Einerlei à la Caviar & Co, sondern auch verfeinerte baskische Kost). Les Platanes, 32, Avenue Beausoleil, ✆ 05 59 23 13 68 (Bistro Arnaud Daguins, Sohn des berühmten Stopfleberspezialisten aus Auch: z. B. Langustinos mit Erbsen, gutes Preis-Leistungsverhältnis). Auberge de la Négresse, 10, Boulevard Marcel Dassault, ✆ 05 59 23 15 83 (nettes Bistro mit Garten unter einem Viadukt, Fischspezialitäten, günstige Menüs). Café de Paris, 5, Place Bellevue, ✆ 05 59 24 19 53 (dank Küchenchef Didier Oudill, vormals Grenade-sur-l'Adour, wieder eines der besten Lokale der Stadt).

Henriet, Place Clemenceau, ✆ 05 59 24 24 15 (beste Patisserie vor Ort, Spezialität: Rocher de Biarritz mit karamelisierten Mandeln, Schokolade und etwas Orangenschale). Maison Arostéguy, 5, Av. Victor Hugo, ✆ 05 59 24 00 52 (seit 1875 in Familienbesitz, Spezialitäten: Paprika aus Espelette, Serrano-Schinken, Schafskäse). Mille et un Fromages, 8, Av. Victor Hugo, ✆ 05 59 24 67 88 (Käse für Kenner, Spezialität: der baskische Schafskäse Ardi-Gasna).

Fischen: Association Nautique, Port des Pêcheurs, ✆ 05 59 24 11 41. **Golf:** Golf de Biarritz, Av. Edith Cavell, ✆ 05 59 03 71 80; Stratton Golf School, Hotel Régina, Av. de l'Impératrice, ✆ 05 59 41 33 00. **Segeln:** Haizean Croisières, 5, Allée des Frenes, ✆ 05 59 23 34 07. **Surfen:** Ecole Project, 13, Rue Lasvignottes, ✆ 05 59 24 58 11; Biarritz Surf Training, 2, Av. de la Reine Victoria, ✆ 05 59 24 38 40; Ecole Plum's, 5, Place Clemenceau, ✆ 05 59 24 08 04. **Tauchen:** Scaphandre Club, Crampotte du Port des Pêcheurs, ✆ 05 59 24 80 40.

Bidart

Von Biarritz fährt man über die Route de la Corniche in den kleinen Badeort. Die **Chapelle Ste-Madeleine** bietet schönen Rundumblick über die Küste. Typisch baskisch ist die Place Centrale mit Kirche, *fronton* (Pelota-Mauer) und blumengeschmücktem Rathaus.

Office du tourisme, Rue de la Grande Plage, ✆ 05 59 54 93 85.

Pénélope, in Ilbaritz über die D 911, ✆ 05 59 23 00 37 (ruhiges Haus mit Garten, günstig). ***Bidartea, an der N 10, ✆ 05 59 54 94 68 (eine der besseren Adressen vor Ort; Schwimmbad, kleiner Garten).

Les Frères Ibarboure, Chemin de Ttalienia, 64210 Bidart, ✆ 05 59 54 81 64 (hervorragende, baskisch inspirierte Küche im Grünen; das beste Restaurant der Küste; Preise – noch – nicht zu hoch).

Inchaurraga, Moulin de Bassilour, Richtung Arbonne (original baskische Bäckerei mit Maisbrot, das gut zur *foie gras* paßt, leckeren Sandkuchen und *gâteau basque,* baskischem Kuchen mit Kirschkonfitüre).

Golf: Centre d'Entrainement d'Ilbarritz, Avenue de la Reine Nathalie, ✆ 05 59 23 74 65. Ecole de Golf Mendiburu, ✆ 05 59 23 74 65.

Guéthary

Man folgt der Küste Richtung Südwesten und gelangt nach Guéthary. Mit nur 140 ha ist es die kleinste Gemeinde der baskischen Küste. Recht malerisch ist der kleine Hafen des einstigen Fischerdorfes, das sich im 19. Jh. zum Badeort entwickelte. Das ehemalige Fischerviertel ist leider Immobilienspekulanten zum Opfer gefallen. An den Poeten und Romancier Paul-Jean Toulet (1867– 1920) erinnert das Museum in der prachtvollen **Villa Saraleguinea** im neo-baskischen Stil. Auch ein paar Exponate aus römischer Zeit, die in der Nähe des Bahnhofs gefunden wurden, haben die Stadtoberen hier untergebracht; sie wußten wohl nicht so recht, wohin damit. Die **Kirche** aus dem 17. Jh. an der N 10 besitzt ein schönes Prozessionskreuz aus dem 15. Jh.

Hotel Pereïra, ✆ 05 59 26 51 68 (ruhig mit hübschem Garten; günstige, korrekte Küche).

Surfen und Bootsverleih: Point Glisse Ocean, Maison Etcharia, ✆ 05 59 54 70 38.

St-Jean-de-Luz

Der Ort ist sicher das malerischste Seebad an der baskischen Küste. Da man hier nicht allein vom Tourismus, sondern in hohem Maße vom Fischfang lebt, hat sich der Ort eine lebendige, ›authentische‹ Atmosphäre erhalten. Der wichtige Fischereihafen hat schon immer von seiner Lage nahe der spanischen Grenze profitiert. Jeder Händler, aber auch alle Invasoren waren gezwungen, hier Station zu machen. Im 11. Jh. zogen die Männer von St-Jean zum Walfang in den Golf der Gascogne und bis nach Grönland aus. 500 Jahre später verlegten sie sich auf Kabeljau, da sie reiche Vorkommen des begehrten Speisefischs zwischen Neufundland und Kanada entdeckt hatten. Korsaren aus St-Jean-de-Luz wurden zum Schrecken der Engländer, die die Stadt bald zum ›Vipernnest‹ erklärten. Die Bürger von St-Jean mußten die benachbarten Spanier fürchten. Deren Überfälle endeten erst mit der Hochzeit von Ludwig XIV. mit der Infantin Maria-Theresia von Spanien im Jahre 1660, dem wohl bedeutendsten Ereignis in der Stadtgeschichte.

Das historische Zentrum der Stadt ist natürlich die Place Louis XIV. Hier empfing die **Maison Louis XIV.**, 1643 für den Reeder Lohobiague erbaut, den Herrscher vor seiner Hochzeit. Im Eßzimmer kann man das vergoldete Silberservice bewundern, das der König der Witwe des Reeders zum Dank schenkte (Besichtigung nach Voranmeldung im Fremdenverkehrsamt). Das **Rathaus** gegenüber stammt aus dem Jahr 1654. Im Pavillon in der Mitte des Platzes spielt an Som-

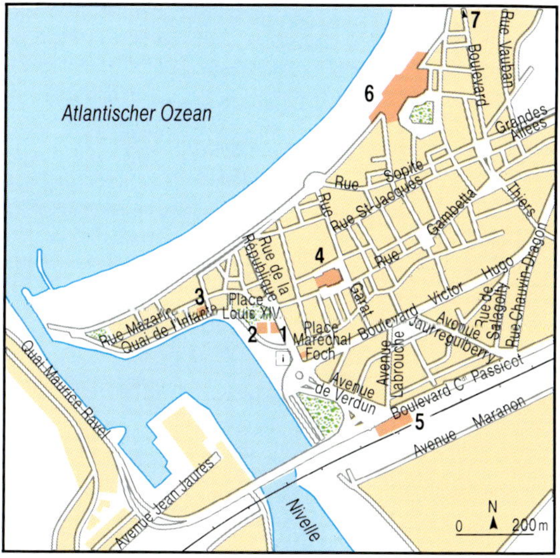

St-Jean-de-Luz
1 Maison Louis XIV.
2 Hôtel de Ville
3 Maison de l'Infante
4 St-Jean-Baptiste
5 Bahnhof
6 Casino
7 Aussichtspunkt Pointe Ste-Barbe

merwochenenden das städtische Blasorchester zum Tanz auf. Zwei Ecken weiter, am Quai de l'Infante, steht das Haus der Braut, die **Maison de l'Infante.** Man ist hier direkt am Hafen. Manchmal verkaufen die Fischer ihren Fang, Thunfisch, Sardinen und Anchovis, noch mit viel Geschrei direkt vom Schiff aus. Nachmittags bieten einige von ihnen in der Nähe des Restaurants La Sardinerie am Hafenparkplatz auch frische Taschenkrebse an.

Rechts vom Rathaus liegt die Rue Gambetta, eine der Hauptgeschäftsstraßen der Stadt, die selbst abends noch sehr belebt ist. Auch hier stehen noch einige baskische Häuser aus dem 17. Jh. wie die Nr. 18 und Nr. 20. In der **Eglise St-Jean-Baptiste** (nach dem Brand von 1419 stufenweise wiederaufgebaut) fand die königliche Hochzeit statt. An der rechten Seite (vom Eingangstor aus) liegt das Portal, durch das Ludwig XIV. die Kirche verließ. Es wurde unmittelbar nach der Zeremonie zugemauert. Das prachtvolle Interieur stammt aus dem 17. Jh. und bildet einen auffallenden Kontrast zur unscheinbaren Fassade. Besonders kostbar ist das Altarretabel mit zahlreichen vergoldeten Statuen.

In der Rue de la République steht mit der Nr. 17 das älteste Haus der Stadt (16. Jh.), das als einziges den großen Brand überstanden hat, den Plünderer von jenseits der Grenze 1558 gelegt hatten. Die Rue de la République führt direkt zum Strand. Links liegt das **Quartier de**

la Barre, das Viertel der großen Reeder des 17. Jh., rechts das Casino und der Aussichtspunkt **Pointe Ste-Barbe** (Boulevard Thiers).

Office de Tourisme: Place Maréchal Foch, ✆ 05 59 26 03 16.

Bahnhof: Gare S.N.C.F., Avenue de Verdun, ✆ 05 59 26 02 08 (auch Fahrradverleih). **Verleih von Landrovern:** Tourisme Basque, 100, Rue Gambetta, ✆ 05 59 26 97 97.

***Parc Victoria, 5, Rue Cépé, 64500 St-Jean-de-Luz, ✆ 05 59 26 78 78 (schönes Luxushotel im Stil der Dreißiger; hübscher Park). **Ohartzia, 28, Rue Garat, 64500 St-Jean-de-Luz, ✆ 05 59 26 00 06 (zwischen Strand und Nachtleben, daher nicht immer ruhig, aber klein und charmant).

La Coupole im Grand Hotel, 93, Boulevard Thiers, ✆ 05 59 26 35 56 (die erste Adresse vor Ort, das Menü ist nicht zu teuer). Auberge Kaiku, 17, Rue de la République, ✆ 05 59 26 13 20 (Meeresfrüchte in einem Haus aus dem 16. Jh.; touristisch, aber empfehlenswert). Txalupa, Vieux Port, ✆ 05 59 26 99 82 (Spezialität: frische Meeresfrüchte; Terrasse mit Blick über den Hafen).

Maison Adam, 6, Place Louis XIV., Filiale: 49, Rue Gambetta (für ihre *macarons* berühmte Patisserie). Robert Paries, 9, Rue Gambetta (Karamel nach einem alten Rezept). **Markt:** Marché Couvert, Boulevard Victor Hugo, Di bis Fr 7–12 Uhr (in der Halle von 1760 findet man baskischen Honig, Schafskäse, Paprika, Schinken).

Tauchen: Club de Plongée Moana, Quartier Acotz, ✆ 05 59 51 08 12; Centre de Formation Maritime, Port Nivelle, ✆ 05 59 51 10 33. **Wasserski:** Sports Mer, 7, Rue de la République, ✆ 05 59 51 14 01. **Fischen & Bootsverleih:** Stream Service, Port Nivelle, ✆ 05 59 26 42 94. **Fischen:** Itzuli Eder, 100, Rue Gambetta, ✆ 05 59 26 25 87. **Tennis:** Club Luzien, Parc des Sports, ✆ 05 59 26 48 01.

St-Jean-de-Luz ▷

Blick auf den Fischereihafen

Ciboure

Auf der St-Jean gegenüberliegenden Seite des Hafens liegt Ciboure (von baskisch: *zubiburu* = Brükkenkopf). Direkt am Hafen, im Haus Nr. 12, wurde der Komponist Maurice Ravel geboren. Kein Wunder, daß die Hafenstraße heute Quai Maurice Ravel heißt. Die typischen Baskenhäuser findet man in der Rue de la Fontaine, der Rue de l'escalier, der Rue Agorette und der Rue Pocalette. Westlich der Innenstadt trifft man auf das Quartier de Socoa mit seinem **Fort** (1627), das einst den Eingang zur Bucht von St-Jean-de-Luz verteidigte. Heute hat sich in der Festung eine Segel- und Surfschule verschanzt.

***Lehen Tokia, Chemin Achotazetta, ✆ 05 59 47 18 16 (baskische Villa mit Gartenterrasse).

Chez Dominique, 15, Quai Maurice Ravel, ✆ 05 59 47 29 16 (gute Fischspezialitäten, aber teuer).

Golf: Golf de la Nivelle, Place William Sharp, ✆ 05 59 47 18 99. **Tauchen:** Centre Régional d'Activités Subaquatiques, 8, Rue Simone Ménez, ✆ 05 59 47 02 04. **Tennis:** Stade Jean Poulou, ✆ 05 59 47 10 36. **Segeln:** Yacht Club Basque, Parking Socca, ✆ 05 59 47 18 31. **Wasserski:** Ecole internationale de Voile, Parking Socca, ✆ 05 59 47 06 32.

Fort von Socoa bei Ciboure

Hendaye

Den Weg nach Süden sollte man entlang der Corniche Basque, einem grandiosen Steilufer, fortsetzen. Der Blick auf das Meer ist wunderbar. Kurz vor Hendaye fährt man am neogotischen **Château d'Abbadia** (1862) vorbei. Hier lebte der Gelehrte Antoine d'Abbadie d'Arrast (1810–1897) und baute eine völkerkundliche Sammlung zum Thema Äthiopien auf. Leider wird der Besuch im Château nur gelegentlich Reisegruppen gestattet (✆ 05 59 20 15 87).

Als letzte Stadt vor der spanischen Grenze war Hendaye mehrmals Ort historischer Zusammenkünfte: 1463 trafen sich auf der Fasaneninsel *(île des faisans)* im Fluß Bidassoa vor der Stadt Ludwig XI. und Heinrich IV. 1526 wurde auf derselben Insel der in spanische Gefangenschaft geratene Franz I. gegen seine beiden Söhne als Geiseln ausgetauscht. 1615 kam es am selben Ort zum ›Prinzessinnentausch‹: Elisabeth, Schwester von Ludwig XIII., wurde dem Infanten von Spanien, dem zukünftigen Philipp IV., übergeben, während Anna von Österreich, Schwester des Infanten, hier an der Seite von Ludwig XII. ihr neues Vaterland betrat. 1659 wurde der Pyrenäenfrieden, der den spanisch-französischen Krieg beendete, auf der Fasaneninsel geschlossen. Die Gebiete Roussillon, Artois und Teile Lothringens fielen an die Franzosen. Damit ging die Vorherrschaft in Europa von Spanien auf Frankreich über.

Im 20. Jh. kam es am Bahnhof von Hendaye zu einer weiteren Zusammenkunft: Am 23. Oktober 1940 trafen sich hier Hitler und Franco, um über ein eventuelles Eintreten Spaniens in den Zweiten Weltkrieg zu verhandeln. Franco gelang es jedoch, sein Land herauszuhalten.

Hendaye ist in drei fast selbständige Stadtviertel aufgeteilt: Hendaye Gare, mit Bahnhof und Brükken zur spanischen Grenze, Hen-

daye-Ville, das Stadtzentrum mit Kirche und Rathaus, sowie Hendaye-Plage mit der Strandpromenade.

Die **Eglise St-Vincent** im Zentrum der Stadt wurde von spanischen Heeren mehrfach zerstört, jedoch immer wieder neu aufgebaut. Ihr Innenraum wurde im 19. Jh. vollständig renoviert. Die rechte Wand schmückt ein Relief (17. Jh.), das die Flucht nach Ägypten darstellt.

Schöne Aussicht auf die Bucht von Chingoudy genießt man von der Place du Vieux Fort. Nicht weit entfernt, fast am Ufer der Bidassoa, liegt die **Maison Bakharatchea.** Pierre Loti, Autor von »Ramuntcho« (s. S. 211) und »Pêcheurs d'Islande«, starb hier 1923.

Das **Casino** findet man am Boulevard de la Plage. Lebhaft geht es

Am Strand von Hendaye

auch in der Rue du Port und auf der Place de la République zu.

Syndicat d'Initiative, 12, Rue des Aubépines, ✆ 05 59 20 00 34.

***Hotel Pohoténia, Route Corniche, ✆ 05 59 20 04 76 (Mittelklassehaus der komfortablen Sorte).

Camping Ametza, ✆ 05 59 20 07 05 (mit Glück erwischt man eine Stelle mit schöner Aussicht; wer Pech hat, landet an der Bahntrasse oder Straße).

Sotua, 5, Boulevard du Général-de-Gaulle, ✆ 05 59 20 63 68 (pittoreske Bodega mit Spezialitäten aus der Region und vom Grill).

Fischen: L'Hendayais II, Port de la Floride, ✆ 05 59 20 51 51. **Segeln:** Hendaye Station Voile, ✆ 05 59 20 00 34. **Surfen:** Centre Nautique, Port de la Floride, ✆ 05 59 20 52 52. **Tauchen:** Club de Plongée Urpean, Port de Pêche, ✆ 05 59 20 55 55. **Tennis:** Tennis Club Hendayais, Parc des Sports, ✆ 05 59 20 02 73.

bai
independentziari
KRISTO-BONANTZAKUA
EUSKO

Ausflug nach San Sebastián

(Donostia)

Im Hafen von San Sebastián

San Sebastián

Wer die spanische Grenze überquert, um San Sebastián (Donostia) einen Besuch abzustatten, muß sich zunächst durch den Grenzstadtverkehr von Irún quälen. Doch nur wenige Kilometer von hier stoßen wir im hübschen Fischerdorf und Badeort Fuenterrabía (bask. Hondarribia) wieder auf die typisch baskischen, frisch geweißten und blumengeschmückten Häuser.

Die Autonomiebestrebungen der spanischen Basken äußern sich auch für Touristen sichtbar in den politischen Parolen, die auf Hafenkais und Häuserwände geschrieben werden. Straßenschilder mit der Aufschrift ›San Sebastián‹ werden immer wieder mit dem baskischen Namen ›Donostia‹ übermalt – das Baskische ist hier neben dem Kastilischen längst Amtssprache, und die meisten Schilder in der Provinz Gipuzkoa (kastil. Guipúzcoa) halten sich auch daran.

San Sebastián war in der Belle Epoque ein mondänes Seebad wie Biarritz. Die spanische Königin María Cristina verbrachte hier den Sommer, Bismarck war zu Gast. Imponierende Hotels wie das María Cristina und viele andere Bauten im Stil der Jahrhundertwende erinnern an die große Zeit der Stadt. Eine echte Attraktion sind natürlich auch heute noch die Strände: Surfer lieben die Playa del Gros, Badegäste die Playa de la Concha, die ihren Namen der Muschelform der Bucht verdankt. Die Einheimischen flanieren derweil über die Alameda del Boulevard.

Vorbei an Rathaus, früher Spielcasino, und Teatro Principal geht es zur Iglesia de Santa María (1764). Im Hintergrund ragt der Monte Urgull auf, mit seiner Festung Castillo de la Mota. Von der Altstadt führt ein Fußweg auf den Berg. Sehenswert sind auch das Ozeanische Museum im Palacio del Mar (geöffnet außer Mo 10–12.30 und 15.30–19.30 Uhr), das Kloster San Telmo (1551) mit seinem Museum (Gemälde, umfangreiche volkskundliche Sammlungen), die Kirche San Vicente (Calle de Narrica) und der Palacio Miramar, 1813 im englischen Landhausstil für María Cristina errichtet, an der Avenida de Miramar.

Beim Spaziergang durch die Altstadt passiert man kleine bis kleinste Läden mit frischestem Fisch; abends verführt Spaniens beste Auswahl an Tapas. Und natürlich finden auch hier die typischen Feste der Region statt: Pelota, Stierkampf und *forces basques,* hier Fiesta Euskara genannt.

****María Cristina, Paseo Republica Argentina 4, 20015 San Sebastián, ✆ (43) 42 49 00 (ein Relikt aus der großen Zeit von San Sebastián; beeindruckende Salons mit Marmorsäulen, große Zimmer).

Camping Igueldo, ✆ (43) 21 45 02 (recht schöner Platz auf dem Monte Igueldo, durchschnittlicher Komfort).

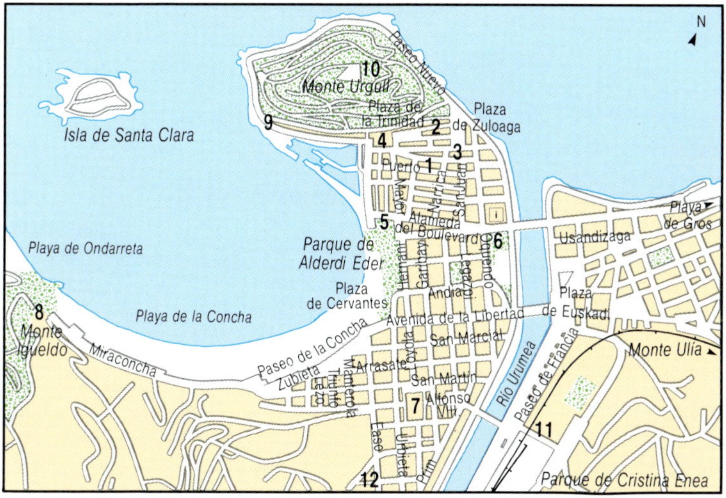

San Sebastián/Donostia 1 Plaza de la Constitución 2 Museo San Telmo 3 San Vicente 4 Santa María 5 Rathaus 6 Teatro Victoria Eugenia 7 Kathedrale Buen Pastor 8 Palacio Miramar 9 Aquarium (Palacio del Mar) 10 Burg La Mota (Militärmuseum) 11 RENFE-Bahnhof (Estación del Norte) 12 FEVE-Bahnhof (Estación de Amara)

Arzak, Alto Miracruz 21, 20015 San Sebastián, ✆ (43) 27 84 65/ (43) 28 55 93 (Spaniens bester Koch. Während seine Kollegen von Madrid bis Barcelona sich am französischen Vorbild orientieren, setzt er aufs pure Baskentum. Fassade und Ambiente wirken kein bißchen luxuriös, haben mehr das Niveau einer gehobenen bürgerlichen Wirtschaft. Aber dann: Langostinos mit Pflaumen und Paprika, gefüllte Morcheln, Meeresspinne mit Safransauce, Seehecht mit grüner Sauce und Venusmuscheln oder ›Kokotxas‹ – Seehechtbäckchen. Arzak ist ein Koch ohne Starallüren, ein Patron, wie man sich ihn wünscht: Wenn er in den Saal kommt, Stammgäste küßt – Damen – oder ihnen jovial die Schultern beklopft – Herren –, Neulingen ein Glas Txakoli spendiert und zwischendurch immer wieder in der Küche verschwindet, hat man den Eindruck, bei einem Freund zu Gast zu sein. Hohe, aber für das Gebotene akzeptable Preise). Bodegón Alejandro, Farmín Calbetón 4, ✆ 42 71 58 (der talentierte Nachwuchskoch serviert Baskisches mit französischem Einschlag). Patxika Kintana, San Jerónimo 22, ✆ 42 63 99 (traditionell baskisches Restaurant in der Altstadt).

Landschaft bei San Sebastián ▷

Literaturhinweise

Zum Thema Wein

Hugh Johnson: Der große Weinatlas. 23. Aufl., Bern und Ostfildern 1991

Hugh Johnson/Hubrecht Duijker: Atlas der französischen Weine. 2. Aufl., Bern und Ostfildern 1990

Château Bordeaux – Baukunst und Weinbau. Hrsg. von Jean Dethier, 2. Aufl., Bern und Ostfildern 1991

Hugh Johnson: Der große Johnson. 5. Aufl., Bern und Ostfildern 1991

Robert M. Parker Junior: Bordeaux. 1. Aufl., Bern und Ostfildern 1992

David Peppercorn: Bordeaux 92/93. 3. Aufl., Bern und Ostfildern 1992

Kunst & Kultur

Thorsten Droste: Périgord und Atlantikküste. 11. Aufl., Köln 1994

Belletristik

Die Werke der folgenden Auswahl wurden entweder in Aquitanien verfaßt oder behandeln – in irgendeiner Form – diese Region. Die meisten Titel sind nicht ins Deutsche übersetzt. Sie sind in Fremdsprachenbuchhandlungen erhältlich bzw. zu beziehen oder im Land selbst, z. B. in der Librairie du Glorit im Musée d'Aquitaine (20, Cours Pasteur) in Bordeaux, die sich auf regionalspezifische Titel spezialisiert hat und auch sonntags geöffnet ist.

Montaigne, Michel de: Essais. 1976, Insel-Verlag

Montesquieu, Charles de: Persische Briefe, Reclam

Stendhal: Mémoires d'un Touriste / Reisen in Südfrankreich. Franz./Dt. 1991, dtv zweisprachig

Barthes, Roland: La Lumière du Sud-Ouest

Benoît, Pierre: L'Atlantide

Boussinot, Roger: Jean Chalosse, moutonnier des Landes

Cayrol, Jean: Les enfants pillards

Delay, Florence: Extemendi

Hugo, Victor: Ruy Blas

Jammes, Francis: Poésies

Lamartine, Alphonse de: Histoire des Girondins

Loti, Pierre: Ramuntcho

Manciet, Bernard: Le triangle des Landes

Mauriac, François: Bélisaire

Mauriac, François: Thérèse Desqueyroux

Perrein, Michèle: Les cotonniers de Basselanne

Pesquidoux, Jean de: La Gascogne

Sollers, Philippe: Le Cœur absolu

Stendhal: Dans le Midi

Thomasset, René: Contes et légendes du Pays Basque

Abbildungs- und Literaturnachweis

Gunda Amberg, Gröbenzell S. 63, 72, 75, 79, 83, 88/89, 97, 100, 101, 104/105, 136, 139, 162/163, 165, 169, 170
Hellmuth Amberg S. 10
Archiv für Kunst und Geschichte, Berlin S. 29, 32, 35, 42, 43
Gerhard Beese, Hamburg S. 70, 78
Ulrich Berger, Bonn S. 18
Bildarchiv Preußischer Kulturbesitz, Berlin S. 43
Birke und Blobel, Wuppertal S. 64, S. 171 (Gunnar Bäldle)
Château d'Yquem S. 24
Château Mouton-Rothschild S. 99
Gesche M. Cordes, Hamburg S. 208/209, 216, 217
Werner Dieterich, Stuttgart S. 118, 198
Silvia Engel, Köln S. 191
Explorer, Paris S. 12 (D. Reperant), 125 (P. Roy), 152/153 (P. Tetrel)
Calle Hesslefors, Rödermark S. 12/13, 16, 19, 94/95, 96, 110, 115, 130
Muriel Icard, Bordeaux S. 122, 132
Petra Juling, Bonn S. 2/3, 48/49, 74, 129
Georg Jung, Hamburg S. 158, 192/193, 201, 205, 212/213, 223, 226, 228/229, 235/236
Sigrun Lenk, Freising hintere Umschlaginnenklappe
Parc Naturel Régional des Landes de Gascogne, Opérateur Jean Tucoo-Chala, Sabres S. 140/141, 148, 150
Werner Stuhler, Hergensweiler S. 178/179
Sud-Ouest, Bordeaux S. 155, 180; S. 133 (J. J. Saudi), S. 144 (Jean-Louis Duzert), S. 160 (Tapis), S. 175 (Michel André), S. 184 (François Dodasse)
Martin Thomas, Aachen Titel, vordere Umschlaginnenklappe, Umschlagrückseite, S. 1, 26/27, 36, 39, 51, 54/55, 58/59, 65, 112, 128, 166/167, 172, 173, 178, 182/183, 197, 199, 207, 210, 211, 227, 230/231
White Star Monica Gumm, Hamburg S. 203, 220/221, 232/233

Karten und Pläne: DuMont Buchverlag, Köln

Das Zitat auf S. 11 ist entnommen: Johanna Schopenhauer, Sämtliche Werke, 17. Band (Reise durch das südliche Frankreich), Leipzig/Frankfurt am Main 1831
Das Zitat auf S. 44 f. ist entnommen: Philippe Sollers, Théorie des exceptions, Paris (Gallimard) 1985
Das Zitat auf S. 113 ist entnommen: Richard Olney, Yquem, Paris (Flammarion) 1985
Das Zitat von Roland Barthes auf S. 194 ist entnommen: La Lumière du Sud-Ouest, Editions de Festin 1991
Der Text aus Kurt Tucholskys »Pyrenäenbuch« auf S. 206 f. ist entnommen: Kurt Tucholsky, Gesammelte Werke. Copyright 1960 by Rowohlt Verlag GmbH, Reinbek

Verzeichnis der Karten und Pläne

Tips und Adressen

Reisevorbereitungen

Auskunft und Information

Französische Fremdenverkehrsämter

... in Deutschland:
Westendstr. 47, 60311 Frankfurt,
✆ 01 90/57 00 25
Keithstr. 2–4, 10787 Berlin,
✆ 0 30/2 18 20 64

... in Österreich:
Argentinierstraße 41a
1040 Wien,
✆ 01/5 03 28 90

... in der Schweiz:
2, Rue Thalberg, 1201 Genève,
✆ 0 22/7 32 86 10
Löwenstr. 59, 8023 Zürich,
✆ 01/2 11 30 85

... in Frankreich:
Comité départemental du Tourisme
24, Rue Esprit des Lois, 33000 Bordeaux, ✆ 05 56 52 61 40
Die regionale Zweigstelle des Fremdenverkehrsamtes versendet Broschüren zu Ausflügen, Fahrradtouren, Weingutbesichtigungen, Hotel- und Campingverzeichnisse etc. gegen eine geringe Gebühr.

Zoll- und Einreisebestimmungen

Als abgabefreie Richtmengen pro Person bei Ein- und Ausfuhr gelten seit der Öffnung des europäischen Binnenmarktes 1993 innerhalb der EU: 800 Zigaretten, 400 Zigarillos, 200 Zigarren oder 1 kg Pfeifentabak; 10 l Spirituosen, 20 l sog. Zwischenerzeugnisse (z. B. Likör), 90 l Wein (max. 60 l Schaumwein) oder 110 l Bier.

EU-Bürger benötigen einen gültigen Personalausweis oder Reisepaß, außerdem den nationalen Führerschein und den Fahrzeugschein. Kinder unter 16 Jahren brauchen den Kinderausweis oder müssen im Elternpaß eingetragen sein.

Empfohlen wird außerdem die Grüne Versicherungskarte, für Österreicher und Schweizer ist sie Pflicht.

Tiere, die jünger als drei Monate sind, dürfen nicht nach Frankreich eingeführt werden. Für Tiere bis zu einem Jahr sind tierärztliche Bestätigungen erforderlich: Hunde müssen gegen Staupe, Tollwut und Hepatitis geimpft sein, Katzen gegen Katzenseuche und Tollwut. Für ältere Tiere benötigt man nur eine Bescheinigung über die Tollwutschutzimpfung.

Karten

Empfehlenswert sind die blau-gelben Michelin-Karten Nr. 71, 78 und 79 im Maßstab 1:200 000. Sie sind in Buchhandlungen und an Tankstellen erhältlich – in Frankreich meist günstiger als bei uns.

Reisezeit und Wetter

Das Wetter Aquitaniens ist recht ausgeglichen: Die Durchschnittstemperatur im Januar liegt bei 11,6° C, im August, wenn der Atlantik die angenehmste Wassertemperatur hat, bei 23,8° C. Im Juli und August werden die Einheimischen fast völlig von Touristen verdrängt: Die Bordelesen ziehen sich in ihre Ferienhäuser bei Arcachon zurück, die Pariser erobern ihre Dependancen in Royan oder den Weinbaugebieten. Und von Bordeaux bis Biarritz sieht man mehr nordische Surf-People als Franzosen. Eine sehr angenehme Reisezeit hingegen ist das Frühjahr (April bis Juni) und die Weinlesezeit im Herbst.

Anreise

... mit dem Auto

Die französischen Autobahnen sind mautpflichtig. 100 km kosten umgerechnet etwa DM 13. Die Tarife werden regelmäßig zur Ferienzeit erhöht. Beim ADAC ist eine Liste der mautpflichtigen Autobahnen mit ihren Preisen erhältlich. Bleifreies Benzin heißt *sans plomb*, Super bleifrei ist *Super sans plomb 95*. Das *Super sans plomb 98* entspricht unserem Super Plus.

... mit der Bahn

Schnell und bequem ist die Anreise mit dem Hochgeschwindigkeitszug TGV von Paris aus. Das ›Billet‹ erster Klasse nach Bordeaux kostet etwa 900 FF zzgl. Reservierungsgebühr (zwischen 40 und 120 FF). Die zweite Klasse schlägt mit ca. 600 FF plus Reservierung (32 bis 70 FF) zu Buche. Für bestimmte Fahrzeiten gelten Sonderangebote, außerdem gibt es einen Wochenendtarif mit 25 % Preisnachlaß.

... mit dem Flugzeug

Direktflüge nach Bordeaux starten nur von Frankfurt aus. Flüge nach Bordeaux via Paris sind von Düsseldorf, Frankfurt, Hamburg, Hannover, München und Stuttgart möglich. Von Paris aus kann man auch Anglet bei Biarritz anfliegen. Die interessanteren Tarife bekommt man beim Abflug von Paris allemal: An manchen Wochenenden lassen sich 60 % sparen.

Reisen im Land

... mit der Bahn

Aquitanien verfügt über ein dichtes Schienensystem. Jede ›Touristenhochburg‹ ist per Bahn erreichbar. Interessante Sonderangebote bietet die Karte ›France Vacances‹, mit der man gut einen Monat lang durch Frankreich touren kann (auch wenn man nicht an jedem Tag den Zug benutzen darf). Ermäßigungen gibt es für längere Strecken auch an manchen Wochenenden. Auskünfte erteilen das örtliche Büro der französischen Eisenbahngesellschaft (SNCF), die Reisebüros sowie die nationalen Eisenbahngesellschaften.

... mit dem Bus

Busbahnhöfe finden sich in der Regel direkt vor dem Bahnhof. Die Buslinien liegen oft in privater Hand. Hier wird streng auf wirtschaftliche Auslastung geachtet: Je nach Reiseziel fahren die Busse sehr selten, manchmal sogar nur an bestimmten Wochentagen! Ganz wichtig: Französische Busfahrer wollen meist herangewunken werden. Sonst gehen sie davon aus, daß der Fahrgast auf einen anderen Bus wartet, und fahren einfach durch. Eine Übersicht der öffentlichen Verkehrsmittel innerhalb der großen Städte verschaffen die französischen Stadtpläne der Reihe ›Plans-Guides Blay‹. Auskünfte erteilt das Fremdenverkehrsamt.

... mit dem Auto

Verkehrsregeln
Höchstgeschwindigkeiten: auf Autobahnen 130 km/h; auf Schnellstraßen mit zwei getrennten Fahrstreifen 110 km/h, bei Regen 100 km/h; National- und Départementalstraßen 90 km/h, bei Regen 80 km/h; Ortschaften 50 km/h. Wer weniger als ein Jahr über einen Führerschein verfügt, darf höchstens 90 km/h fahren. Es gilt Anschnallpflicht. Frankreich hat die Promillegrenze auf 0,5 herabgesenkt. In Städten gilt in stärkerem Maße die Rechts-vor-Links-Regelung. Selbst breite Hauptstraßen haben nicht automatisch Vorfahrt.

Französische Autofahrer räumen den Verkehrsregeln oft nur beratende Funktion ein. Die Polizeikontrollen sind jedoch sehr hart und werden wochenends und zur Ferienzeit noch verstärkt. Die Geldstrafen sind oft wesentlich höher als in Deutschland. Kann oder will ein Tourist seine Geldstrafe nicht begleichen, ist die Polizei zum Einziehen des Wagens berechtigt.

Unfall
Die Grüne Versicherungskarte ist keine Pflicht, aber zuweilen hilf-

reich. Die Polizei kommt nur bei Unfällen mit Personenschäden. Bei Blechschaden zusammen mit dem Unfallgegner ein sogenanntes *constat* (ein mehrsprachiges Unfallformular mit Skizze) aufsetzen. Den Schaden durch Fotos dokumentieren. Der ADAC-Auslandsnotdienst hilft auch Nichtmitgliedern, in Deutschland: ✆ 00 49/89/22 22 22.

Unterkunft

Hotels

Empfehlenswerte Adressen sind jeweils am Ende der Städtekapitel aufgelistet. Hotels werden vom Tourismusinstitut nach Komfort, nicht nach Atmosphäre, mit ein bis vier Sternen bewertet. Bei den Offices de Tourisme erhält man ausführliche Hotelverzeichnisse. Zimmer mit Dusche und WC findet man selten unter 180 FF. Recht zuverlässig ist die Hotelauswahl im roten Guide Michelin France.

Jugendherbergen

Erforderlich für die Übernachtung in einer *Auberge de Jeunesse* ist der internationale Jugendherbergsausweis, den man beim deutschen Jugendherbergswerk erhält (Bismarckstr. 8, 32756 Detmold, ✆ 0 52 31/7 40 10). Auskünfte gibt es auch bei den französischen Fremdenverkehrsbüros und der Fédération Unie des Auberges de Jeunesse (6, Rue Mesnil, 75116 Paris, ✆ 01 46 07 00 01).

Camping

Ebenso wie die Hotels werden die Campingplätze regelmäßigen Kontrollen unterworfen und in ›Komfortklassen‹ von ein bis vier Sternen eingeteilt. Frühzeitige Reservierung ist für die Ferienmonate unerläßlich. Informationen über Camping in Aquitanien erhält man beim französischen Fremdenverkehrsamt oder beim ADAC (Am Westpark 8, 81373 München). Empfehlenswert ist der ADAC-Campingführer Südeuropa.

An der Atlantikküste sind Campingferien sehr beliebt. Einige Orte wie Soulac-sur-Mer, Hourtin, Lacanau, Pyla-sur-Mer, Bidart oder St-Jean-de-Luz sind wahre Camperhochburgen. Wildes Campen ist natürlich verboten, auf Feldern oder Wiesen darf man aber zelten, wenn der Besitzer einverstanden ist.

Gîtes

Gîtes sind Ferienwohnungen und -häuser auf dem Lande. Teilweise sind es recht charmante Landsitze, alte Mühlen oder rustikale Häuser in den Bergen; nur sehr wenige Gîtes liegen direkt am Meer. Die Gîtes gehören privaten Eigentümern; regelmäßig werden sie vom nationalen Gîtes-de-France-Verband kontrolliert. Informationen und Buchung bei Gîtes de France, Maison du Tourisme, Cours de l'intendance, 33000 Bordeaux, ✆ 05 56 81 54 23

Verpflegung

Restaurants

Einige Empfehlungen finden Sie im Reiseteil. Zu einer französischen Mahlzeit gehören Vorspeise, Hauptgericht und Dessert nebst Wein. Wer nur ein Hauptgericht oder einen Salat möchte, muß in einigen Restaurants mit dem Rauswurf rechnen. Je nach Charakter des Lokals kalkuliert man zwischen 100 und 700 FF pro Person ohne Getränke. Entgegen einem urdeutschen Vorurteil sind auch Bistros keine Billiglokale. Sehr feine Restaurants haben manchmal die Angewohnheit, telefonische Reservierungen aus dem Ausland mit dem Hinweis *›complet‹* abzuwiegeln. Falls Sie zu den Betroffenen gehören: Rechtzeitig schriftlich reservieren oder am Telefon zusichern, den bestellten Tisch am Tag vor dem Besuch nochmals zu bestätigen!

Spezialitäten von A bis Z

Die Küche Aquitaniens ist rustikal und deftig. Schweine- und Gänseschmalz landen ›en masse‹ in den Töpfen, die Basken geizen nicht mit Paprika. Die Flüsse, der Atlantik, die Pyrenäen, die Wälder der Landes – all das bereichert Aquitaniens Speisezettel mit hervorragenden Naturprodukten, die man anderswo erstmal finden muß. Folgende Begriffe können und werden Ihnen auf einheimischen Speisekarten begegnen:

agneau de Pauillac sozusagen der ›Rolls Royce‹ oder, um in der Gegend zu bleiben, der Château Margaux unter den Lämmern; berühmt für besonders zartes Fleisch

alose Alse; Fisch mit fettem, aber zartem Fleisch; wie zu Zeiten von Ausonius meist gegrillt serviert; Vorsicht, viele Gräten!

axoa d'Espelette in Würfel geschnittene Kalbsschulter *à la basquaise* mit Espelette-Paprika, Tomate, Schinken und Pilzen

bœuf de Bazas noble Rinderrasse mit besonders feinem Fleisch; für die Winzer mindestens auf einem Niveau mit Charolais- oder Angusrind
bordelaise (à la) mit Rindermark und Schalotten sowie in Öl gebratenen, knoblauchgewürzten Steinpilzen
canelé kleiner Kuchen mit verbrannt wirkender Oberfläche aus Bordeaux; dort gibt es sogar die ›Bruderschaft des Canelés‹: 16, Rue Porte-Basse
caviar tatsächlich! In der Gironde gab es einst Störe (oder vielmehr Störinnen), die spezialisierte Fischer mit ein paar Unzen Kaviar versorgten
cèpes Steinpilze, getrocknet oder frisch mit Öl und Petersilie gebraten
chipirons Tintenschnecke, kleiner Tintenfisch, oft mit der eigenen Tinte *(à l'encre)* serviert
chorizo Trockenwurst mit Paprika und Knoblauch
cœurs de canard Entenherzen, oft am Spieß *(brochette)* serviert
confit im eigenen Fett eingemachte Ente *(canard)*, Schwein *(porc)* oder Gans *(oie)*
demoiselles gegrillte Karkassen fetter Enten
elzekaria dicke Suppe aus Bohnen, Kohl und Zwiebeln
foie gras Stopfleber von Enten oder Gänsen
garbure deftiger Eintopf mit Kohl, Gemüse, eingemachter Ente, Gans oder Schwein, Gänsefett etc.
huîtres Austern aus dem Bassin von Arcachon, hier traditionell serviert mit kleinen gegrillten Würstchen *(crépinettes)*
Izarra ein baskischer Likör aus Früchten, Kräutern und Pflanzen der Pyrenäen; der kräftigere ist grün, der mildere gelb
jambon de Bayonne Bayonner Schinken
lamproie Neunauge, ein aalähnlicher Fisch mit fettem, aber zartem Fleisch
landaise (à la) mit Bayonner Schinken, Gänsefett und Steinpilzen
ortolans Ammern
ossau-iraty rund 90 Tage gereifter baskischer Schafskäse; echte Basken essen dazu Kirschkonfitüre aus Itxassou
palombe Ringeltaube, gegrillt genauso gut wie als Ragout *(salmis)*
pastis Blätterteig mit Pflaumen oder Äpfeln, großzügig mit Armagnac übergossen
pibales Glasaale, in Öl und Knoblauch gesotten
piments Paprika, die bekanntesten kommen aus Espelette im Baskenland
piperade Omelett mit Paprikaschoten, Knoblauch, Tomaten und Zwiebeln sowie Huhn-, Schinken- oder Thunfischstücken
poulet basquaise Huhn mit Tomaten, Paprika, Schinkenwürfeln und Pilzen
riz à la gachucha Reis mit Paprikawurst, Räucherspeck, Oliven, Paprika, Tomaten und Zwiebeln
sanguette Fladen mit Hühnerblut, Schmalz, Speck und Kräutern

sauce bordelaise Rotweinsauce mit Mark, Schalotten, Thymian und schwarzem Pfeffer
saumon im Adour tummeln sich noch wilde Lachse
thon à l'oignon gegrillter Thunfisch mit Zwiebeln
tourin Zwiebelsuppe mit Gänse- oder Schweineschmalz; gelegentlich werden die Zwiebeln durch Knoblauch oder Tomaten ersetzt
touron Konfekt aus zerstoßenen Mandeln, Pistazien oder Nüssen
tripotcha würzige Blutwurst aus Innereien vom Schaf oder Kalb
truffes Trüffel
ttoro baskische Fischsuppe aus kleinen, zuvor in Öl angebratenen Atlantikfischen mit Paprika und Tomaten
zikiro in große Stücke zerteilter und gegrillter Hammel; das Essen baskischer Dorffeste

Urlaubsaktivitäten

Sport

Berge, Seen, Wälder, Meer – schon wegen der unterschiedlichen Landschaften bietet Aquitanien eine breite Palette von Sportmöglichkeiten. Bei Surfern ist die Küste berüchtigt, in der Nähe von Biarritz gibt es einen bekannten Golfplatz. Wandern, Angeln, Kanu und Kajak fahren oder Reiten stehen ebenfalls zur Auswahl. Passive Sportler können sich an Rugby oder Pelota erfreuen. Einige Adressen für Sportler haben wir am Ende einzelner Städtekapitel aufgelistet. Trotz aller Sorgfalt bei der Zusammenstellung gilt: Die Nennung stellt keine Wertung dar. Private Boots- oder Surfbrettverleiher können von einem Tag auf den anderen schließen, man sollte sich daher kurz telefonisch nach Preisen und Öffnungszeiten erkundigen. Bei den folgenden Stellen kann man sich detailliert über Sportmöglichkeiten informieren:

Radwandern: Comité départemental de cyclotourisme, 22, Résidence ›la Brédinière‹, 33650 Labrède, ✆ 05 56 20 34 96
Wanderverein: Fédération de randonnées pédestres, 48, Rue Roger Salengro, 33400 Talence
Ausritte: Comité départemental du tourisme équestre, BP 28, 33025 Bordeaux Cedex
Kanu, Kajak: Comité départemental de canoë kayak, 38, Quai des Chartrons, 33000 Bordeaux, ✆ 05 56 44 97 75
Segeln: Ligue aquitaine de voile, 60, Quai Richelieu, 33000 Bordeaux, ✆ 05 56 81 80 19
Bootsfahrten: Aquitaine Tourisme fluvial, 12, Place de la Bourse,

33076 Bordeaux Cedex,
✆ 05 56 79 50 50
Jagd: Fédération départementale des chasseurs, Rue du Petit Barail, BP 231. Quartier Bordeaux Lac, 33028 Bordeaux Cedex,
✆ 05 56 39 88 23
Angeln: Fédération départementale de pêche et pisciculture, 299, Cours de la Somme, 33800 Bordeaux, ✆ 05 56 92 59 48
Golf: Association des golfs touristiques d'Aquitaine, 83, Avenue de la Libération, 33110 Le Bouscat,
✆ 05 56 42 19 64

Baden

Außerhalb der von Bademeistern überwachten und mit blauen Fahnen gekennzeichneten Abschnitte ist das Baden im Atlantik verboten; gefährliche Stellen werden an einigen Stränden ebenfalls durch Fahnen angezeigt.

Bei einsetzender Flut können bisweilen ungeahnt starke Strömungen entstehen, weshalb man rechtzeitig dafür sorgen sollte, wieder trockenes Land unter den Füßen zu haben.

Nicht überall ist das Badevergnügen ungetrübt: Bei Biscarrosse trifft man westlich des Sees auf militärisches Sperrgebiet mit Flughafen – die Schießübungen werden in den Sommermonaten vermindert. Zwischen Mimizan und Mimizan-Plage gibt es eine Papierfabrik, die ihre Abwässer ins Meer leitet, in St-Girons hat sich Terpentinindustrie angesiedelt ...

Wein & Weinkauf

Information

Wissenswertes zum Thema Wein erfährt man beim CIVB, dem Comité interprofessionel des vins de Bordeaux, 1, Cours du XXX-Juillet in Bordeaux (neben dem Grand Theatre), ✆ 05 56 00 22 66.

Besuch im Weingut

Weingüter sind keine Museen! Hier wird hart gearbeitet. Nicht jeder Winzer freut sich daher über überraschenden Besuch. Melden Sie sich also entweder telefonisch im Weingut an oder begnügen Sie sich mit einer Visite bei Châteaux, die der Öffentlichkeit zugänglich sind wie das Château de Malle in Sauternes.

Das Etikett

Wichtige Informationen über den Inhalt der Flasche erhält man bereits beim Betrachten des Etiketts. Bei Bordeaux-Weinen steht zuerst der Name des erzeugenden Château, darunter der Jahrgang und die Herkunftsregion. Fakultativ kann die Einstufung in eine der Klassifizierungen (s. S. 21ff.) folgen. Obligatorisch ist hingegen die Erwähnung der ›Weinkategorie‹: Tafelwein *(vin de table)*, Landwein *(vin de pays)*, Wein gehobener Qualität *(VDQS = Vin Délimité de Qualité Supérieure)* oder kontrollierte Herkunftsbezeichnung *(AOC = Appellation d'Origine Contrôlée)*. Letztere ist die Spitzenklasse und bezieht sich immer auf die Region, in der der Wein hergestellt wird. Anspruchsvolle Weinliebhaber werden natürlich eine Erzeugerabfüllung wählen, die man am Zusatz *»mis(e) en bouteille(s) au Château«* oder *»mis en bouteille à la propriété«* erkennt. Vorschrift sind auch Name und Adresse des Abfüllers, Füllmenge sowie für den Export der Zusatz *»produit en France«*. Zusätze wie *»grand vin«*, *»réserve personnelle«* oder *»élevé en fûts«* (Faßausbau) haben keine gesetzliche Grundlage und entspringen oft nur der Phantasie des Winzers. Die Aufschrift *»mise en bouteilles dans la région«* heißt meist, daß es sich um einen Verschnitt aus Weinen mehrerer Winzer handelt. Finger weg! Auch Aufdrucke mit Medaillen und Auszeichnungen bürgen nicht immer für Qualität: Darauf achten, daß der prämierte Jahrgang mit dem gekauften übereinstimmt.

Transport

Wer vor Ort Wein kaufen will, sollte unbedingt bedenken, daß seine kostbare Fracht auf dem Heimweg, etwa durch starke Temperaturschwankungen beim Transport im Kofferraum, Schaden nehmen könnte. Über den Korken können sogar Aromen von außen in die Flasche eindringen: Zwiebelsäcke oder auslaufende Benzinkanister sind keine freundlichen Nachbarn für einen guten Tropfen. Nach dem Transport muß der Wein erst wieder zur Ruhe kommen: Weiße sollte man etwa vier Wochen, Rote etwa acht Wochen liegen lassen.

Weinkauf

Echte Schnäppchen sucht man beim Weinkauf meist vergebens. Auf ihre Kosten kommen hingegen Raritätensammler und Liebhaber kleiner, unbekannter Weingüter, deren Erzeugnisse noch nicht flächendeckend exportiert werden. Sie können im Katalog von »La Grande Cave« (Handelshaus ›Maison de Luze‹, 90, Quai des Chartrons, 33026 Bordeaux Cedex) blättern. Wer schon immer einen Château Lafite Rothschild 1869 (zu etwa 15 000 FF) oder eine Magnum Petrus 1947 (zu mehr als 16 000 FF) sein eigen nennen wollte, wird unter den mehr als zwei Mio. Flaschen fündig. Allerdings führt man hier lange Wartelisten für seltene Jahrgänge.

Unter den weniger bekannten Weingütern verdient z. B. das Château Peybonhomme Les Tours (BP 113, Cars, 33390 Blaye, ✆ 05 57 42 11 95) einen Besuch. ›Weinanfänger‹ sollten sich nicht von scheinbar bekannten Weingütern blenden lassen. Namen wie Lafite oder Latour gibt es im Weinbaugebiet fast so häufig wie Duponts im Telefonbuch von Bordeaux.

›Zweitweine‹ großer Châteaux sind oft recht beachtenswert. Es handelt sich dabei um Weine, die aus jungen Rebstöcken oder aus zu früh oder zu spät gelesenen Parzellen stammen und die das bekannte Weingut nicht unter seinem renommierten Namen anbieten will. Natürlich kann in manchen Jahrgängen der Zweitwein zur Verknappung des ›großen Erstweins‹ genutzt werden und damit dessen Preis hochhalten. Zweitweine sind kein neues Phänomen, den Anfang machte 1904 Château Léoville-las-Cases mit seinem Clos du Marquis, 1908 zog Château Margaux mit dem Pavillon Rouge nach. In den letzten Jahren hat sich die Anzahl dieser Weine vervielfacht: Einige gleichen fast dem großen Vorbild, andere bieten nur einen schwachen Abglanz des prestigeträchtigen Namens. Auf Léoville-las-Cases gibt es sogar schon einen Drittwein aus Trauben, die für den ›Marquis‹ nicht gut genug sind. Empfehlenswerte Zweitweine sind z. B. der Les Forts de Latour (aus den jüngeren Rebstöcken von Château Latour) oder der Bahans-Haut-Brion des Château Haut-Brion. Andere gute Zweitweine sind der Château Lacoste-Borie von Château Ducru-Beaucaillou. Solche Weine sind beim Kauf die Hälfte bis zwei Drittel günstiger als die ›großen Marken‹.

Weinseminare

Das Hotel Château Cordeillan-Bages in 33250 Pauillac, ✆ 05 56 59 24 24) führt Weinseminare durch. Auch der CIVB (s. S. 249f.) veranstaltet von Zeit zu Zeit Weinproben. Kurse und Praktika zum Thema Wein finden ebenfalls in der Cité mondiale du vin, 20, Quai des Chartrons, ✆ 05 56 01 20 20, statt.

Weinalphabet

Académie des Vins de Bordeaux 1948 gegründete Weinakademie mit 40 Mitgliedern (Händler, Makler, Winzer, Weinfreunde ...)

ban des vendanges Zeremonie zur Eröffnung der Weinlese; die bekannteste findet in St-Emilion statt

barrique Eichenholzfaß mit 225 l Inhalt

bordelaise traditionelle Flasche mit 0,75 l Inhalt

bouchon Korken

bouchonné mit Korkgeschmack

bouquet Bukett, der Duft des Weines

bouteille Flasche; die klassische Größe ist 0,75 l, aber es gibt auch halbe Flaschen (0,375 l), die Magnum (1,5 l), die Doppelmagnum, die Jérobeam (4,5 l), die Impériale (6 l), die Salmanazar (9 l), die Balthazar (12l) und die Nabuchodonosor (15 l)

cave Weinkeller

cépage Rebsorte; die Bordeaux-Weine sind meist eine Mischung aus verschiedenen Rebsorten; die bekanntesten sind Cabernet und Merlot (Rotwein) sowie Sauvignon und Sémillon

chai Weinlager

chambrer chambrieren, temperieren von Rotwein

clairet heller, kurz vergorener Rotwein

Confréries Vineuses Bruderschaften von Winzern, Händlern und Maklern, deren Anliegen der Erhalt traditioneller Qualitäten ist. In Bordeaux existieren insgesamt 15 Bruderschaften, die im großen Rat des Bordeaux-Weines zusammengefaßt sind.

courtier Weinmakler

cru in Bordeaux steht *cru* für das Château oder Weingut
cuvaison Gärvorgang (Fermentation) in den *cuves*
cuve Gärbottich aus Holz, Edelstahl oder Zement
décanter dekantieren, Trennen des Weines von seinen Ablagerungen, geschieht gewöhnlich bei Kerzenlicht
dépôt Bodensatz alter Weine; wird durch Dekantieren entfernt
fermentation Gärung, macht Traubensaft zu Wein
Fête de la Fleur Blütenfest, Weinbruderschaften feiern das Aufblühen der Reben im Mai oder Juni
maître de chai Kellermeister
millésime Jahrgang
mirer den Wein zur Beurteilung der Farbe gegen das Licht halten
négociant Weinhändler
pourriture noble Edelfäule; unerläßlich zur Erzeugung edelsüßer Weißweine, s. S. 108f.
sommelier Weinkellner
tanin Gerbstoff, sitzt in den Kernen, der Schale und im Stiel
tisane à Richelieu ›Richelieus Kräutertrank‹, Beiname der Weine von Bordeaux in Erinnerung an den Herzog von Richelieu, der sich im Alter nach Aquitanien zurückzog und diese Weine liebte

Informationen von A bis Z

Apotheken

Kennzeichen der *pharmacie* ist ein großes, grünes Kreuz. Den medizinischen Bereitschaftsdienst erfährt man bei der Polizei. Nachtapotheken gibt es auch in größeren Orten nicht, aber einen Notdienst, der neben den Türen einiger Apotheken angeschlagen ist.

Diplomatische Vertretungen

Deutsches Generalkonsulat,
377, Boulevard du Président-Wilson, 33300 Bordeaux,
✆ 05 56 08 60 20

Konsulat der Republik Österreich, 86, Cours Balguerie-Stuttenberg, 33300 Bordeaux, ✆ 05 56 00 00 70

Schweizer Konsulat, 14, Cours Xavier-Arnozan, 33300 Bordeaux,
✆ 05 56 52 18 65

Feiertage

1. 1. Neujahr, Ostern, 1. 5. Tag der Arbeit, 8. 5. Waffenstillstand 1945, Christi Himmelfahrt, Pfingsten, 14. 7. Nationalfeiertag, 15. 8. Mariä Himmelfahrt, Allerheiligen, 11. 11. Waffenstillstand 1918, 25. 12. Weihnachten.

Feste und Veranstaltungen

Hier wird die englische Tradition durchbrochen. Spanische Lebensfreude scheint von jenseits der Grenze auf Aquitanien abzufärben. Festspiele und Weinfeste in Frühling und Herbst, Stierkämpfe im Süden, Feuerwerke an der Küste, nicht zu vergessen die *Forces Basques* (›Feste der starken Basken‹) mit Tauziehen und anderen Kraftmeiereien. Die Basken sind als besonders feierstark bekannt: Der offizielle Veranstaltungskalender verzeichnet mindestens ein Fest pro Jahrestag.

Februar
Antiquitätenmarkt im Parc des Expositions, Bordeaux
FIFARC, Filmfestival der Architektur, im Parc des Expositions, Bordeaux
Karneval in Bordeaux

März
Volksfest am Place des Quinconces in Bordeaux
Musikfestival DMA2 in Bordeaux
Andalusisches Festival in Bordeaux

April
Antiquitätensalon in Biarritz

Mai
1. Mai: Meerfest mit Blumenkorso in Mimizan
10 Tage im Mai: Mai Musical (Theater, Konzerte) in Bordeaux
Letzte Maiwoche (nur in ›geraden‹ Jahren): Mai du cheval, mit Poloturnieren, Dressur- und Springreiten in Bordeaux und auf einigen Weingütern

Juni
Derby in Arcachon
2. oder 3. Sonntag im Juni: Frühlingsfest und Proclamation du vin nouveau (Weinfest) in St-Emilion
22., 23., 24. Juni: Fête de la St-Jean in St-Jean-de-Luz (Konzert, Ball, baskische Spiele)
Wochenends: Weinfeste im Médoc und Haut-Médoc

Juli
1. Juliwoche: Thunfischfest in St-Jean-de-Luz
Mitte Juli: Ferias de la Madeleine in Mont-de-Marsan (mit Stierkampf)
Mitte Juli: ›Jazz auf den Festungsmauern‹ in Bayonne
Ende Juli–Anfang August: Folklorefestival der Pyrenäen in Oloron
Juli oder August: Nachspielen der Schlacht von Castillon in der Ebene von Coly

August
1. Augustwoche: Altstadtfest von Bayonne mit Konzerten, Stierkämpfen und Lichterkorso
1. Augusthälfte: Internationales Festival der Karikatur in Anglet
15. August: Meerfest in Arcachon
15. August: ›Feennacht‹ in Biarritz (mit Feuerwerk)
Mitte August: Volksfest in Dax (mit Ball, Feuerwerk und Corrida)
Mitte August: Stierkämpfe in Bayonne

1. Sonntag nach dem 15. August: Forces Basques in St-Palais
3. Sonntag im August: Meerfest in Biarritz mit Fischwettbewerb
Ende August/Anfang September: Musikfestival der baskischen Küste in Bayonne, Biarritz, Ciboure, Ascain, Anglet, St-Jean-de-Luz, St-Pée-sur-Nivelle
Letzter Samstag im August oder 1. Samstag im September: Kostümfest in Labastide d'Armagnac

September
Surfwettbewerb in Biarritz
3. Sonntag im September: Ban des Vendanges (Weinlesefest) in St-Emilion
Letzter Sonntag im September: Pferderennen in Mont-de-Marsan

Oktober
Fest des neuen Weins im Chartrons-Viertel in Bordeaux
3. Sonntag im Oktober: Weinlesefest in Ste-Croix-du-Mont

November
SIGMA-Festival in Bordeaux, sehenswertes Festival der verschiedenen Kunstrichtungen

FKK

FKK-Zentren mit Restaurants, Geschäften etc. findet man u. a. in Grayan l'Hôpital und Montalivet: Euronat, 33950 Grayan l'Hôpital, ✆ 05 56 09 33 33. Naturissimo C.H.M., 33930 Vendays-Montalivet, ✆ 05 56 09 30 47

Geld

Den aktuellen Wechselkurs erfährt man bei Banken und aus Tageszeitungen. Als Faustregel gilt: Francbetrag mal 3 durch 10 entspricht dem DM-Betrag. Banken sind in der Regel Mo–Fr von 9 bis 16 Uhr geöffnet. In kleineren Städten legen sie von 12 bis 14 Uhr Mittagspause ein. Günstigste Möglichkeit zum Geldumtausch bietet das Postsparbuch. Euroschecks sind in Frankreich relativ unbekannt und werden von Hotels nur selten akzeptiert. Banken und Wechselstuben mit dem EC-Signet lösen sie ein (pro Scheck maximal 1400 FF). Die Kommission ist in vielen Fällen erschreckend hoch. Restaurants und Hotels der gehobenen Klasse akzeptieren in der Regel die gängigen Kreditkarten. Besonders mit der Visa-Karte, oft auch mit der Euroscheckkarte, kann man an zahlreichen Automaten Geld abheben (blau-rotes Symbol).

Medizinische Versorgung

ADAC-Auslandsnotruf bei Krankheit oder Verletzung:
✆ 00 49/89/76 76 76

Der städtische **Rettungsdienst** heißt in Frankreich SAMU (Service d'Aide Médicale d'Urgence). Telefonnummer für Bordeaux:
✆ 05 56 96 70 70.

Die Krankenhäuser von Bayonne (Centre hospitalier, Avenue Jacques-Loeb, Route de Cambo, ✆ 05

59 44 35 35) und Bordeaux (Centre hospitalier Pellegrin, Place Amélie-Raba-Léon, ✆ 05 56 79 56 79) haben einen guten Ruf.

Leider bestehen französische Ärzte und Krankenhäuser in der Regel auf sofortiges Begleichen der Rechnung. Touristen werden in aller Regel nach einer Kreditkartennummer gefragt. Wer keine Karte hat und das Urlaubsbudget nicht mit Arztkosten belasten will, sollte versuchen, sich die Rechnung nach Hause schicken zu lassen. Zur Abrechnung mit der deutschen Krankenkasse die *diagnostique* mitgeben lassen.

Öffnungszeiten

Gesetzlich geregelte Ladenschlußzeiten gibt es in Frankreich nicht. In Bordeaux und Umgebung schließen die meisten Läden zwischen 18.30 und 19 Uhr. Einige Lebensmittelgeschäfte und große Supermärkte sind auch sonntags geöffnet.

Pannenhilfe

Die Bordeleser ADAC-Filiale ist vom 1. 6. bis zum 30. 9. erreichbar unter ✆ 05 56 44 46 81. Ansonsten hilft die Pariser ADAC-Station unter ✆ 01 45 00 42 95.
ADAC-Auslandsnotruf bei Fahrzeugschaden: ✆ 00 49/89/22 22 22.

Post und Telefon

Die Vorwahl von Deutschland, Österreich oder der Schweiz nach Frankreich ist 00 33. Danach direkt die achtstellige Teilnehmernummer wählen.
Achtung: Im Herbst 1996 wurden die französischen Telefonnummern zehnstellig. Seitdem werden den bisherigen Teilnehmernummern, je nach Region, zwei Ziffern vorangesetzt, sie werden also zehnstellig: z.B. 01 für Ile de France (betr. Paris) oder 05 für den Südwesten (betr. Bordeaux und Umgebung).
Vorwahlnummern von Frankreich nach
Deutschland: 00 49
Österreich: 00 43
der Schweiz: 00 41

In allen Städten Frankreichs braucht man eine Telefonkarte, um öffentliche Fernsprecher benutzen zu können. Die *télécarte* gibt es mit 80 und 120 Einheiten. Münzfernsprecher findet man nur noch auf dem Land. Briefmarken und Telefonkarten gibt es nicht nur bei der Post, sondern auch im ›Tabac‹.

Ortsgespräche werden mit je einer Gebühreneinheit für sechs Minuten berechnet. Ein tagsüber geführtes Gespräch nach Deutschland kostet etwa 4 FF pro Minute.

Wichtige Telefonnummern

Polizei: 17
Auskunft: 12
Feuerwehr: 18

Rauchen

In Frankreich ist es per Gesetz und unter Androhung einer Strafe von 600–1300 Francs verboten, in überdachten öffentlichen Räumen zu rauchen. Bars und Restaurants sind verpflichtet, Nichtraucherzonen einzurichten. In der Praxis stößt die Realisierung des Gesetzes natürlich auf größere Schwierigkeiten, dennoch werden Sie bei der Reservierung zumindest in mittelklassigen Restaurants gefragt werden: *fumeur ou non fumeur?*

Stromspannung

Die Stromspannung beträgt 220 Volt. Deutsche Schukostecker können oft nicht verwendet werden. Adapter (›*une fiche allemande*‹) gibt es im Elektrogeschäft.

Trinkgeld

In Restaurants üblich sind etwa 10 % ›*pourboire*‹. Auch Taxifahrer, Museums- und Stadtführer erwarten ein Trinkgeld.

Versicherungen

Empfohlen werden eine Reisegepäckversicherung, je nach Krankenkasse eine Auslands-Krankenversicherung sowie der Euro-Schutzbrief eines Automobilclubs.

Zeitungen

Deutsche Zeitungen und Zeitschriften treffen zumindest in Bordeaux nur mit leichter Verspätung ein. Man erhält sie am Bahnhof oder in den größeren *Maisons de la Presse* in der Regel von 11 Uhr an (in Bordeaux z. B. auf der Rue Ste-Catherine, relativ nahe beim Grand Théâtre).Über die regionalen Geschehnisse informiert am besten der ›Sud-Ouest‹ (s. S. 68).

Bitte schreiben Sie uns, wenn sich etwas geändert hat!
Alle Angaben in diesem Buch wurden von den Autoren nach bestem Wissen erstellt und von ihnen und dem Verlag mit größtmöglicher Sorgfalt überprüft. Doch sind Änderungen und Fehler leider nicht vollständig auszuschließen. Daher erfolgen die Angaben – wie wir im Sinne des Produkthaftungsrechts betonen müssen – ohne jegliche Verpflichtung oder Garantie des Verlages oder der Autoren. Beide übernehmen keinerlei Verantwortung und Haftung für etwaige inhaltliche Unstimmigkeiten.
Wir bitten um Verständnis und werden Korrekturhinweise dankbar aufgreifen:
DuMont Buchverlag, Postfach 10 10 45, 50672 Köln.

Register

Personen

Orte

Châteaux (Weingüter)

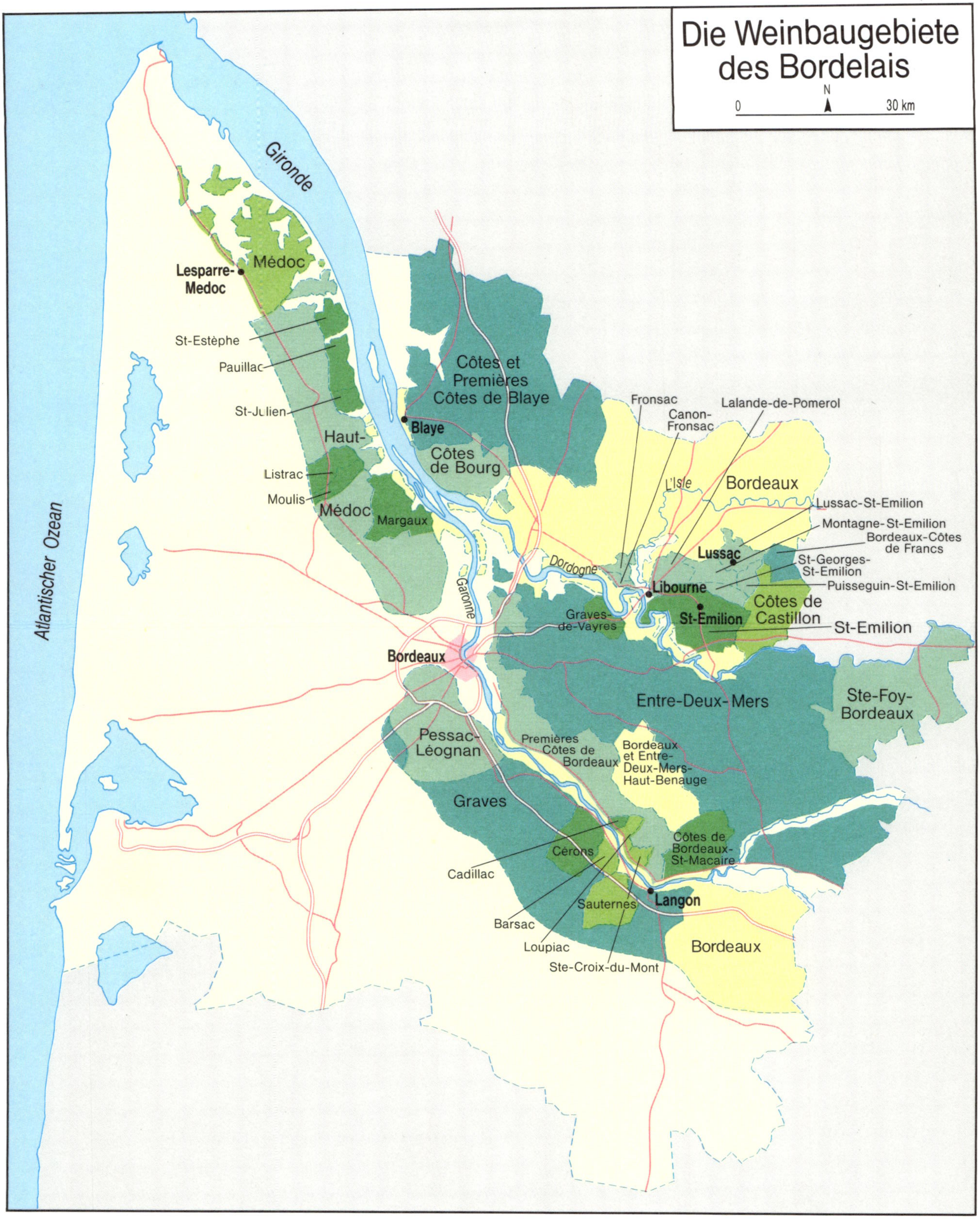
Die Weinbaugebiete
des Bordelais
N
0
30 km
Gironde
Atlantischer Ozean
Médoc
Lesparre-
Medoc
St-Estèphe
Pauillac
St-Julien
Haut-
Listrac
Moulis
Médoc
Margaux
Côtes et
Premières
Côtes de Blaye
Blaye
Côtes
de Bourg
Garonne
Bordeaux
Fronsac
Canon-
Fronsac
Lalande-de-Pomerol
L'Isle
Bordeaux
Lussac-St-Emilion
Montagne-St-Emilion
Bordeaux-Côtes
de Francs
Lussac
St-Georges-
St-Emilion
Puisseguin-St-Emilion
Dordogne
Libourne
Côtes de
Castillon
Graves-
de-Vayres
St-Emilion
St-Emilion
Entre-Deux-Mers
Ste-Foy-
Bordeaux
Pessac-
Léognan
Premières
Côtes de
Bordeaux
Bordeaux
et Entre-
Deux-Mers-
Haut-Benauge
Graves
Cérons
Côtes de
Bordeaux-
St-Macaire
Cadillac
Sauternes
Langon
Barsac
Loupiac
Ste-Croix-du-Mont
Bordeaux

Einst segelten die Männer von St-Jean-de-Luz zum Walfang bis vor die Küste Grönlands. Heute hat das Städtchen immerhin noch einen wichtigen Fischereihafen – und ist der malerischste Badeort an der baskischen Küste.

DUMONT

Reise-Taschenbuch

Die »silberne Küste« 250 km Sandstrand von Bordeaux bis Biarritz, gesäumt von den Kiefernwäldern der »Landes«

BORDEAUX UND ATLANTIKKÜSTE

Stadtbummel durch Bordeaux mit seinen alten Kaufmannshäusern und einer jungen Kunstszene, durchs stille Bayonne und mondäne Biarritz

Weinkultur Von legendären Châteaux und ihren Besitzern, von edlen Tropfen und passenden Speisen

Ausflüge ins baskische Hinterland, zum Heimatmuseum von Marquèze, zur Vogelinsel und Arcachon

ISBN 3-7701-3061-8
9 783770 130610 01980